Uwe Becker

# Exegese des Alten Testaments

Ein Methoden- und Arbeitsbuch

3., überarbeitete Auflage

Mohr Siebeck

**Uwe Becker,** 1961 in Bremen geboren, Studium der Evangelischen Theologie in Bethel und Bonn, 1989 Promotion in Bonn, 1996 Habilitation in Göttingen, seit 2003 Professor für Altes Testament an der Friedrich-Schiller-Universität Jena.

1. Auflage 2005.
2., überarbeitete Auflage 2008.
3., überarbeitete Auflage 2011.

ISBN 978-3-8252-3602-1 UTB

Die Deutsche Bibliothek verzeichnet diese Publikation in der Deutschen Nationalbibliothek; detaillierte bibliographische Daten sind im Internet unter *http://dnb.d-nb.de* abrufbar.

© 2011 Mohr Siebeck, Tübingen.

Das Werk einschließlich aller seiner Teile ist urheberrechtlich geschützt. Jede Verwertung außerhalb der engen Grenzen des Urheberrechtsgesetzes ist ohne Zustimmung des Verlages unzulässig und strafbar. Das gilt insbesondere für Vervielfältigungen, Übersetzungen, Mikroverfilmungen und die Einspeicherung und Verarbeitung in elektronischen Systemen.

Das Buch wurde von Computersatz Staiger in Rottenburg/N. gesetzt und von Hubert & Co. in Göttingen auf alterungsbeständiges Werkdruckpapier gedruckt und gebunden.

# Vorwort zur 3. Auflage

Die vorliegende Einführung in die Exegese des Alten Testaments richtet sich primär an Studierende, die ein alttestamentliches Proseminar absolvieren und eine elementare Beschreibung der gängigen exegetischen Methoden, eine Anleitung zum Verfassen einer (Pro-)Seminararbeit sowie Hinweise zur Literaturrecherche benötigen. Das Buch hat sowohl Diplom- als auch Lehramtsstudierende sowie die Absolventen der neuen Bachelor- und Master-Studiengänge im Blick. Darüber hinaus ist es aber auch für interessierte Laien geeignet, die sich über die Auslegungsmethoden informieren möchten. Auf die Benutzung hebräischer und griechischer Worte ist deshalb weitgehend verzichtet worden. Daß die deuterokanonischen (»apokryphen«) Bücher konsequent mit einbezogen werden, entspricht dem – glücklicherweise auch in der protestantischen Bibelwissenschaft – gewachsenen Interesse an diesen Schriften.

Für die dritte Auflage wurden wiederum sämtliche Literaturhinweise zu den exegetischen Methoden (Teil B) und zur Auslegung des Alten Testaments insgesamt (Teil D) auf den neuesten Stand gebracht, damit das Büchlein weiterhin als aktuelles Arbeitsinstrument für das gesamte Studium dienen kann. Der Text selbst wurde – bis auf die Korrektur einiger Versehen – dieses Mal beibehalten. Auch an dieser Stelle sei noch einmal für hilfreiche Hinweise von Kolleginnen und Kollegen herzlich gedankt. Herrn Dr. Henning Ziebritzki danke ich für die vorzügliche verlegerische Betreuung und Herrn cand.theol. Ramón Seliger für seine zuverlässige Hilfe bei den Korrekturen.

Jena, den 17. Mai 2011                                        Uwe Becker

## Allgemeine Hinweise

Die Abkürzungen zu diesem Buch richten sich nach dem von Siegfried M. Schwertner zusammengestellten Abkürzungsverzeichnis der Theologischen Realenzyklopädie (TRE): Internationales Abkürzungsverzeichnis für Theologie und Grenzgebiete, Berlin – New York ²1992 (IATG²) bzw. dem neuen Verzeichnis *Abkürzungen Theologie und Religionswissenschaft nach RGG⁴*, hg. von der Redaktion der RGG⁴, UTB 2868, Tübingen 2007. Vgl. ferner *Lexikon für Theologie und Kirche*, 3. Auflage, Freiburg i.Br. 1993–2001 (LThK³).

Am Beginn eines jeden Abschnitts wird grundlegende Literatur genannt und knapp charakterisiert; sie wird im folgenden nur noch in Kurzform zitiert. Verweise auf Abschnitte innerhalb des Buches (auch auf die Literatur in Abschnitt D) werden mit einem Pfeil (→) angezeigt.

# Inhaltsverzeichnis

Vorwort ................................................. V

**A. Einführung** ........................................ 1

1. Zum Charakter des Alten Testaments ............... 1
2. Die Aufgabe der historisch-kritischen Methode ..... 2
3. Exegese als Schlüssel zum Textverstehen ........... 6

**B. Die exegetischen Methoden** ..................... 11

1. Übersetzung und erste Textbeobachtungen ......... 12
2. Textkritik ......................................... 16
2.1. Aufgabe ........................................... 17
2.2. Zum Verhältnis von Text- und Literarkritik ........... 20
2.3. Die Textgrundlage ................................. 22
2.4. Geschichte ........................................ 26
2.5. Die Septuaginta ................................... 31
2.6. Weitere Übersetzungen ............................ 35
2.7. Vorgehen ......................................... 36
2.8. Ein Beispiel zur Textentwicklung: Jes 19,25b ......... 39
2.9. Beispiele in der Literatur .......................... 40

3. Literarkritik ...................................... 41
3.1. Aufgabe ........................................... 41
3.2. Geschichte ........................................ 42
3.3. Literarkritik und Literaturwissenschaft ............. 44
3.4. Rezeptionsästhetik ................................ 52

## VIII  Inhaltsverzeichnis

| | | |
|---|---|---|
| 3.5. | Vorgehen | 55 |
| 3.6. | Beziehung zu anderen methodischen Schritten | 63 |
| 3.7. | Beispiele in der Literatur | 64 |
| 4. | Überlieferungsgeschichte | 65 |
| 4.1. | Aufgabe | 66 |
| 4.2. | Geschichte und Terminologie | 66 |
| 4.3. | Problematik und Grenzen der Fragestellung | 72 |
| 4.4. | Vorgehen | 76 |
| 4.5. | Beziehung zu anderen methodischen Schritten | 77 |
| 4.6. | Beispiele in der Literatur | 78 |
| 5. | Redaktionsgeschichte | 79 |
| 5.1. | Aufgabe | 80 |
| 5.2. | Geschichte | 81 |
| 5.3. | Terminologie | 89 |
| 5.4. | Vorgehen | 93 |
| 5.5. | Beziehung zu anderen methodischen Schritten | 97 |
| 5.6. | Beispiele in der Literatur | 97 |
| 6. | Formgeschichte | 100 |
| 6.1. | Aufgabe | 101 |
| 6.2. | Geschichte und Terminologie | 102 |
| 6.3. | Grenzen der formgeschichtlichen Fragestellung | 106 |
| 6.4. | Vorgehen | 107 |
| 6.5. | Sprachliche, stilistische und rhetorische Analyse | 109 |
| 6.6. | Gattungen im Alten Testament | 111 |
| 6.7. | Beispiel: Gattungen aus dem Bereich des Rechtslebens | 118 |
| 7. | Traditionsgeschichte | 119 |
| 7.1. | Aufgabe | 119 |
| 7.2. | Geschichte und Terminologie | 121 |
| 7.3. | Vorgehen | 121 |
| 7.4. | Religionsgeschichtlicher Vergleich | 123 |
| 7.5. | Sozialgeschichtliche Auslegung | 126 |
| 7.6. | Archäologie | 127 |
| 7.7. | Ikonographie | 128 |
| 7.8. | Sach- und Begriffsexegese | 130 |
| 7.9. | Beispiele in der Literatur | 130 |

| | | |
|---|---|---|
| 8. | Historische Aussageabsicht und Interpretation | 134 |
| 8.1. | Aufgabe | 134 |
| 8.2. | Das Problem der Hermeneutik | 135 |
| 8.3. | Zur Hermeneutik biblischer Texte | 138 |
| 8.4. | Zur Hermeneutik des Alten Testaments | 139 |
| 8.5. | Zur Biblischen Theologie | 140 |

## C. Anleitung zur Anfertigung einer exegetischen Arbeit ... 143

| | | |
|---|---|---|
| 1. | Die äußere Form einer wissenschaftlichen Hausarbeit | 143 |
| 1.1. | Titelblatt | 143 |
| 1.2. | Inhaltsverzeichnis | 144 |
| 1.3. | Zum Umfang der Arbeit | 144 |
| 1.4. | Seitengestaltung | 144 |
| 1.5. | Anmerkungen | 144 |
| 1.6. | Zitate | 145 |
| 1.7. | Zitation der Literatur in den Fußnoten | 145 |
| 1.8. | Literaturverzeichnis | 147 |
| 1.9. | Abkürzungen | 147 |
| 1.10. | Zitieren von Bibelstellen | 147 |
| 1.11. | Schreibung biblischer Eigennamen | 149 |
| 1.12. | Zum sprachlichen Ausdruck | 149 |
| 2. | Praktische Hinweise zum Einstieg | 150 |
| 3. | Hinweise zur Literatursuche | 151 |
| 4. | Zur formalen Gestaltung der Literaturangaben | 154 |

## D. Literatur zur Exegese des Alten Testaments ... 159

| | | |
|---|---|---|
| 1. | Deutsche Bibelübersetzungen und ihre Hilfsmittel | 161 |
| 2. | Die Biblia Hebraica und ihre Hilfsmittel | 164 |
| 3. | Die Septuaginta und ihre Hilfsmittel | 171 |

| | | |
|---|---|---|
| 4. | Weitere antike Übersetzungen | 175 |
| 5. | Elektronische Hilfsmittel zum Studium der Bibel | 175 |
| 6. | Bibelkunde | 176 |
| 7. | Einleitungen und Einführungen in das Alte Testament | 177 |
| 8. | Geschichte Israels | 180 |
| 9. | Die Umwelt des Alten Testaments | 186 |
| 10 | Die nordwestsemitischen Sprachen | 193 |
| 11. | Landeskunde und Biblische Archäologie | 194 |
| 12. | Lexika und Wörterbücher | 195 |
| 13. | Theologien des Alten Testaments | 198 |
| 14. | Hermeneutik des Alten Testaments | 199 |
| 15. | Zur Forschungsgeschichte | 200 |
| 16. | Deuterokanonische und »pseudepigraphe« Schriften | 201 |
| 17. | Qumran | 202 |
| 18. | Josephus | 204 |
| 19. | Judaistik | 205 |
| 20. | Wichtige Kommentarreihen zum Alten Testament | 206 |
| 21. | Bibelkommentare in einem Band | 209 |

| | | |
|---|---|---|
| **E.** | **Tabellen und Übersichten** | 211 |
| 1. | Abkürzungen im Apparat der Biblia Hebraica | 211 |
| 2. | Der Aufbau des Alten Testaments | 215 |
| 3. | Grunddaten der Geschichte Israels | 216 |

## Register

| | | |
|---|---|---|
| 1. | Begriffe | 219 |
| 2. | Namen | 225 |
| 3. | Bibelstellen | 226 |

# A. Einführung

## 1. Zum Charakter des Alten Testaments

»Die biblischen Texte sind weder Dogmatik noch Geschichtsschreibung im modernen Sinn. Der Form nach sind sie eher das, was wir schöne Literatur nennen, und zu einem wesentlichen Teil Erzählungen: von Gott, aber auch vom Hörer.«[1] Sie ziehen Hörer wie Leser in ihren Bann, erzählen von einer *erfahrenen* Wirklichkeit, die zu einer neuen, *gegenwärtigen* Wirklichkeit werden will. Sie wollen weder (nur) unterhalten noch historische Aufklärung bieten, sondern neue religiöse Erfahrungen ermöglichen, um Gott selbst in der Zeit zu entdecken. Ja, sie sind auf kommende Hörer und Leser geradezu angelegt. Verstehen vollzieht sich also in der *Begegnung* zwischen dem alten Text und seinen gegenwärtigen Hörern und Lesern.

Nun ist das Alte Testament nicht nur eine Sammlung sehr verschiedenartiger Bücher mit einer ungewöhnlichen Breite an Gattungen und Redeformen, sondern es hat einen sehr spezifischen Charakter, der es von anderer »schöner« Literatur grundlegend unterscheidet. Denn die alttestamentlichen Schriften sind nicht das Werk von Autoren im modernen Sinne, sondern verdanken sich einer mitunter komplizierten Wachstumsgeschichte. So gleicht eine alttestamentliche Schrift einer in Jahrzehnten, oft Jahrhunderten gewachsenen Kathedrale, in der sich die unterschiedlichsten Stilepochen niedergeschlagen und verschiedene Baukonzepte erhalten haben. Von Stilreinheit und Stileinheit keine Spur. Zahlreiche

---

[1] Erik AURELIUS, »Du bist der Mann«. Zum Charakter biblischer Texte, BTSP 23, Göttingen 2004, 13.

Baumeister und zahllose Handwerker waren an ihr beteiligt, haben ausgebaut, umgebaut, angebaut, teilweise auch völlig umgestaltet. Ja, manchmal liegen die alten Ursprünge einer mächtigen Kathedrale tief verborgen in ihren Fundamenten, sichtbar und zugänglich nur über die Krypta, manchmal erst durch Ausgrabungen erschlossen. Wer eine solche Kathedrale recht würdigen und verstehen will, muß in ihre Geschichte eindringen – sonst nimmt er nur die Oberfläche, die gegebene Gestalt mit ihren oft eklatanten Stilbrüchen wahr. Wer sich hingegen die Mühe macht, sich mit dieser Geschichte zu beschäftigen, in sie einzutauchen, kann erstaunliche Entdeckungen machen. Er lernt das Neben- und Ineinander, auch das Gegeneinander der Stile als Ergebnis unterschiedlicher Konzeptionen kennen, sieht in ihnen theologische Entwürfe, die das Werk der jeweiligen Vorgänger nicht aufheben, wohl aber in ein neues Licht tauchen, es um ihren eigenen »Beitrag« ergänzen wollten. Jede Zeit hat ihre eigenen Vorstellungen, und so kann eine Kathedrale geradezu ein Spiegel der Architektur- und Theologiegeschichte vieler Jahrhunderte sein – in einem einzigen Bauwerk vereint!

Die Methoden der Auslegung des Alten Testaments müssen die hier bildhaft umschriebene Eigenart der Texte nicht nur ernstnehmen, sondern ihr auch gerecht werden. Seit langem hat sich dabei die historisch-kritische Methode als der wichtigste Schlüssel zur Erschließung der »Architektur« und der Bedeutung der biblischen Texte herausgebildet.

## 2. Die Aufgabe der historisch-kritischen Methode

**Literatur:** Ludwig Diestel, Geschichte des Alten Testaments in der christlichen Kirche, Jena 1869; ND Leipzig 1981 (erste Gesamtdarstellung). – Gerhard Ebeling, Die Bedeutung der historisch-kritischen Methode für die protestantische Theologie und Kirche, ZThK 47 (1950), 1–46 = Ders., Wort und Glaube [I], Tübingen ³1967, 1–49 (ein Klassiker). – Hans-Joachim Kraus, Geschichte der historisch-kritischen Erforschung des Alten Testaments, Neukirchen-Vluyn 1956; ³1982 (Standardwerk, gelegentlich etwas flächig). – John W. Rogerson, Art. Bibelwissenschaft

## 2. Die Aufgabe der historisch-kritischen Methode

I/2. Geschichte und Methoden (1.–5.), TRE 6, 1980, 346–361 (guter Überblick). – Rolf SCHÄFER, Die Bibelauslegung in der Geschichte der Kirche, Studienbücher Theologie, Gütersloh 1980 (sehr gut lesbare Gesamtdarstellung). – James BARR, Bibelkritik als theologische Aufklärung, in: Glaube und Toleranz. Das theologische Erbe der Aufklärung, hg.v. Trutz Rendtorff, VWGTh, Gütersloh 1982, 30–42 (knapper und pointierter Beitrag). – Rudolf SMEND, Über die Epochen der Bibelkritik [1991], in: DERS., Bibel und Wissenschaft. Historische Aufsätze, Tübingen 2004, 29–50 (vorzüglicher Überblick über die Geschichte der Bibelkritik vom 18. Jahrhundert bis zur Gegenwart). – Henning GRAF REVENTLOW, Epochen der Bibelauslegung, 4 Bände, München 1990–2001 (umfassende Geschichte der Bibelkritik von den Anfängen bis zum 20. Jahrhundert). – Magne SÆBØ (Hg.), Hebrew Bible / Old Testament. The History of Its Interpretation. Vol. I: From the Beginnings to the Middle Ages (Until 1300). Part 1: Antiquity, Göttingen 1996; Part 2: The Middle Ages, 2000; Vol. II: From the Renaissance to the Enlightenment, 2008 (enzyklopädisches Werk zur Geschichte der Bibelauslegung, das von zahlreichen Verfassern unterschiedlicher Provenienz verantwortet wird). – Susanne KLINGER, Status und Geltungsanspruch der historisch-kritischen Methode in der theologischen Hermeneutik, Forum Systematik 15, Stuttgart 2003 (sehr lehrreiche systematisch-theologische Aufarbeitung der Diskussion um die historisch-kritische Methode). – Jörg LAUSTER, Prinzip und Methode. Die Transformation des protestantischen Schriftprinzips durch die historische Kritik von Schleiermacher bis zur Gegenwart, HUTh 46, Tübingen 2004 (systematisch-theologische Monographie zum protestantischen Schriftprinzip). – Erhard BLUM, Notwendigkeit und Grenzen historischer Exegese. Plädoyer für eine alttestamentliche »Exegetik«, in: B. JANOWSKI (Hg.), Theologie und Exegese des Alten Testaments / der Hebräischen Bibel. Zwischenbilanz und Zukunftsperspektiven, SBS 200, Stuttgart 2005, 11–40 (kritischer Diskussionsbeitrag). – John BARTON, The Nature of Biblical Criticism, Louisville, KY; London 2007 (ebenso fundierte wie engagierte »Verteidigung« der klassischen Bibelkritik vor dem Hintergrund neuerer Textzugänge).

Was ist Exegese? Exegese heißt Auslegung, und Auslegung hat mit Verstehen zu tun, mit dem Verstehen vergangener Lebensäußerungen. Schon wer eine Zeitung, die nur wenige Jahre alt ist, liest, wird nicht mehr alles verstehen, weil ihm die aktuellen Hintergründe vieler Artikel nicht mehr gegenwärtig sind. Wer ein Gedicht von WALTHER VON DER VOGELWEIDE (ungefähr 1170–1230) verstehen will, braucht nicht nur eher allgemeine

Informationen über das Mittelalter und über das geistige und soziale Umfeld, sondern muß sich in das Mittelhochdeutsche einarbeiten. Wer einen Bibeltext liest und verstehen will, braucht ungleich mehr Informationen. Die alttestamentlichen Texte haben ein Alter von etwa 2800 bis 2000 Jahren; sie stammen aus einer anderen kulturellen Welt; sie sind in einer fremden, völlig anders strukturierten Sprache geschrieben. Wer solche Texte verstehen will, muß sie in unsere Sprach- und Denkwelt übersetzen, sie für uns erschließen. Gewiß, man kann sagen: Es gibt ja gute und schöne deutsche Übersetzungen; die Lutherbibel, die Einheitsübersetzung, die Elberfelder Bibel, die Gute Nachricht. Aber schon ein Vergleich zwischen diesen Bibeln zeigt: Gerade bei schwierigen Texten bieten sie jeweils schon ihre eigenen Interpretationen, Auslegungen. Und wenn man die Übersetzungen miteinander vergleicht, wird man auffällige Differenzen feststellen, so daß beinahe von selbst der Wunsch entsteht zu wissen: Was steht da (im Urtext) wirklich? Und wie ist es gemeint? Man braucht also Kriterien, die helfen, zum Textsinn, zum Gemeinten selbst vorzustoßen. Die historisch-kritische Methode ist hierbei die wertvollste Hilfe.

Die historisch-kritische Exegese (»Auslegung«) ist ein Kind der Neuzeit. Sie bedient sich der philologischen Methoden, die auch in anderen philologischen Wissenschaften seit langem angewendet werden. Sie ist insoweit eine *profane* Methode, denn sie betrachtet die biblischen Schriften – *zunächst* – wie alle anderen Texte der Geistesgeschichte auch, nämlich als Bücher, die von Menschen für Menschen geschrieben wurden. Entstanden ist die historisch-kritische Exegese im Zuge der Verselbständigung der biblischen Theologie von der Dogmatik, also im ausgehenden 18. Jahrhundert. Dabei spielte der seit 1804 in Jena lehrende Johann Philipp GABLER (1753–1826) eine entscheidende Rolle.[2] Die Etablierung der biblischen Theologie als einer eigenständigen Disziplin im Rahmen der protestantischen Theologie hatte eine wichtige Stoßrichtung: Sie sollte die Auslegung der Bibel von je-

---

[2] Vgl. Karl-Wilhelm NIEBUHR / Christfried BÖTTRICH (Hgg.), Johann Philipp Gabler 1753–1826 zum 250. Geburtstag, Leipzig 2003.

der dogmatischen Voreingenommenheit befreien; die Bibel sollte wieder ihr *eigenes* Wort sagen können. Und damit sind zwei Einsichten verbunden:

1. Die Bibel muß, wenn man sie ihr eigenes Wort sagen läßt, *historisch* verstanden werden. Gerade um die Bibeltexte ernstzunehmen, sollen sie – befreit von vorgefaßten Meinungen – ihr eigenes Wort sagen können. Und das können sie nur, wenn man sie als geschichtliche Zeugnisse wahrnimmt, die *in* einer bestimmten Zeit und *für* eine bestimmte Zeit entstanden sind.

2. Die Methode hat zugleich eine *kritische* Funktion: Die *Kritik* richtet sich indes nicht gegen die Bibel selbst, sondern – im Gegenteil – gegen die *Instrumentalisierung* der Bibel. In der Zeit ihrer Entstehung hatte die Methode die dogmatische Theologie vor Augen, die die Bibel nicht selten zu einem Stellenlieferanten für theologische Lehrauffassungen degradierte (vgl. die sogenannten *dicta probantia* »beweisende Aussagen«). So verstand der berühmte Bernhard DUHM (1847–1928) seine exegetische Arbeit, wie er im Vorwort zu seinem Jesaja-Kommentar (1892) reichlich pointiert schrieb, als das Errichten einer »Schutzmauer für die alten Schriftsteller gegen die Razzien der Dogmatiker aller Farben«[3].

Damit ist nicht nur die Funktion der historisch-kritischen Methode, sondern auch die Aufgabe des Exegeten beschrieben. Sie besteht darin, den Text gegen sachfremde Interessen und Vereinnahmungen in Schutz zu nehmen. Der Exeget ist der *Anwalt des Textes*; er läßt diesen selbst zu Worte kommen.

> »Die exegetische Methodik ist ihrem Selbstverständnis und ihrer Genese nach nichts anderes als ein Versuch, die Texte vor allzu schneller existentieller Aneignung zu schützen. Die exegetische Methodik ist der Versuch, die Fremdheit und Eigenständigkeit eines Textes zu respektieren. Gerade der Respekt dieser Fremdheit ist alles andere als selbstverständlich. Selbstverständlich ist vielmehr die direkte Ausbeutung der Texte durch das neuzeitliche Subjekt. Die durch die Exegese hergestellte Verfremdung

---

[3] Bernhard DUHM, Das Buch Jesaja, Göttingen 1892; ⁵1968, 3.

der biblischen Texte ist eine notwendige Bedingung dafür, daß sie uns überhaupt etwas zu sagen haben.«[4]

Die Exegese ist also eine *notwendige* Bedingung des Textverstehens, aber gewiß keine *hinreichende*. So sind auch die *Grenzen* der historisch-kritischen Methode offenkundig: Sie erschließt als solche noch nicht die *Wahrheit* der biblischen Texte. Sie kann und sollte das *Zeugnis* offenlegen, in dem sich die göttliche Wahrheit – und zwar nie anders als *mittelbar*, nämlich in theologischer *Deutung* – ausspricht. Aber ob dieses Zeugnis dann auch *zu uns* spricht, uns anspricht und verändert, steht nicht mehr in der Verfügung des Auslegers – weder des Exegeten noch des Dogmatikers. Das ist (dogmatisch gesprochen) das Werk des Heiligen Geistes, der den Glauben wirkt. Die Exegese kann den *Anspruch* der Texte offenlegen, aber nicht selbst verwirklichen.

## 3. Exegese als Schlüssel zum Textverstehen

In der Auslegung des Alten Testaments hat sich in den vergangenen Jahrhunderten ein aus mehreren aufeinander aufbauenden Schritten bestehender Methodenkanon herausgebildet. Die in einer fremden Sprache geschriebenen, aus einem fremden Kulturkreis stammenden und auch zeitlich sehr fern stehenden literarischen Zeugnisse sollen auf diese Weise Schritt für Schritt einem heutigen Verständnis erschlossen werden. Exegese (»Auslegung«) bedeutet in diesem Sinne nicht mehr als ein methodengeleitetes – und das heißt methodisch kontrolliertes, allgemein nachvollziehbares und insofern möglichst »objektives« – genaues Lesen eines Textes, das zu seinem Verstehen hinführen soll. *Exegese ist der Schlüssel zum Textverstehen.* Sie schließt andere Zugänge nicht prinzipiell aus, ist aber von der Erkenntnis geleitet, daß es *ohne* eine historische Rückbindung der Auslegung kein den Texten selbst gerecht werdendes Verstehen geben kann. Dabei stehen die einzelnen methodischen Schritte nicht für sich; sie sind vielfältig miteinander ver-

---

[4] Hans WEDER, Neutestamentliche Hermeneutik, Zürcher Grundrisse zur Bibel, Zürich ²1989, 119.

woben. Dennoch beschreiben sie jeweils bestimmte *Lesehinsichten* und *Fragestellungen*, die man im Rahmen einer exegetischen Arbeit – sei es für ein Proseminar, ein Hauptseminar, das Examen oder auch als Vorarbeit für eine Predigt – sorgsam unterscheiden sollte.

In der Terminologie hält sich das vorliegende Arbeitsbuch im wesentlichen an den Vorschlag von O.H. STECK, der in seinem »Leitfaden der Methodik« (erstmals 1971)[5] nicht nur eine äußerst detaillierte Methodenbeschreibung bietet, sondern aufgrund seiner weiten Verbreitung zu einer gewissen Vereinheitlichung in der Begrifflichkeit beigetragen hat. Daß in der Literatur manchmal dieselben Begriffe Unterschiedliches meinen (z.B. »Überlieferungsgeschichte«, aber auch im Vergleich mit der neutestamentlichen Exegese), sollte zumal den Anfänger nicht verwirren. Es kommt auch hier nicht auf die Begriffe als solche, sondern auf die mit ihnen gemeinte Sache an. Ebensowenig lassen sich die Methoden völlig schematisch und ohne Ansehen der Texte selbst anwenden. Bei bestimmten Texten oder Textbereichen werden sich manche Methodenschritte als unergiebig erweisen, andere womöglich als umso fruchtbarer, so daß ihnen ein breiterer Raum zur Verfügung gestellt werden muß. In der Auslegung eines Psalms etwa werden sich ganz andere Schwerpunkte ergeben als bei einer Erzählung, einer Sage oder einer späten weisheitlichen Lehrerzählung. Die Methoden haben sich stets an ihrem Gegenstand zu orientieren – und nicht umgekehrt!

So fremdartig die exegetischen Methoden auf den ersten Blick wirken, so vertraut sind doch die Frageperspektiven, die sie repräsentieren. Um dies deutlich zu machen, soll der ausführlichen Beschreibung ein knapper Überblick über die methodischen Schritte vorangestellt werden. Texte, zumal solche, die aus einer fremden, uns zeitlich, räumlich und nicht zuletzt sprachlich fernliegenden Kultur stammen, verstehen sich nicht von selbst. Man muß sie sich erschließen und zu diesem Zweck *Fragen* an sie richten. Die erste

---

[5] Odil Hannes STECK, Exegese des Alten Testaments. Leitfaden der Methodik, Neukirchen-Vluyn [14]1999. Bis zur 11. Auflage erschien das Buch mit Hermann BARTH als Mitautor.

Frage ist ebenso schlicht wie grundlegend: Was für einen Text haben wir eigentlich vor uns? Bei der Auslegung des Alten Testaments hat man es mit einem hebräischen, aramäischen oder griechischen Text oder auch mit einer (hoffentlich guten) Übersetzung zu tun. In welcher Ausgabe aber ist dieser Text abgedruckt? Wie alt ist sie? Und auf welche Handschriften geht diese gedruckte Ausgabe zurück? Wie zuverlässig sind diese Handschriften? Wie weit führen sie uns an die »Urfassung« des Textes, an seine Entstehung heran? Diesen Fragen geht die *Textkritik* nach.

Die nächste Frage ist nicht weniger elementar: In welchem größeren literarischen Zusammenhang steht der Text? Inwiefern muß dieser bei der Auslegung berücksichtigt werden? Kann man ihn überhaupt aus dem Kontext »herausreißen«? Und: Ist der Text eine in sich verständliche Einheit, ein geschlossenes Ganzes, das man für sich lesen und verstehen kann? Hat er einen Spannungsbogen, und wie läßt er sich beschreiben? Oder gibt es Hinweise darauf, daß der Text nicht von einer Hand ist? Sind in ihm Quellen verarbeitet? Heben sich erklärende Zusätze heraus? Sind redaktionelle Bearbeitungen und literarische Schichten erkennbar, die uns etwas über die Geschichte des Textes verraten? Diesen Fragen nach der literarischen Einbettung und Homogenität eines Textes geht die *Literarkritik* nach. Daran schließt sich nahtlos eine weitere Frage an: Enthält der Text bzw. sein vermutlich ältester literarischer Kern Hinweise auf mündliche Vorstufen? Läßt sich erschließen, welche Elemente eine (nun schriftlich fixierte) Sage hatte, als sie noch mündlich erzählt wurde (*wenn* sie je mündlich erzählt wurde)? Aus welchem Anlaß kam es zu ihrer Verschriftung, und welche Motive waren dabei wirksam? Diese – zugegebenermaßen sehr hypothetischen – Fragen möchte die *Überlieferungsgeschichte* beantworten.

Hat man, einem Archäologen gleich, eine Vorstellung von der Tiefendimension des Textes gewonnen und verschiedene Quellen und Schichten freigelegt, möchte man erfahren, wie es zum jetzigen Text gekommen ist. Denn um dessen Verständnis geht es ja. Wie läßt sich die Entstehung des Textes von der ältesten schriftlichen Stufe bis zur vorliegenden Endgestalt nachzeichnen? Welche Motive und Intentionen waren in den verschiedenen

## 3. Exegese als Schlüssel zum Textverstehen

Redaktionsprozessen wirksam? Lassen sich die herausgearbeiteten Stufen datieren und zeitgeschichtlich einordnen? Läßt sich der Text mit seinen Unebenheiten nun besser verstehen, nachdem man sein redaktionelles Wachstum rekonstruiert hat? Spiegelt dieses Wachstum womöglich theologische Sachdiskussionen wider? Gibt es Aufschluß über theologiegeschichtliche Entwicklungen? Darin liegt die Aufgabe der *Redaktionsgeschichte*.

Die bisherigen Fragen hatten es mit der *Geschichte* des Textes als einer literarischen Einheit zu tun. Nun geht es um seine *Gestaltung*: Um welche Art von Text handelt es sich? Ist er eine individuelle sprachliche Äußerung, oder ist er nach bestimmten Sprachkonventionen gestaltet? Man spricht hier von *Form* oder *Gattung*. Welche Rolle spielt die Bestimmung der Gattung für die Auslegung? Läßt sich ein bestimmter Lebenszusammenhang erheben, in den der Text – oder auch eine rekonstruierte Vorstufe – ursprünglich gehörte? Man kann hier etwa an den Kult, die prophetische Verkündigung oder das Rechtsleben denken. Oder ist der Text von vornherein als Teil eines größeren literarischen Zusammenhangs, gar für ein Buch konzipiert worden? Diesem Fragenkomplex geht die *Formgeschichte* nach.

Hat man herausgefunden, wie stark ein Text durch überlieferte Formen geprägt ist, stellt sich beinahe natürlicherweise eine neue Frage: In welcher *geistigen Welt* ist der Verfasser des Textes (bzw. seiner Vorstufen) zuhause? Durch welche geistes-, theologie- oder religionsgeschichtliche Vorstellungen ist er geprägt? Aus welchem sozialen Milieu kommt er? Ist er Angehöriger des Hofes, ein Priester, ein General, ein Rechtsgelehrter oder gar ein Weisheitslehrer? Dies herauszufinden, ist die Aufgabe der *Traditionsgeschichte*.

Die hier skizzierten Methodenschritte entsprechen einem gleichsam natürlichen, am Verstehen orientierten Leseverhalten. Während sich bei zeitgenössischen Texten, die noch dazu unserem eigenen kulturellen Raum entstammen, vieles von selbst versteht und nicht expliziert werden muß, bedürfen antike Texte der schrittweisen und allgemein nachvollziehbaren Erhellung, damit sie in ihrer *eigenen* Welt erschlossen und damit auch einem *heutigen* Verstehen nähergebracht werden können.

# B. Die exegetischen Methoden

**Literatur:** Odil Hannes STECK, Exegese des Alten Testaments. Leitfaden der Methodik, Neukirchen-Vluyn (1971) [14]1999 (detaillierte Beschreibung der exegetischen Methoden). – Josef SCHREINER (Hg.), Einführung in die Methoden der biblischen Exegese, Würzburg 1971 (Methodenbuch aus der Feder mehrerer katholischer Exegeten). – Georg FOHRER u.a., Exegese des Alten Testaments. Einführung in die Methodik, UTB 267, Heidelberg (1973) [4]1983 (Berücksichtigung literaturwissenschaftlicher Ansätze). – Fritz STOLZ, Das Alte Testament, Studienbücher Theologie Altes Testament, Gütersloh 1974 (forschungsgeschichtlich orientierte, elementare Einführung). – John BARTON, Reading the Old Testament. Method in Biblical Study, London 1984; Neuausgabe 1996 (kritische Vorstellung neuerer Textzugänge). – DERS. (Hg.), The Cambridge Companion to Biblical Interpretation, Cambridge 1998 (Sammelwerk mit konziser Vorstellung alternativer Interpretationsweisen und Textzugänge). – Siegfried KREUZER u.a., Proseminar I Altes Testament. Ein Arbeitsbuch, Stuttgart (1999) [2]2005 (klassische Methodenlehre mit moderater Einbeziehung alternativer Textzugänge). – Otto KAISER, Die alttestamentliche Exegese, in: G. ADAM u.a., Einführung in die exegetischen Methoden, Gütersloh 2000, 13-70 (knapper Überblick). – Helmut UTZSCHNEIDER / Stefan Ark NITSCHE, Arbeitsbuch literaturwissenschaftliche Bibelauslegung. Eine Methodenlehre zur Exegese des Alten Testaments, Gütersloh 2001; [3]2009 (Methodenlehre mit literaturwissenschaftlichem Schwerpunkt). – Helmut UTZSCHNEIDER / Erhard BLUM (Hgg.), Lesarten der Bibel. Untersuchungen zu einer Theorie der Exegese des Alten Testaments, Stuttgart 2006 (Sammelband mit kritischer Bestandsaufnahme des klassischen historisch-kritischen Zugangs; Einbeziehung und Vorstellung neuer »Lesarten« der Bibel). – Michaela BAUKS / Christophe NIHAN (Hgg.), Manuel d'exégèse de l'Ancien Testament, MoBi 61, Genf 2008 (von fünf Autorinnen und Autoren verfaßter französischsprachiger Leitfaden). – Jean-Noël ALETTI u.a., Vocabulaire raisonné de l'exégèse biblique. Les mots, les approches, les auteurs, Outils bibliques, Paris 2005; ND 2008 (ausgezeichnetes Hilfsmittel, in dem exegetisches Fachvokabular erklärt wird).

## B. Die exegetischen Methoden

## 1. Übersetzung und erste Textbeobachtungen

> »Wer nicht ... einen tüchtigen Schulsack von Hebräisch und Griechisch mitbringt, der kann natürlich kein hebräisches oder griechisches Buch verstehen.«
>
> (Hermann GUNKEL)[1]

**Literatur:** Joachim GNILKA / Hans Peter RÜGER (Hgg.), Die Übersetzung der Bibel – Aufgabe der Theologie, Texte und Arbeiten zur Bibel 2, Bielefeld 1985 (Aufsatzsammlung). – Walter GROSS (Hg.), Bibelübersetzung heute. Geschichtliche Entwicklungen und aktuelle Herausforderungen, Arbeiten zur Geschichte und Auslegung der Bibel 2, Stuttgart 2001 (Sammlung grundlegender und aktueller Beiträge zur Theorie und Praxis der Bibelübersetzung). – Eugene A. NIDA / Charles R. TABER, The Theory and Practice of Translation. With Special Reference to Biblical Translating, Leiden 1982; Neuausgabe 2003 (Standardwerk zur Übersetzung mit besonderer Berücksichtigung der Bibel, vgl. DIES., Theorie und Praxis des Übersetzens unter besonderer Berücksichtigung der Bibelübersetzung, Stuttgart 1969).

Jeder alttestamentliche Text muß, bevor er ausgelegt werden kann, zunächst mit den einschlägigen Hilfsmitteln wie Wörterbuch und Grammatik philologisch einwandfrei aus dem Hebräischen oder Aramäischen (für Esr 4,8–6,18; 7,12–26; Dan 2,4–7,28 und Jer 10,11) übersetzt werden. Wer sich den deuterokanonischen (»apokryphen«) Schriften wie den beiden Makkabäerbüchern oder den Weisheitsbüchern Jesus Sirach und Weisheit Salomos zuwendet, hat es mit griechischen Texten zu tun, die zum Teil aber bereits Übersetzungen einer hebräischen Fassung darstellen (so etwa beim Buch Jesus Sirach). Es versteht sich von selbst, daß die erste Übersetzung nur eine Rohfassung sein kann; sie muß im Verlauf der Exegese und vor allem am Ende noch einmal überprüft und gegebenenfalls korrigiert werden. Sinnvoll kann es sein, neben dem übersetzten Text einen breiten Rand zu lassen, der Raum für eigene Notizen, Beobachtungen und Korrekturen läßt, die

---

[1] H. GUNKEL, Ziele und Methoden der Erklärung des Alten Testamentes [1904], in: DERS., Reden und Aufsätze, Göttingen 1913, 11–29 (13).

sich bei der Arbeit am Text ergeben. Die in einer abgeschlossenen (Pro-)Seminararbeit abgedruckte Übersetzung – sie gehört in jedem Fall an den Anfang – stellt eine durch die Gesamtexegese gestützte Fassung dar, die sowohl philologisch genau als auch in einem gut lesbaren Deutsch gehalten sein soll. Abweichungen vom vorliegenden hebräischen bzw. griechischen Text, die sich aus der textkritischen Analyse (→ B 2) ergeben haben, sind dabei kenntlich zu machen. Dies ist dann der Fall, wenn ein Wort oder ein Satzteil aufgrund eines offensichtlichen Textverderbnisses nicht übersetzbar ist. Ausgelassene Worte werden durch drei Punkte ersetzt, in der Regel gerahmt von eckigen Klammern: […]; bei begründeten Textrekonstruktionen einer offensichtlich verderbten Stelle – man spricht dann von *Emendationen* (»Verbesserungen«) oder *Konjekturen* (»Vermutungen«) – setzt man den betreffenden Ausdruck in einfache Anführungszeichen: ›…‹. Die hier vorgenommenen Änderungen des Textes müssen im Rahmen der Textkritik eingehend begründet werden.

Wer keinen Zugang zu den Ursprachen hat, muß sich eine gute Übersetzung als Arbeitsgrundlage suchen. In Betracht kommen zum einen die einigermaßen genauen und zuverlässigen Bibelübersetzungen (→ D 1)[2], zum andern die wissenschaftlichen Kommentare, die in der Regel eigene, exegetisch gestützte und begründete Übersetzungen bieten. Es kommt hier zunächst nicht so sehr auf die Schönheit der Sprache als vielmehr auf die philologische Genauigkeit an, bei der sprachliche, syntaktische und sachliche Auffälligkeiten und Besonderheiten, aber auch Spannungen und Widersprüche im Urtext nicht vorschnell harmonisiert werden. Es kann hilfreich sein, sich in dieser Angelegenheit mit einem Sprachkundigen auszutauschen.

An dieser Stelle sind einige allgemeine Bemerkungen zum Vorgang der Übersetzung angebracht, die grundsätzlich für *jede* Übersetzung eines fremdsprachigen Textes gelten. Bei der Bibel Alten und Neuen Testaments kommt ihre herausgehobene Gegenwarts-

---

[2] Vgl. als Orientierung z.B. Hellmut HAUG, Ein Vergleich zwischen den großen »Gebrauchsbibeln«: Lutherbibel – Einheitsübersetzung – Gute Nachricht, in: W. GROSS (Hg.), Bibelübersetzung heute, 329–364.

bedeutung hinzu, die sie für ganz unterschiedliche Glaubensgemeinschaften hat. Hier bedarf es einer sehr sorgfältigen, philologisch wie theologisch reflektierten Übersetzungsarbeit, die in aller Regel von Kommissionen ausgeführt und anschließend durch die jeweilige Kirche approbiert wird. In der Übersetzung eines Textes unterscheidet man generell zwischen der *Ausgangssprache* als der Sprache, *aus der* übersetzt wird, und der *Zielsprache* als der Sprache, *in die* übersetzt wird. Eine gute Übersetzung muß beiden Seiten – Ausgangs- wie Zielsprache – gerecht werden, wobei die Frage der *Genauigkeit* ein entscheidendes Beurteilungskriterium ist. Folgende Übersetzungstypen lassen sich unterscheiden (vgl. auch die Vorstellung der gängigen Übersetzungen → D 1):[3]
1. Sehr wörtliche Übersetzung; primäre Orientierung an der Ausgangssprache. Hier wird der Urtext möglichst genau wiedergegeben, wobei eine gewisse »Schwerverständlichkeit« in Kauf genommen wird.
2. Philologisch genaue, wissenschaftliche Übersetzung; Orientierung an der Zielsprache. Angestrebt wird ein möglichst gutes Deutsch. Eine solche Übersetzung kann sich (einerseits) an die Grammatik und die Wortbedeutungen der Zielsprache anpassen; man spricht dann von einer »philologischen« Übersetzung. Sie kann (andererseits) aber auch eine »begriffskonkordante« Übersetzung sein, in der jedes Schlüsselwort der Ausgangssprache mit demselben Wort der Zielsprache übersetzt wird (z.B. das hebräische Wort *tôrah* oder das griechische Wort *nómos* stets mit »Gesetz« oder mit »Weisung«).
3. Sinngetreue Übersetzung in die deutsche Gegenwartssprache. Dabei wird der Urtext *inhaltlich*, aber nicht unbedingt strikt wörtlich wiedergegeben. Man spricht hier auch von einer *kommunikativen* Übersetzung, weil sie auf unmittelbare Verständlichkeit zielt.

---

[3] Vgl. auch den Beitrag von Heidemarie SALEVSKY, Übersetzungstyp, Übersetzungstheorie und Bewertung von Bibelübersetzungen (Ein Beitrag aus übersetzungstheoretischer Sicht), in: W. GROSS (Hg.), Bibelübersetzung heute, 119–150.

4. **Freiere Übersetzung**. Unter diese Rubrik fallen etwa mundartliche Übersetzungen, die man eher als kommunikativ orientierte *Übertragungen* bezeichnen sollte.

Es versteht sich von selbst, daß es mancherlei Mischformen und Überschneidungen gibt. Jede Übersetzung ist notwendigerweise ein Kompromiß. Natürlich liegen den verschiedenen Übersetzungstypen auch jeweils bestimmte *Übersetzungstheorien* zugrunde, die nicht immer expliziert werden, aber zur Erfassung des Charakters einer Übersetzung hilfreich sind (z.b. die seit den 1980er Jahren vertretenen textlinguistischen Ansätze).[4] Jeder, der mit Bibelübersetzungen arbeitet, sollte sich also über deren Charakter hinreichend Klarheit verschaffen. Wer selbst eine Übersetzung anfertigt, sollte wissen, was er tut. Philologische Genauigkeit steht dabei an erster Stelle.

Hat man eine Rohübersetzung erstellt oder sich eine zuverlässige, wissenschaftlich abgesicherte Übersetzung bereitgelegt, sollte man sich darum bemühen, die unmittelbaren Eindrücke, die der Text auslöst, in einigen Stichworten festzuhalten. Welche Empfindungen, Reaktionen oder Assoziationen ruft der Text hervor? Erzeugt er Widerspruch oder Zustimmung? Wirkt er abschreckend oder sympathisch? Stimmt er froh oder traurig? Hier sollen noch ganz *freie* Beobachtungen und Eindrücke ihren Platz haben. Der Grund für die Vorschaltung dieses Arbeitsschrittes hat mit dem Verstehensprozeß selbst zu tun: Jedes Verstehen ist mitgeprägt von einem bestimmten Vorverständnis über den Text und seine Aussage.[5] Dieses Vorverständnis kann man aus dem Verstehensprozeß nicht einfach heraushalten, man sollte es sich aber bewußt machen. Es kann sich als hilfreich erweisen, dieses Vorverständnis auch im Rahmen der Proseminararbeit zu thematisieren. Das empfiehlt sich vor allem dann, wenn das Ergebnis der Exegese sehr stark von den anfänglichen Eindrücken abweicht und

---

[4] Vgl. mit Textbeispielen H. SALEVSKY, Übersetzungstyp, 130–141.

[5] Grundlegend: Rudolf BULTMANN, Ist voraussetzungslose Exegese möglich? [1957], in: DERS., Glauben und Verstehen III, Tübingen ³1965, 142–150 = DERS., Neues Testament und christliche Existenz. Theologische Aufsätze, hg.v. Andreas LINDEMANN, UTB 2316, Tübingen 2002, 258–266.

man auf diese Weise zeigen kann, wie die exegetischen Schritte den Text neu zum Sprechen gebracht haben.

Nach diesen anfänglichen, eher tastenden Schritten kann man sich nun etwas genauer mit dem Text selbst in *philologisch-grammatischer* wie *inhaltlicher* Hinsicht beschäftigen; hier geht es um *gezielte* Beobachtungen: Was ist beim Lesen klar, was bleibt einstweilen unklar und kann vielleicht durch Wörterbuch, Grammatik und Konkordanz geklärt werden? Gibt es grammatische Härten, die vorerst ungelöst bleiben müssen? Ziel dieses Schrittes ist es, sich ein Reservoir an Textbeobachtungen anzulegen, das die Basis für die weiteren Arbeitsgänge bildet und vor allem einen souveränen Umgang mit der Sekundärliteratur ermöglicht. Je besser man den Text und seine Details kennt, desto leichter fällt der spätere Umgang mit der Literatur.

## 2. Textkritik

»Die Überlieferung (*māsoræt*)
ist ein Zaun für die Tora.«
(Rabbi Aqiba)[6]

**Literatur:** Alexander A. Fischer, Der Text des Alten Testaments, Neubearbeitung der Einführung in die Biblia Hebraica von Ernst Würthwein, Stuttgart 2009 (aktuelles Standardwerk). – Reinhard Wonneberger, Leitfaden zur Biblia Hebraica Stuttgartensia, Göttingen 1984; ²1986 (nicht ganz unkompliziertes, aber hilfreiches Werkzeug zur Erschließung des Apparates der BHS). – Emanuel Tov, Der Text der Hebräischen Bibel. Handbuch der Textkritik, Stuttgart 1997 (neues Standardwerk, berücksichtigt breit die Septuaginta und die Qumrantexte). – Julio Trebolle Barrera, The Jewish Bible and the Christian Bible. An Introduction to the History of the Bible, Leiden und Grand Rapids, MI 1998 (zur Textgeschichte). – Page H. Kelley u.a., Die Masora der Biblia Hebraica Stuttgartensia. Einführung und kommentiertes Glossar, Stuttgart 2003 (Entschlüsselung der Randnotizen

---

[6] Rabbi Aqiba (ca. 50–135 n.Chr.), Mischna Avot 3,13. Mit der Tora ist hier freilich nicht das schriftliche, sondern das mündlich gegebene Gesetz gemeint.

der BHS). – Arie van der Kooij, Art. Textgeschichte / Textkritik der Bibel. II. AT, TRE 33, 2002, 148–155. – Heinz-Josef Fabry, Der Text und seine Geschichte, in: Erich Zenger u.a., Einleitung in das Alte Testament, KStTh 1/1, Stuttgart ⁷2008, 36–59 (jeweils knappe Übersichten).

## 2.1. Aufgabe

Die Aufgabe der Textkritik besteht darin, die im Vollzug des Abschreibens eines Textes entstandenen *unabsichtlichen* Versehen oder *absichtlichen* Änderungen zu erkennen und – sofern dies noch möglich ist – rückgängig zu machen. Sie ist also mit der *Überlieferung* eines abgeschlossenen Textes befaßt, nicht mehr mit seiner *Entstehung*. Dadurch, daß die Textkritik die überlieferungsbedingten Fehler zu tilgen bzw. zu korrigieren versucht, legt sie die Grundlage aller weiteren Interpretationsarbeit. Sie wird deshalb auch als *niedere Kritik* bezeichnet, weil sie der sogenannten *höheren Kritik*, also den auf den Inhalt des Textes zielenden Methodenschritten wie z.B. der Literarkritik, vorarbeitet.

Die Textkritik des Alten Testaments befaßt sich sowohl mit den »kanonischen« (hebräisch-aramäischen) als auch mit den »deuterokanonischen« (griechischen) Schriften. Aufgrund der Eigenart der Textüberlieferung soll im folgenden allerdings der hebräisch-aramäische Bibeltext im Vordergrund stehen. Man nennt ihn auch den *masoretischen* Text (MT oder ᴍ bzw. M), weil er auf die als *Masora* (»Überlieferung«) bezeichnete Überlieferungstätigkeit jüdischer Gelehrter (*Masoreten*) zurückgeht, die sich um die zuverlässige Weitergabe der als verbindlich anerkannten hebräischen Schriften bemühten. Im Verlauf dieser *Texttransmission*, also der Weitergabe des Textes durch Abschreiben, konnte es zu Fehlern kommen. Vor allem mechanische Versehen im Vorgang des Abschreibens, also Lese- bzw. Schreibfehler, kommen in Betracht (ausführlich A. A. Fischer, 205–218):

- Verwechslung ähnlich aussehender Buchstaben: z.B. כ und ב oder ד und ר.
- Versehentliche Einfachschreibung (*Haplographie*) ähnlicher oder gleicher Buchstaben, Buchstabengruppen oder Wörter, die unmittelbar aufeinander folgen: In Jes 8,19 בעד החיים liest die Jesaja-Handschrift von

Qumran (1QIsᵃ) בעד חיים, läßt also – wohl versehentlich – den bestimmten Artikel ה aus. Deutsches Beispiel: »gegebenfalls« oder »gebenenfalls« statt »**ge**gebenenfalls«.
- Versehentliche Doppelschreibung (*Dittographie*) eines Buchstabens, einer Buchstabengruppe oder von Wörtern: In Jes 38,20 wird in 1QIsᵃ der gesamte vorhergehende v.19 beinahe wörtlich wiederholt, möglicherweise aufgrund eines »Abirrens des Auges« (*aberratio oculi*). Deutsches Beispiel: »gegeben**en**enfalls« statt »gegebenenfalls«.
- Auslassen von Worten wegen eines gleichen oder ähnlichen Wortendes (*Homoioteleuton*), so daß das Auge des Abschreibers vom Ende des ersten Wortes auf das Ende des zweiten abirren konnte: In Jes 4,5f. werden wiederum in 1QIsᵃ die Worte, die zwischen dem יומם in v.5 und dem יומם in v.6 stehen, ausgelassen. Deutsches Beispiel: »es liegt in **der** Sache« statt »es liegt in **der** Natur **der** Sache«.
- Auslassen eines Wortes aufgrund des gleichen Wortanfangs (*Homoioarkton*).

Vorstellbar sind aber auch *absichtliche* Veränderungen, die teils aus Unverständnis des Textes, teils aus »dogmatischen« Erwägungen heraus vorgenommen wurden. Man kann an die Ersetzung seltener Worte durch geläufigere denken oder an erläuternde oder korrigierende Glossen. Hier ist allerdings im Einzelfall schwer zu entscheiden, ob es sich überhaupt um genuin *textkritische* oder nicht doch eher um *literarkritisch* zu erklärende Phänomene handelt (vgl. A. A. FISCHER, 209f.).

Welcher Text aber soll durch die Textkritik wiederhergestellt werden? Diese Frage ist nicht ganz leicht zu beantworten. Ein autoritativer Konsonantentext, der nicht mehr verändert werden sollte, hat sich offenbar gegen Ende des 1. Jahrhunderts n.Chr. durchgesetzt; gelegentlich wird auch die Mitte des 2. Jahrhunderts genannt. In dieser Zeit gewann der Wortlaut der alttestamentlichen Bücher allmählich eine feste Gestalt im Sinne der Unantastbarkeit, wobei dem *Pentateuch* und den *Vorderen Propheten* (Josua bis 2 Könige) gegenüber den übrigen Schriften ein Vorrang zukam. Im einzelnen stellen sich die Vorgänge freilich weit komplizierter dar, so daß man von einem länger andauernden *Prozeß der Kanonisierung* sprechen sollte.[7] Dabei ist zu beach-

---

[7] Die Kanonfrage wird umfassend behandelt von Peter BRANDT, Endgestalten des Kanons. Das Arrangement der Schriften Israels in der jüdi-

ten, daß der Begriff »Kanon« im modernen Sinne erst seit dem 4. nachchristlichen Jahrhundert in Gebrauch ist und in der rabbinischen Tradition gar nicht begegnet; er ist inhaltlich wie formal christlich geprägt und deshalb für die Fixierung der jüdischen Schriftensammlung nur mit Einschränkung zu gebrauchen. Die vergleichsweise späte Ansetzung dieses Fixierungsvorgangs bedeutet nicht, daß die alttestamentlichen Schriften erst in dieser Zeit ihre endgültige Gestalt erhalten hätten; die meisten Bücher waren längst abgeschlossen und dürften kaum mehr signifikante Veränderungen erfahren haben. Aber *im Prinzip* war ihr Wortlaut bis um 100 n.Chr. (oder etwas später) noch im Fluß, so daß man alle redaktionellen Veränderungen, die *vor* dieser Zeit liegen, in den Bereich des produktiven Textwachstums verweisen muß. Strenggenommen beschäftigt sich die Textkritik also ausschließlich mit der Wiederherstellung der Textgestalt, die nach 100 n.Chr. in autoritativer Geltung stand bzw. allmählich autoritative Geltung erlangte.[8] Alles, was zeitlich davor lag, gehört in den Bereich der *höheren* Kritik, speziell der Literarkritik und der Redaktionsgeschichte.

---

schen und christlichen Bibel, BBB 131, Berlin 2001; darüber hinaus besonders Johann MAIER, Zur Frage des biblischen Kanons im Frühjudentum im Licht der Qumranfunde, in: DERS., Studien zur jüdischen Bibel und ihrer Geschichte, SJ 28, Berlin – New York 2004, 33–77. Zu den historischen Vorgängen knapp Günter STEMBERGER, Jabne und der Kanon, in: Zum Problem des biblischen Kanons, JBTh 3, Neukirchen-Vluyn 1988, 163–174; Guiseppe VELTRI, Voraussetzungen der Kanonbildung und die Yavne-Legende, in: DERS., Gegenwart der Tradition. Studien zur jüdischen Literatur und Kulturgeschichte, JSJ.S 69, Leiden 2002, 23–37.

[8] Johann MAIER (s. Anm. 7): »Eine kanonähnliche Fixierung der Schriftensammlung, die als hebräische Bibel bekannt ist, erfolgte strenggenommen erst, nachdem eine jüdische Richtung, die pharisäisch-rabbinische, ihre Auffassung durchgesetzt hatte, und das endgültig auch erst im 3./4. Jahrhundert n.Chr.« (75).

## 2.2. Zum Verhältnis von Text- und Literarkritik

**Literatur:** Hermann-Josef STIPP, Das Verhältnis von Textkritik und Literarkritik in neueren alttestamentlichen Veröffentlichungen, BZ 34 (1990), 16–37. – DERS., Textkritik – Literarkritik – Textentwicklung. Überlegungen zur exegetischen Aspektsystematik, EThL 66 (1990), 143–159. – Eugene ULRICH, The Canonical Process, Textual Criticism, and Latter Stages in the Composition of the Bible [1992], in: DERS., The Dead Sea Scrolls and the Origins of the Bible, Leiden und Grand Rapids, MI 1999, 51–78. – DERS., The Bible in the Making: The Scriptures at Qumran [1994], in: Ebd., 17–33. – Emanuel TOV, The History and Significance of a Standard Text of the Hebrew Bible, in: Magne SÆBØ (Hg.), Hebrew Bible / Old Testament. The History of Its Interpretation I/1, Göttingen 1996, 49–66. – Adrian SCHENKER (Hg.), The Earliest Text of the Hebrew Bible. The Relationship between the Masoretic Text and the Hebrew Base of the Septuagint Reconsidered, Septuagint and Cognate Studies 52, Atlanta, GA 2003. – Kristin DE TROYER, Die Septuaginta und die Endgestalt des Alten Testaments. Untersuchungen zur Entstehungsgeschichte alttestamentlicher Texte, UTB 2599, Göttingen 2005. – Alexander A. FISCHER, Der Text des Alten Testaments, 2009 (187–204).

Die hier vorgeschlagene Beschränkung der textkritischen Aufgabe auf die Rückgängigmachung derjenigen Änderungen, die *nach etwa 100 n.Chr.* vorgenommen wurden, darf nicht über die praktischen Schwierigkeiten hinwegtäuschen. Denn diese »kanonisch« gewordene Textgestalt ist keineswegs mit dem *ältesten erreichbaren Text* identisch, auch wenn man das Ziel der Textkritik meistens in dieser Weise bestimmt. Genauer: Es ist aus heutiger Perspektive nahezu unmöglich, *den* »kanonisch« gewordenen hebräischen Text zu rekonstruieren. Noch kurz vor der Festlegung des standardisierten (und später *masoretisch* genannten) Konsonantentextes gab es im Judentum mehrere Texttraditionen, die – offenbar gleichberechtigt – nebeneinander im Umlauf waren (vgl. E. Tov, Text, 16–98.112–119). Neben der *protomasoretischen* Fassung, die sich ungefähr ab 100 n.Chr. durchgesetzt hat, sind vor allem die vermutete *hebräische Vorlage der griechischen Übersetzung* (Septuaginta) und die biblischen Texte aus *Qumran* zu nennen. Durch die Zerstörung der Anlage von Qumran im Jahre 68 n.Chr. während des (1.) jüdischen Krieges einerseits und den Gebrauch der Septuaginta durch die frühen Christen andererseits mag es dazu gekommen sein, daß der protomasoretische Text allmählich die Oberhand gewann.

Daß der Bibeltext auch außerhalb des (späteren) rabbinischen Judentums überliefert wurde, zeigt der *samaritanische Pentateuch* (𝔪 bzw. Smr).Bei ihm handelt es sich um eine – mit spezieller Ausrichtung redigierte – Ausgabe der fünf Bücher Mose, die zur alleinigen Heiligen Schrift der Samaritaner wurde. Spätestens im 2. Jahrhundert v.Chr. hatten sie sich vom Jerusalemer Tempel getrennt und auf dem Garizim ihr eigenes Heiligtum errichtet. Der samaritanische Pentateuch stellt also eine bestimmte Rezension der Bücher Gen–Dtn dar, die zwar nur in relativ jungen Handschriften erhalten ist, aber unter den in Qumran gefundenen biblischen Texten interessante Entsprechungen aufweist. Damit ist ein weiteres Indiz für die Pluriformität der Textformen in der Zeit zwischen dem 2. vorchristlichen und dem 1. nachchristlichen Jahrhundert gegeben (vgl. E. Tov, Text, 65–82; A. A. Fischer, Text, 96–111).

Besonders eindrücklich zeigt die Überlieferung des Jeremia-Buches, daß noch im 2. und 1. Jahrhundert v.Chr. mehrere Textfassungen zirkulierten, also noch kein standardisierter Einheitstext vorlag.[9] Denn die – immerhin um 1/8 kürzere – Septuaginta-Fassung des Jeremia-Buches repräsentiert (wenigstens in den meisten Fällen) eine entstehungsgeschichtlich gesehen *ältere* Gestalt als der masoretische Text, während in Qumran offenbar beide Fassungen bekannt waren: die vermutete hebräische Vorlage der Septuaginta und die protomasoretische Textform. Daran ist zweierlei bemerkenswert: Zum einen schien es in Qumran eine allein verbindliche Textform – einen »Urtext« des Jeremia-Buches – noch nicht gegeben zu haben. Zum andern belegt der Vergleich zwischen der Septuaginta- und der masoretischen Fassung, daß man sich noch im Stadium des produktiven Textwachstums befand (vgl. H.-J. Stipp). Das aber ist die Domäne der Literarkritik. Im Idealfall wäre also der Übergang von der Literar- zur Text-

---

[9] Vgl. Hermann-Josef Stipp, Das masoretische und alexandrinische Sondergut des Jeremiabuches. Textgeschichtlicher Rang, Eigenarten, Triebkräfte, OBO 136, Fribourg / Göttingen 1994. Signifikante Differenzen zwischen hebräischem und griechischem Text bestehen auch in den Büchern Ri, 1–2 Sam, 1–2 Kön, Ez, Dan, Est und Esr-Neh; vgl. K. de Troyer, Septuaginta, und die Beiträge in A. Schenker (Hg.), The Earliest Text of the Hebrew Bible.

kritik dort zu suchen, wo die »Schlußredaktion« eines Buches in die Textüberlieferung übergeht. Dieser »Übergabepunkt« aber läßt sich kaum exakt bestimmen. Vielmehr zeigt sich, daß das mit »Schlußredaktion« umschriebene Phänomen offenbar ein längerer Prozeß war, der irgendwann – vielleicht eher zufällig – an sein Ende kam und beinahe nahtlos in die Textüberlieferung überging (vgl. E. Tov, E. Ulrich und K. de Troyer). Insofern läßt sich die Grenze zwischen Literar- und Textkritik in der Praxis nicht so scharf ziehen wie in der Theorie. *Den* Urtext gab es nicht.

## 2.3. Die Textgrundlage

Grundlage der exegetischen Arbeit ist bis auf weiteres der hebräische (und aramäische) Text in der Ausgabe der *Biblia Hebraica Stuttgartensia* (BHS). Sie wurde herausgegeben von Karl Elliger und Wilhelm Rudolph und erschien in den Jahren 1967–1977. Der Text dieser Ausgabe ist der Nachdruck einer mittelalterlichen Handschrift, die in der russischen Nationalbibliothek St. Petersburg aufbewahrt wird.[10] Diese Handschrift, die exakt in das Jahr 1008 datiert ist, trägt die Signatur B 19$^A$ aus der 1. Sammlung Firkowitsch. Da die Stadt früher Leningrad hieß, hat sich das Siglum L für diese Handschrift eingebürgert (*Codex Leningradensis*); heute spricht man gelegentlich auch vom *Codex Petropolitanus* (so E. Tov). Schon die von Paul Kahle und Rudolf Kittel verantwortete Vorgängerausgabe der BHS, die *Biblia Hebraica* Kittel, hatte in ihrer 3. Auflage (BHK³ 1937) diese Handschrift zugrundegelegt.[11] Sie stellt die älteste erreichbare Abschrift der vollständigen hebräischen Bibel dar. Etwas älter, aber nicht vollständig erhalten sind der Kairoer Prophetenkodex bzw. *Codex Cairensis* (C) aus dem Jahr 896 und der *Kodex von Aleppo* (A), geschrieben um 925. Der Aleppo-Kodex bildet die Grundlage einer wissenschaftlichen Neuausgabe des hebräisch-aramäischen Alten Testaments,

---

[10] Eine neue, gut lesbare Faksimile-Ausgabe: The Leningrad Codex. A Facsimile Edition, hg.v. David N. Freedman u.a., Grand Rapids, MI 1998.

[11] Die Hintergründe, die zu der Neuausgabe aufgrund des Codex L geführt haben, schildert anschaulich Paul Kahle in seinem sehr lesenswerten editorischen Vorwort zur BHK³ (S. VI–XV).

die an der Hebräischen Universität Jerusalem entsteht (*Hebrew University Bible*, HUB). Bisher sind in drei Faszikeln die Bücher der großen Propheten erschienen (Jesaja 1995, Jeremia 1997 und Ezechiel 2004). Im Jahre 2004 begann die Deutsche Bibelgesellschaft in Stuttgart mit einer Neuausgabe der hebräischen Bibel, die den Namen *Biblia Hebraica Quinta* (BHQ) trägt und ebenfalls den Codex Petropolitanus zugrundelegt.[12] Die Bezeichnung *Quinta* ist erklärungsbedürftig: Nach den drei Auflagen der von Rudolf Kittel herausgegebenen BHK (1.-3. Ausgabe), von denen nur die dritte dem Codex L folgt, und der BHS als der vierten Ausgabe folgt nun also die fünfte Edition.

Anders als beim hebräischen Text, der auf *eine einzige Handschrift* zurückgeht (man spricht hier von einem *diplomatischen*, möglichst originalgetreu wiedergegebenen Text), beruht der griechische Text in der Handausgabe von Alfred RAHLFS (1935) in der Hauptsache auf drei großen Bibelhandschriften: auf dem Codex Vaticanus (B, 4. Jh. n.Chr.), dem Codex Sinaiticus (א oder S, 4. Jh.) und dem Codex Alexandrinus (A, 5. Jh.). Varianten werden im Apparat verzeichnet. Nicht grundsätzlich anders, nur weitaus komplizierter, geht auch die kritische Göttinger Septuaginta vor. Der griechische Text ist also bereits – wie im Novum Testamentum Graece – ein durch kritische Sichtung der Handschriftenüberlieferung hergestellter Text. Man spricht dabei auch von einem *eklektischen* Text (im Gegensatz zum einem *diplomatischen* Text). Gegenüber den diplomatischen Ausgaben der BHS, BHQ und HUB, die ein einziges Manuskript abdrucken, soll die in Vorbereitung befindliche *Oxford Hebrew Bible* (OHB, hg.v. Ronald Hendel) eine eklektische Edition sein. Sie stellt – ähnlich der Göttinger Septuaginta – eine kritische Ausgabe dar, in der die editorischen Entscheidungen im Apparat begründet werden. Dabei kommt den Qumran-Texten, der vermuteten hebräischen Vorlage des griechischen Textes und dem samaritanischen Pentateuch eine wichtige Rolle zu. Liegen mehrere Editionen vor (etwa im Falle des Jer-Buches), werden diese parallel nebeneinander abgedruckt.

Die Besonderheit der verschiedenen hebräischen Textausgaben liegt vor allem in ihren Apparaten. Während die BHK[3] eine Zweiteilung des Apparates in wichtige und weniger wichtige Abweichungen bietet (eine durchaus problematische Unterscheidung),

---

[12] Das erste Faszikel enthält die Megilloth (Rut, Hohes Lied, Kohelet, Klagelieder, Ester) sowie eine allgemeine Einleitung zum gesamten Editionsprojekt.

hat man in der BHS alles in einen einzigen Apparat zusammengefaßt. Deshalb findet man hier sowohl vergleichsweise belanglose Varianten, die sich sehr leicht als sekundäre Glättungen erweisen, als auch wichtige alternative Lesarten in den Handschriften und Übersetzungen, die einer eingehenden textkritischen Prüfung bedürfen. Die eigentliche Problematik des (je nach Bearbeiter teilweise stark variierenden) Apparates liegt indes darin, daß er in zahlreichen Fällen Änderungen des Textes wie Streichungen, Umstellungen oder Konjekturen vorschlägt, die nicht mehr Gegenstand der Textkritik sind, sondern in der literarkritischen Analyse zu behandeln sind. Die Textkritik befaßt sich mit der *Überlieferung*, nicht mit dem *Werden* eines Textes.

> **Beispiel:** Zu Jes 7,8b (»und noch 65 Jahre, dann wird Efraim als Volk zerschlagen sein«) wird im Apparat der BHS vorgeschlagen, diesen Halbvers hinter v.9a umzustellen. Tatsächlich ergäbe sich damit ein glatterer Textzusammenhang, denn offensichtlich bilden die Verse 8a und 9a eine sowohl syntaktische als auch sachliche Einheit, die durch v.8b gestört wird. Freilich handelt es sich hier mitnichten um eine *textkritische* Entscheidung, wie der Apparat suggeriert, denn es gibt keinen einzigen Textzeugen, der die vermeintlich ursprüngliche Ordnung bietet. Stattdessen hat man es hier bereits mit einer *literarkritischen* Annahme zu tun: V.8b ist eine historische Glosse, die noch im Zuge des *produktiven Textwachstums* (und nicht erst in der Phase der *Textüberlieferung*) an die jetzige – für unser Empfinden unpassende – Stelle gesetzt wurde. Ähnliches gilt für die nachklappende Bemerkung »den König von Assur« in Jes 7,17. Wenn der Apparat notiert, der Ausdruck sei »hinzugesetzt« worden, ist dies kein textkritisches, sondern ein genuin literarkritisches Urteil.

Der Apparat der BHS ist also mit größter Vorsicht auszuwerten. In seinen zahlreichen literarkritischen Urteilen, die als textkritische ausgegeben werden, spiegelt er eine forschungsgeschichtliche Situation wider, in der man das Ziel der Textkritik noch großzügiger definierte: nämlich als Rekonstruktion des »ursprünglichen«, vom Autor oder Schlußredaktor hergestellten Textes, der von einzelnen unpassenden Glossen und späteren Zusätzen zu reinigen sei.

Diese Mängel werden in den textkritischen Apparaten sowohl der Jerusalemer HUB als auch der BHQ vermieden. Die Ausgabe der Hebrew University enthält einen viergeteilten Apparat, der zwischen den alten Übersetzungen (1), den Qumrantexten und der rabbinischen Literatur (2), den mittelalterlichen Handschriften (3) sowie einem weiteren Apparat, der Varianten innerhalb der masoretischen Texttradition enthält (4), unterscheidet. Einer inhaltlichen Bewertung enthalten sich die Bearbeiter der HUB völlig. Die neue Stuttgarter BHQ hingegen will einerseits die Schwächen der Vorgängerausgabe BHS vermeiden, indem sie keine literarkritischen Erwägungen in den Apparat aufnimmt, versucht andererseits aber Abweichungen in der Texttradition mit kleinen erläuternden Zusätzen zu erklären (z.B. als Harmonisierung oder Erleichterung). Die Begründungen für derartige Entscheidungen sind dem Kommentarteil des jeweiligen Faszikels zu entnehmen.

Für die *deuterokanonischen Bücher* des Alten Testaments (Judit, Tobit, 1–2 Makkabäer, Jesus Sirach, Weisheit Salomos, Baruch, Brief Jeremias und Zusätze zu Daniel) stellt sich die Frage nach der Textgrundlage ganz anders dar. Fast alle diese Bücher sind ursprünglich in griechischer Sprache verfaßt worden; insofern ist auf die 1935 erschienene Handausgabe der Septuaginta von Alfred RAHLFS und auf die Einzelbände der großen Göttinger Septuaginta-Ausgabe und die dort jeweils dargelegten Editionsprinzipien zu verweisen (→ D 3). Anders das Buch *Jesus Sirach*. Der vollständige Text liegt zwar in den großen Septuagintahandschriften des 4. und 5. Jahrhunderts n.Chr. vor, jedoch hat es – wie bereits der Prolog des Buches belegt – ein hebräisches Original gegeben. Tatsächlich sind etwa 68 % des hebräischen Textes erhalten: zum einen in Handschriften-Fragmenten aus dem 10.–12. Jahrhundert aus der Geniza (Abstellkammer) der Altkairoer Synagoge, zum andern in sehr alten Fragmenten aus Qumran und Masada aus dem 2. oder 1. vorchristlichen Jahrhundert. Beide Fassungen aber unterscheiden sich partiell erheblich voneinander. Da aber weder die Septuaginta-Fassung noch die hebräischen Stücke im ganzen als ursprünglich bezeichnet werden können, steht die Textkritik hier vor besonderen Herausforderungen und Schwierigkeiten.[13] Die Frage nach dem »Urtext« ist hier noch weit schwerer zu beantworten. Eine ähnliche Mehrfachüberlie-

---

[13] Vgl. Georg SAUER, Jesus Sirach / Ben Sira, ATD Apokryphen 1, Göt-

ferung – hebräisch, aramäisch und griechisch – tritt beim Buch *Tobit* auf. Auch hier läßt sich ein ursprünglicher Text kaum mehr rekonstruieren;[14] die Beziehung von Literarkritik und Textkritik ist offen. Gegenüber der Komplexität der Textüberlieferung bei den Büchern Jesus Sirach und Tobit wird noch einmal die beachtliche Leistung der Masoreten bei der zuverlässigen Weitergabe des hebräischen Textes ins Bewußtsein gerückt.

## 2.4. Geschichte

Als Methode zur Überprüfung der Authentizität nicht gesicherter Texte bzw. der kritischen Sichtung solcher Texte mit dem Ziel, die »Urfassung«, also die vom antiken Autor selbst verantwortete Textfassung aus der handschriftlichen Überlieferung zu erschließen, ist die Textkritik die älteste philologische Methode, die bis in die Antike zurückreicht. Sie hat sich seit jeher mit der Text*überlieferung* beschäftigt, hat Schreibfehler der Kopisten, Lesefehler oder andere Flüchtigkeiten rückgängig zu machen versucht, um einen zuverlässigen Text zu gewinnen. Ausgebildet wurde die Textkritik in der Klassischen Philologie an griechischen und lateinischen Autoren,[15] doch gehört sie – schon aufgrund der Vorstellung von der Verbalinspiriertheit der Bibel – von Anfang an auch zum festen Inventar der Bibelwissenschaft. Im Unterschied zu den Quellen der Klassischen Philologie hat man es beim Alten Testament allerdings nicht mit *Autoren*literatur, sondern weit

---

tingen 2000; Otto KAISER, Weisheit für das Leben. Das Buch Jesus Sirach übersetzt und eingeleitet, Stuttgart 2005.

[14] Vgl. Beate EGO, Das Buch Tobit, JSHRZ II/6, Gütersloh 1999; The Book of Tobit. Texts from the Principal Ancient and Medieval Traditions, hg.v. Stuart WEEKS u.a., Fontes et Subsidia ad Bibliam pertinentes 3, Berlin – New York 2004.

[15] Vgl. Kenneth DOVER, Textkritik, in: Heinz-Günther NESSELRATH (Hg.), Einleitung in die griechische Philologie, Einleitung in die Altertumswissenschaft, Stuttgart 1997, 45–58; Michael WEISSENBERGER, Vom Autograph zur modernen Edition, in: Peter RIEMER u.a., Einführung in das Studium der Gräzistik, C.H. Beck Studium, München 2000, 52–81. Das in beiden Einführungen beschriebene Verfahren der Textkritik läßt sich auch auf die Septuaginta anwenden.

überwiegend mit *Redaktoren-* und *Fortschreibungs*literatur zu tun, so daß der zu rekonstruierende Bezugstext nicht einfach mit der Letztfassung eines individuellen Autors zusammenfällt. Einen »Urtext« im Sinne der Klassischen Philologie hat es in der hebräischen Textüberlieferung wohl nie gegeben.

Ansätze textkritischer Arbeit finden sich bereits in den Ausgaben des masoretischen Textes, der auch den heutigen Druckausgaben wie der BHS und der BHQ zugrundeliegt. Die eigentliche Arbeit der Masoreten, der Textüberlieferer, läßt sich auf die Zeit zwischen dem ausgehenden 6. und dem 10. Jahrhundert n.Chr. eingrenzen (ausführlich P. H. KELLEY, 15–84). Ihnen ging eine (im einzelnen nur schwer aufzuhellende) Phase der Textüberlieferung voraus, die von der (Abschreibe-)Tätigkeit der »Schreiber« (*Soferim*) bestimmt war. Die Leistung der ihnen folgenden *Masoreten* bestand vor allem darin, die gleichsam systembedingten Mehrdeutigkeiten, die der hebräisch-aramäische Konsonantentext mit sich brachte, endgültig auszuräumen. Zu diesem Zweck wurde ein ausgeklügeltes Verfahren zur Festlegung der *Aussprache* geschaffen, das aus einem System von Akzenten und Vokalzeichen bestand. Man spricht dabei von der *Punktation* des Konsonantentextes.[16]

> Im frühen Mittelalter gab es zunächst *drei* masoretische Traditionsströme, die je verschiedene Aussprachetraditionen und Schreibsysteme für Vokale und Akzentzeichen entwickelt hatten: das palästinische, das babylonische und das tiberische System. Die tiberische Tradition – in Tiberias am See Gennesaret beheimatet – hat sich am Ende durchgesetzt, und von den beiden maßgeblichen Gelehrtenfamilien dieser Tradition, Ben Naftali und Ben Ascher, wurde die Familie Ben Ascher alsbald die bedeutendere. So stammt auch der Codex Petropolitanus (Codex L) aus der Ben Ascher-Tradition.

Neben der Punktation des Konsonantentextes entwickelten die Masoreten weitere Verfahren, die Zuverlässigkeit der Textüberlieferung, d.h. den Vorgang des Abschreibens, zu sichern. Diesem

---

[16] Zu den theologischen Hintergründen des vorrabbinischen und rabbinischen Schriftverständnisses vgl. Günter STEMBERGER, Vollkommener Text in vollkommener Sprache. Zum rabbinischen Schriftverständnis, in: Biblische Hermeneutik, JBTh 12 (1997), Neukirchen-Vluyn 1998, 53–65.

Zweck dienten zum einen zahlreiche statistische Hinweise, die an den Rand geschrieben wurden; man spricht von der »Randmasora« bzw. der »kleinen Masora« (*Masora parva*, Mp). Hier wurde etwa durch die Zählung von Wörtern oder Buchstaben die Genauigkeit einer Abschrift gleichsam »errechnet«. Zum andern schrieb man ausführlichere Hinweise an den oberen oder unteren Seitenrand; man spricht von der »großen Masora« (*Masora magna*, Mm).[17] Später wurden solche Notizen auch separat am Ende des Buches in der sogenannten »Schlußmasora« (*Masora finalis*, Mf) zusammengestellt. Darüber hinaus haben die Masoreten aber auch Hinweise in den Text selbst geschrieben, die man als frühe textkritische Bemerkungen verstehen kann.

> Am bekanntesten ist der (aus sprachlichen oder sachlichen Gründen vorgeschlagene) Ersatz eines »geschriebenen« Wortes (*K$^e$tīb*) durch ein »zu lesendes« (*Q$^e$rê*), wobei die Vokale des zu lesenden Wortes unter die Konsonanten des geschriebenen Wortes gesetzt werden. Dies findet man durchgehend etwa bei dem Gottesnamen יהוה Jahwe, der die Vokale des Wortes אדני *Adonaj* »Herr« bzw. (aramäisch) שמא *Š$^e$mā'* »der Name« erhält. Ein weiteres Beispiel für (zurückhaltende) textkritische Arbeit der Masoreten sind die sogenannten *Puncta extraordinaria*; das sind »außerordentliche« Punkte, die über ein Wort oder einen Buchstaben geschrieben wurden, um Bedenken gegenüber dem überlieferten Text auszudrücken (Beispiel: Gen 18,9).

In textkritischer Hinsicht bedeutsam waren die ersten *gedruckten* Ausgaben des hebräischen Bibeltextes, die bald nach Erfindung der Buchdrucktechnik erschienen. Der Humanismus und sein programmatischer Rückbezug auf die alten (griechischen und hebräischen) Quellen hat eine maßgebliche katalytische Rolle gespielt. So entstanden die ersten Druckausgaben schon gegen Ende des 15. Jahrhunderts; zu den bedeutendsten gehört die »Rabbinerbibel« des Jakob ben Chajim, die 1524/25 in Venedig bei dem (christlichen!) Verleger Daniel Bomberg erschien und deshalb *Bombergiana* (𝔅) genannt wird. Diese Bibel, die von zahlreichen Kommentaren und Übersetzungen – vor allem den *Targumen*,

---

[17] Eine ausführlich erläuterte Beispielseite aus dem Codex Petropolitanus findet man bei P.H. KELLEY u.a., Masora, 77–84.

den aramäischen Übertragungen des hebräischen Textes – begleitet war, bildete bis weit in das 20. Jahrhundert hinein die Grundlage des Schriftstudiums: Alle maßgeblichen Ausgaben folgten der Bombergiana, die damit für lange Zeit den Rang des allgemein anerkannten, »rezipierten Textes« (*textus receptus*) gewann, obwohl die Qualität der spätmittelalterlichen Handschriften nicht über alle Zweifel erhaben war. Diese Ausgabe war auch die Basis für die beiden ersten Auflagen der *Biblia Hebraica Kittel* (BHK[1] 1906 und BHK[2] 1913), bevor sie seit der 3. Auflage (BHK[3] 1937) vom Codex Petropolitanus abgelöst wurde.

Einen besonderen Einfluß auf die kritische Erfassung des Bibeltextes gewannen – ebenfalls zu Beginn des 16. Jahrhunderts – die sogenannten *Polyglotten*, also mehrsprachige Editionen, die in parallelen Spalten den biblischen Text in verschiedenen (mindestens drei) Übersetzungen boten (Hebräisch, Griechisch, Aramäisch, Syrisch, Lateinisch, Arabisch o.a.). Als erste Polyglotte ist die *Complutensis* zu nennen, die 1514–17 von Kardinal Ximenes in Alcala (lat. Complutum) bei Madrid erstellt wurde. Die ausführlichste, noch bis in das 20. Jahrhundert hinein benutzte Polyglotte wurde 1653–57 in London durch Brian WALTON (und Edmund CASTELL) herausgegeben (*Londoner Polyglotte*). Sie stellt eine editorische und textkritische Meisterleistung ersten Ranges dar.

Die Polyglotten ermöglichten allein schon durch ihre Textdarbietung in parallelen Kolumnen eine genaue Abwägung der verschiedenen Textzeugen. Auf der Basis solcher Vorarbeiten erschienen im 17. und 18. Jahrhundert zahlreiche textkritische Studien, die sich um die Rekonstruktion des hebräischen »Urtextes« und ein deutlicheres Bild von der Textgeschichte bemühten. Hervorzuheben ist die Sammlung aller damals verfügbaren hebräischen Handschriften durch Benjamin KENNICOTT, Vetus Testamentum Hebraicum cum variis lectionibus (Oxford 1776–1780), einige Jahre später ergänzt durch Giovanni B. DE ROSSI, Variae lectiones Veteris Testamenti (Parma 1784–1788). In der BHS wird durch das Siglum Ms(s) immer noch auf die Sammlungen Kennicotts und de Rossis verwiesen.

Die Entdeckung der *Qumran-Texte* (ab 1947) bedeutete für die Textkritik eine Revolution.[18] Hatte man bisher nur einzelne, kleine Fragmente des hebräischen Textes wie den 1902 in Ägypten entdeckten *Papyrus Nash* zur Verfügung, der den Dekalogtext in einer Mischfassung aus Ex 20 und Dtn 5 enthält (und insofern wohl eher einen liturgischen als einen biblischen Text darstellt), änderte sich dies nun schlagartig: In den Höhlen vom Toten Meer stieß man auf zahlreiche biblische Handschriften bzw. deren Überreste, die gut 1000 Jahre älter waren als die bislang bekannten.

> Die Texte vom Toten Meer sind in mehreren Ausgaben mit unterschiedlichen Zielsetzungen und philologischen Ansprüchen zugänglich (→ D 17). Hinzuweisen ist auf die wissenschaftliche Gesamtedition in der Reihe *Discoveries in the Judaean Desert* (DJD), die seit 1955 in Oxford erscheint und gegenwärtig von Emanuel Tov verantwortlich herausgegeben wird. Diese (inzwischen abgeschlossene) Ausgabe enthält neben den Urtexten auch Übersetzungen, Kommentare und Bibliographien, dazu die Photos aller Fragmente. Zu beachten ist freilich, daß viele der älteren Bände nicht mehr dem neuesten Forschungsstand entsprechen, so daß gelegentlich neuere Texteditionen außerhalb dieser Gesamtausgabe mit herangezogen werden müssen. Für private Studienzwecke empfiehlt sich die handliche zweisprachige (hebräisch-deutsche) Auswahlausgabe von Eduard LOHSE (zuerst 1964), die nun durch einen zweiten, von Annette STEUDEL herausgegebenen Band (2001) ergänzt wurde. Die hebräischen (im zweiten Band teilweise auch aramäischen) Texte werden vollständig vokalisiert. Schließlich ist die deutsche Gesamtausgabe aller Texte und Textfragmente zu nennen, die schon aufgrund ihrer umfangreichen Register und Übersichten unentbehrlich ist: Johann MAIER, Die Qumran-Essener. Die Texte vom Toten Meer, 3 Bände, UTB 1862, 1863, 1916, München 1995–96; ferner DERS., Die Tempelrolle vom Toten Meer und das »Neue Jerusalem«. 11Q19 und 11Q20; 1Q32, 2Q24, 4Q554–555, 5Q15 und 11Q18. Übersetzung und Erläuterung, UTB 829, München ³1997. Ein unter Umständen hilfreiches Arbeitsinstrument ist die von Martin Abegg, Peter Flint und Eugene Ulrich herausgegebene *The Dead Sea Scrolls Bible. The Oldest Known Bible*

---

[18] Vgl. den Sammelband Qumran and the History of the Biblical Text, hg.v. Frank Moore CROSS und Shemaryahu TALMON, Cambridge, MA / London 1975. Neueres bei E. Tov, Text, 83–98, und Eugene ULRICH, The Dead Sea Scrolls and the Biblical Text, in: The Dead Sea Scrolls After Fifty Years. A Comprehensive Assessment. Vol. I, hg.v. Peter W. FLINT und James VANDERKAM, Leiden 1998, 79–100.

*Translated for the First Time into English*, New York 1999. Hier werden die in Qumran überlieferten biblischen und »apokryphen« Texte in Übersetzung dargeboten und kommentiert.

Zitiert werden die Qumran-Texte nach einem standardisierten Verfahren: Am Anfang steht die Nummer der Höhle, in der der Text gefunden wurde. Jedes Fragment (teilweise auch eine offensichtlich zusammengehörende Gruppe von Fragmenten) erhält eine feste Nummer; gelegentlich findet sich auch – zumal bei den zu Beginn der Entdeckungen gefundenen Rollen oder bei wichtigeren Fragmenten – der (abgekürzte) Titel des Werkes. So bezeichnet man mit 1QIs$^a$ die in der 1. Höhle gefundene erste Jesajarolle, mit 4QJosh$^a$ = 4Q47 ein Josua-Fragment aus Höhle 4 oder mit 1QH die Hymnenrolle (Hodajot) aus Höhle 1.

Am berühmtesten sind gewiß die beiden Jesaja-Handschriften 1QIs$^a$ und 1QIs$^b$, von denen die erste vollständig erhalten ist. Die Abweichungen vom Codex Petropolitanus aus dem Jahr 1008 sind in diesen beiden Rollen eher marginal, so daß man grundsätzlich von einer sehr zuverlässigen Textüberlieferung ausgehen kann. Es gibt freilich auch eine Fülle von Handschriften-Fragmenten (zumal aus Höhle 4), die charakteristische Unterschiede zum masoretischen Text aufweisen. In vielen Fällen ist dabei erstaunlicherweise eine Nähe zur Septuaginta-Überlieferung nachweisbar, deren Zuverlässigkeit noch einmal gestützt wird. Darüber hinaus ist es nun prinzipiell möglich, die hebräische Vorlage der Septuaginta genauer zu rekonstruieren.

## 2.5. Die Septuaginta

**Literatur:** Emanuel Tov, Die griechischen Bibelübersetzungen, in: ANRW II 20,1, Berlin 1987, 121–189 (nützlicher Überblick). – Ders., The Text-Critical Use of the Septuagint in Biblical Research, Jerusalem Biblical Studies 8, Jerusalem ²1997 (Standardwerk zur textkritischen Bedeutung der LXX). – Ders., The Greek and Hebrew Bible. Collected Essays on the Septuagint, VT.S 72, Leiden 1999 (gesammelte textkritische Studien zur LXX). – Gilles Dorival, Marguerite Harl, Olivier Munnich (Hgg.), La Bible Grecque des Septante. Du judaïsme hellénistique au christianisme ancien, Paris 1988; ²1994 (umfassende Einführung). – Martin Hengel / Anna Maria Schwemer (Hgg.), Die Septuaginta zwischen Judentum und Christentum, WUNT 72, Tübingen 1994 (Sammlung zentraler Aufsätze). – Robert Hanhart, Studien zur Septuaginta und zum hellenistischen Judentum, hg.v. Reinhard G.

## 32   B. Die exegetischen Methoden

KRATZ, FAT 24, Tübingen 1999 (grundlegende Beiträge zur LXX und ihrem geistigen Umfeld). – Natalio FERNÁNDEZ MARCOS, The Septuagint in Context. Introduction to the Greek Version of the Bible, Leiden 2000 (luzide Einführung, die den neuesten Forschungsstand wiedergibt). – Karen H. JOBES / Moises SILVA, Invitation to the Septuagint, Grand Rapids, MI 2000 (elementare Einführung). – Folker SIEGERT, Zwischen Hebräischer Bibel und Altem Testament. Eine Einführung in die Septuaginta, Münsteraner Judaistische Studien 9, Münster 2001; DERS., Register zur »Einführung in die Septuaginta«. Mit einem Kapitel zur Wirkungsgeschichte, Münsteraner Judaistische Studien 13, Münster 2003 (zusammenfassende Darstellung des Forschungsstandes zur LXX mit Handbuchcharakter, zahlreiche Literaturhinweise). – Heinz-Josef FABRY / Ulrich OFFERHAUS (Hgg.), Im Brennpunkt: Die Septuaginta. Studien zur Entstehung und Bedeutung der Griechischen Bibel [Band 1], BWANT 153, Stuttgart 2001. – Siegfried KREUZER / Jürgen Peter LESCH (Hgg.), Im Brennpunkt: Die Septuaginta. Studien zur Entstehung und Bedeutung der Griechischen Bibel. Band 2, BWANT 161, Stuttgart 2004. – Heinz-Josef FABRY / Dieter BÖHLER (Hgg.), Im Brennpunkt: Die Septuaginta. Band 3, BWANT 174, Stuttgart 2007 (Drei Sammlungen von Beiträgen im Zusammenhang mit dem Übersetzungsprojekt »Septuaginta Deutsch«, die einen guten Eindruck von der gegenwärtigen Forschungslage vermitteln). – Jennifer DINES, The Septuagint, London 2004 (gelungene Einführung, die auch in die Forschung einführt). – Michael TILLY, Einführung in die Septuaginta, Einführung Theologie, Darmstadt 2005 (solide Grundinformationen). – Martin KARRER (Hg.), Die Septuaginta – Texte, Kontexte, Lebenswelten, WUNT 219, Tübingen 2008 (Aufsatzsammlung zum Abschluß des Projekts »Septuaginta deutsch«).

Zu den bedeutendsten Literaturwerken des jüdisch-christlichen Altertums gehört die griechische Übersetzung der hebräisch-aramäischen Bibel, die *Septuaginta* (𝔊). Sie war zunächst die Heilige Schrift des hellenistischen Diasporajudentums, die an der Dignität des hebräischen Textes partizipierte. Bald wurde sie aber auch die Bibel des werdenden Christentums, das Alte Testament, so daß sie vom Judentum allmählich preisgegeben und im 2. Jahrhundert n.Chr. durch andere Übersetzungen – nämlich die von Aquila (α'), Symmachus (σ') und Theodotion (θ') – ersetzt wurde.

Der Name *Septuaginta* bedeutet »siebzig«; daraus leitet sich die Abkürzung LXX ab, die zugleich auf die Legende über ihre Entstehung verweist. Nach dem pseudepigraphen, wohl um 100 v.Chr. geschriebenen *Brief des Aristeas* habe der Vorsteher der königlichen Bibliothek zu Alexandria, der Philosoph Demetrius von Phaleron, dem König Ptolemaios II. Philadelphos (285–247) vorgeschlagen, zur Vervollständigung der Bibliothek auch »die jüdischen Gesetze« abschreiben und aufnehmen zu lassen.[19] Der König habe daraufhin aus Jerusalem 72 gelehrte Männer – aus jedem Stamm sechs – holen lassen, die das Werk in 72 Tagen vollendet hätten. Die Übersetzung – es handelt sich wohlgemerkt lediglich um die fünf Bücher Mose, also die Tora – sei daraufhin von der gesamten jüdischen Gemeinde autorisiert worden.

Die Legende enthält insoweit einen historischen Kern, als man tatsächlich ungefähr in der Mitte des 3. Jahrhunderts v.Chr. mit der Übersetzung der hebräischen Schriften (zunächst der Tora) ins Griechische begann. Der Antrieb dürfte freilich eher vom alexandrinischen Judentum selbst ausgegangen sein, das für den gottesdienstlichen Gebrauch eine Übersetzung der Tora in der eigenen, griechischen Sprache benötigte. Nach und nach wurden auch die übrigen Bücher übersetzt; der Prolog des Buches Jesus Sirach nennt um 132 v.Chr. bereits »Gesetz, Propheten und die übrigen Bücher« in griechischer Sprache. Am Anfang stand also der Pentateuch (Mitte des 3. Jh.s v.Chr.); zu den am spätesten übersetzten Schriften gehören die Bücher Esra-Nehemia, Hoheslied und Kohelet (2. Jh. n.Chr.).[20] Unter dem Siglum LXX verbergen sich also Übersetzungen aus unterschiedlichen Zeiten, die zudem in ihrer Genauigkeit und in ihren Übersetzungsprinzipien erheblich differieren. Ferner gibt die LXX nicht einfach den hebräischen Kanon wieder, sondern enthält – in neuer Anordnung des Gesamtbestandes – weitere Bücher oder Buchteile, die sogenannten *deuterokanonischen Schriften* oder *Apokryphen*.

In der Handausgabe der LXX von Alfred Rahlfs (1935) finden sich folgende Bücher bzw. Buchteile, die in der hebräischen Bibel keine Vorlage haben: (1) *Erzählende Bücher*: Apokryphes Esrabuch (I Esdras = 3. Esra), Tobit, Judit, 1.–4. Makkabäerbuch. – (2) *Weisheitliche Bücher*:

---

[19] Vgl. Kai BRODERSEN (Hg.), Aristeas. Der König und die Bibel. Griechisch/Deutsch, Reclams Universal-Bibliothek 18576, Stuttgart 2008; Norbert MEISNER, Aristeasbrief, JSHRZ II/1, Gütersloh 1973, 35–87.

[20] Vgl. die Übersichten bei G. DORIVAL u.a., 93–111; F. SIEGERT, 42f.

Sapientia Salomonis (Weisheit Salomos), Jesus Sirach. – (3) *Poetische Bücher:* 151. Psalm und Oden, Psalmen Salomos. – (4) *Ergänzungen* zu einzelnen Büchern: das Buch Baruch und der Brief des Jeremia (zum Jeremia-Buch), Erweiterungen des Ester-Buches, Stücke zum Buch Daniel (Susanna im Bade, Bel und der Drachen, hymnische Einfügungen in das Daniel-Buch). Zu beachten ist, daß die Bücher 3. Esra, 3.–4. Makk, der 151. Psalm, die Oden und die Psalmen Salomos nicht in die deutschen Bibelübersetzungen (Einheitsübersetzung oder Lutherbibel mit Apokryphen) gelangt sind.

Die Septuaginta unterscheidet sich teilweise erheblich vom masoretischen Text, was nicht verwundert. Zum einen vertritt ihre hebräische Vorlage eine andere Textform; es gab ja zur Zeit der Übersetzung noch keinen abgeschlossenen hebräischen Text. Einige hebräische Schriften wie das Jeremia-Buch erfuhren auch *nach* der Übersetzung noch substantielle Erweiterungen. Zum andern ist die Septuaginta nicht selten bestrebt, den hebräischen Text zu erleichtern, zu korrigieren oder zu erweitern, so daß sich bei der Textkritik immer wieder die Frage stellt, ob man es mit einer älteren, protomasoretischen Lesart zu tun hat oder »nur« mit einer Text(ver)änderung des Übersetzers.

Unter den christlichen Rezensionen der Septuaginta ist die Hexapla des ORIGENES (etwa 240–244) hervorzuheben. In seiner sechsspaltigen Bibelausgabe in ca. 50 Bänden (!) stellt er synoptisch die wichtigsten Texte nebeneinander: den hebräischen Konsonantentext (1), den hebräischen Text in griechischer Transkription (2), die Übersetzungen von Aquila und Symmachos (3 und 4), die Septuaginta in »hexaplarischer« Rezension (5) und die Übersetzung des Theodotion (6). Ein wichtiges Ziel dieser Ausgabe bestand darin, eine nach dem hebräischen Text korrigierte Fassung des griechischen Textes vorzulegen (in Kolumne 5): Überschüsse des griechischen Textes gegenüber dem hebräischen wurden mit *Obelos* (÷) gekennzeichnet; im griechischen Text fehlende Stücke, die im hebräischen vorhanden waren, wurden aus einer anderen Kolumne hinzugefügt und mit *Asteriskos* (✷) versehen.

## 2.6. Weitere Übersetzungen

Während der Septuaginta für die Textkritik des Alten Testaments eine Schlüsselrolle zukommt, ist der textkritische Wert anderer Übersetzungen begrenzt. So leitet sich die bereits im 3. Jahrhundert n.Chr. entstandene *Vetus Latina* (𝔏), die »altlateinische« Übersetzung, direkt von der Septuaginta her. Weit berühmter ist die 405 abgeschlossene lateinische Übersetzung des Hieronymus (ca. 347–420) geworden, die seit dem 16. Jahrhundert die *Vulgata* (𝔙), die »allgemein verbreitete« Übersetzung, genannt wird. Sie geht vor allem auf den (protomasoretischen) hebräischen Text zurück und ist insofern von gewisser Bedeutung für die Textkritik. Ihre kirchengeschichtliche und dogmatische Bedeutung verdankt sie einem Beschluß auf dem Konzil von Trient: Dort wurde sie im Jahre 1546 zur in Lehrfragen allein maßgebenden Bibelausgabe der römisch-katholischen Kirche erklärt.

Einen ganz anderen Charakter haben die in pharisäisch-rabbinischer Tradition entstandenen aramäischen *Targume* bzw. *Targumim* (𝔗).[21] Das Targum (תרגום aramäisch »Übersetzung«, »Erläuterung«) stellt keine Übersetzung im eigentlichen Sinne dar, sondern eine paraphrasierende Übertragung des hebräischen Textes ins Aramäische. Solche Übertragungen wurden notwendig, weil seit der persischen Zeit die hebräische Sprache immer mehr zurücktrat und durch das – im Perserreich zur Amtssprache erhobene – Aramäisch verdrängt wurde. Damit alle Gottesdienstteilnehmer der (hebräischen) Toraverlesung folgen konnten, trat ein »Übersetzer« (*Meturgeman*) auf, der den hebräischen Bibeltext ins Aramäische übersetzte und dabei zugleich predigtartig erläuterte. Aus solchen Erläuterungen sind die Targume hervorgegangen. Zu den wichtigsten Targumen gehören das Targum *Onqelos* (zum Pentateuch, 3.–5. Jh. n.Chr.) und das Targum *Jonatan* (zu den Propheten).

---

[21] Vgl. E. Tov, Text, 124–126; A. A. FISCHER, Text, 157–164. – Daß es ältere aramäische Übersetzungen gab, belegen die Qumran-Fragmente 4Q156 = 4QTgLev (Leviticus) sowie 4Q157 = 4QTgJob und 11Q10 = 11QTgJob (Ijob). Sie haben mit den späteren rabbinischen Targumen aber nichts zu tun.

Zum Schluß sei die *Peschitta* (𝕾), »die einfache (Übersetzung)«, genannt.²² Es handelt sich um die syrische Übersetzung der Bibel. Strittig ist ihr Ursprung. Gelegentlich hat man versucht, christliche Elemente zu identifizieren; andere nehmen eine jüdische Herkunft an. Von gewisser Bedeutung für die Textkritik ist die Beobachtung, daß die hebräische Vorlage der Peschitta dem masoretischen Text recht nahesteht.

## 2.7. Vorgehen

Die Textkritik geht zunächst aus rein pragmatischen Gründen vom Apparat der BHS aus, darf sich aber in schwierigen Fällen nicht auf ihn beschränken. Denn die Qualität des Apparates schwankt von Buch zu Buch; er ist oft vordergründig auf die Herstellung eines leichteren, nicht anstößigen Textes ausgerichtet und enthält nicht selten literarkritische Entscheidungen. Es empfiehlt sich daher, eine kritische Distanz zu ihm einzunehmen. Zumindest die Septuaginta und (falls bezeugt) die Handschriften von Qumran sollten nach Möglichkeit ständig mit herangezogen werden. Es empfiehlt sich, für die Septuaginta die handliche Ausgabe von A. RAHLFS zu benutzen; für die Qumran-Texte kann man über veröffentlichte Listen sehr leicht erfahren, ob und wo der betreffende Text oder das Textfragment greifbar ist.

> Zu verweisen ist auf die Liste aller in Qumran bzw. in der judäischen Wüste gefundenen biblischen Texte bei David L. WASHBURN, A Catalog of Biblical Passages in the Dead Sea Scrolls, SBL Text-Critical Studies 2, Atlanta, GA 2003. Vgl. nun vor allem Armin LANGE, Handbuch der Textfunde vom Toten Meer. Band 1: Die Handschriften biblischer Bücher von Qumran und den anderen Fundorten, Tübingen 2009. Hier findet man für jedes Fragment den Publikationsort und ausführliche text- und literaturgeschichtliche Kommentare.²³ Meist wird auf die wissenschaftliche Gesamtausgabe aller Texte vom Toten Meer in der Reihe *Discoveries in the Judaean Desert* (DJD) verwiesen.

---

²² Vgl. E. Tov, Text, 126f.; A. A. FISCHER, Text, 164–169; darüber hinaus: Michael P. WEITZMAN, The Syriac Version of the Old Testament. An Introduction, Cambridge 1999.
²³ S. u. D 17.

Als Grundregel gilt, daß man mit dem masoretischen Text sehr konservativ verfahren sollte. Eine Änderung ist nur dann zu erwägen, wenn die wichtigsten Textzeugen dies nahelegen. Zu diesen Zeugen gehören vor allem der Samaritanus (nur Pentateuch), die Septuaginta und deren vermutete hebräische Vorlage sowie die Qumran-Texte. Die Erfahrung zeigt, daß sich die weitaus meisten abweichenden Lesarten als Glättungen und Interpretationen erklären lassen: Sie spiegeln dann nicht den ursprünglichen Text, sondern dessen früheste Auslegungsgeschichte wider.

Methodisch vollzieht man Textkritik am besten in drei Schritten (vgl. ausführlich A. A. FISCHER, Text, 219–245):[24]

1. *Feststellung* des überlieferten Textes. In diesem sichtenden Arbeitsgang wird zunächst der textkritische Apparat der BHS »übersetzt«, um zu erfahren, welche Varianten zum masoretischen Text vorliegen. Rein literarkritische Anmerkungen kann man hier bereits als solche kennzeichnen und aus den weiteren Überlegungen ausscheiden. (Es ist indes zu beachten, daß die literarkritischen Anmerkungen gewöhnlich bereits auf eine Schwierigkeit im Text reagieren, die in den folgenden exegetischen Schritten eine Rolle spielen wird.) Man sollte in jedem Fall die LXX einbeziehen, auch wenn sie im Apparat nicht erwähnt wird. Auf dieser Basis kann sodann eine kritische Sichtung der Varianten vorgenommen werden: Welche Varianten sind wichtig? Welchen kommt lediglich eine untergeordnete Rolle zu? Welche Varianten sind voneinander abhängig? Als Beispiel kann man das Verhältnis der Vetus Latina zur Septuaginta nennen. Es versteht sich von selbst, daß dieser Sichtungsvorgang eine Kenntnis der Eigenart der Textzeugen voraussetzt. Als Hilfsmittel empfehlen sich die Handbücher von A. A. FISCHER und E. TOV, Text.
2. *Prüfung* des überlieferten Textes. Nun ist genauer zu fragen, ob und inwiefern der vorliegende hebräische Text da, wo Va-

---

[24] Für die Septuaginta sei verwiesen auf die Einführungen in die Textkritik im Rahmen der Gräzistik von K. DOVER und M. WEISSENBERGER (s. Anm. 15).

rianten vorliegen, gleichwohl »sinnvoll« ist. Diese Prüfung hat sprachliche (lexikalische, metrisch-stilistische, grammatische) sowie sachliche (inhaltliche, historische, theologische) Aspekte zu berücksichtigen. Der masoretische Text verdient immer dann den Vorzug, wenn er sprachlich und sachlich einwandfrei ist und wenn man die Variante als eine bewußte Veränderung des masoretischen Textes erklären kann.

3. Herbeiführen einer begründeten *Entscheidung*. Hier ist festzustellen, welcher Text als Ausgangstext für die Exegese gelten soll. Aufgrund der prinzipiellen Schwierigkeit, zum »Urtext« selbst vorzustoßen (→ B 2.2), wird man das Ziel dieses Arbeitsganges pragmatisch fassen müssen: Es geht primär nicht (positiv) um die Herstellung eines vermeintlichen »Urtextes«, sondern (negativ) um die Abweisung oder begründete Berücksichtigung der vorliegenden Varianten. Kommt man zu dem Ergebnis, daß der überlieferte masoretische Text mit großer Wahrscheinlichkeit nicht richtig sein kann (was vor allem in poetischen Texten gelegentlich vorkommt), muß der Versuch einer »Textverbesserung« (*Emendation*) unternommen werden. Dabei sollte man allgemein nachvollziehbar erklären können, wie es zum augenscheinlich falschen (überlieferten) Wortlaut kommen konnte. So kann man den durch »Vermutung« (*Konjektur*) hergestellten Text etwa auf ein Abschreibeversehen (→ B 2.1) zurückführen. Eine Konjektur kann auch dann notwendig werden, wenn weder der masoretische Text noch die übrigen Textzeugen einen wahrscheinlichen Text bieten. Nicht mehr rekonstruierbare, unheilbare Textstellen bezeichnet man als *crux* (»Kreuz«); sie werden in lateinischen und griechischen Editionen zwischen *cruces* »Kreuze« gesetzt (†...†). In der deutschen Übersetzung macht man solche Textstellen durch [...] kenntlich.

Beim textkritischen Prüfungsvorgang haben sich die folgenden textkritischen Faustregeln bewährt:

a) *Manuscripta ponderantur non numerantur* »die Handschriften werden gewichtet, nicht gezählt«. Es kommt nicht auf die Vielzahl der Bezeugungen, sondern auf die Qualität der Handschriften an (vgl. die Rangfolge: Masoretischer Text, Qumran, Samaritanus, Septuaginta).
b) *Lectio difficilior probabilior* »die schwierigere Lesart ist die wahrscheinlichere«. Die Erfahrung zeigt, daß ein anstößiger, schwieriger Text im Laufe der Textüberlieferung eher vereinfacht, erleichtert wird als umgekehrt. Insofern bietet die schwierigere Lesart, sofern sie nicht sinnlos ist, meist den ursprünglicheren Text.
c) *Lectio brevior potior* »die kürzere Lesart ist die wahrscheinlichere«. In der Überlieferung besteht die Tendenz, einen schwer verständlichen Text durch erklärende oder korrigierende Zusätze zu erweitern. Diese Regel läßt sich freilich ebenso auf das produktive Textwachstum beziehen, hat also auch in der Literarkritik ihre Gültigkeit.

Als Grundregel, die die bisherigen Faustregeln einschließt, gilt: *Sekundär ist meist diejenige Lesart, die sich aus der anderen leicht erklären läßt.*

## 2.8. Ein Beispiel zur Textentwicklung: Jes 19,25b

Das folgende Beispiel soll illustrieren, daß Übersetzungen immer auch Interpretationen sind, die den Sinn des Ausgangstextes nicht unerheblich verändern, ja sogar ins Gegenteil verkehren können. Die im Alten Testament singuläre und anstößige Segnung der Völker Ägypten und Assur in dem sehr späten Heilswort Jes 19,25b wird in den Übersetzungen nicht übernommen, sondern charakteristisch abgewandelt. Man darf freilich den Übersetzern keine unlauteren Absichten unterstellen; vielmehr dürften sie der Auffassung gewesen sein, mit ihrer Deutung das im Urtext eigentlich Gemeinte wiederzugeben, ihn also lediglich zu erklären. Immerhin wird selbst im Targum der Konsonantenbestand des heiligen hebräischen Textes exakt übernommen, auch wenn er dann großzügig erweitert wird.

| MT | LXX | Targum |
|---|---|---|
| Gesegnet (sei) mein Volk Ägypten und das Gebilde meiner Hand Assur und mein Erbe Israel! | Gesegnet (sei) mein Volk in Ägypten und das bei den Assyrern und mein Erbe Israel! | Gesegnet (sei) mein Volk, das ich herausgeführt habe aus Ägypten. Weil sie vor mir gesündigt haben, brachte ich sie ins Exil nach Assur. Aber jetzt, da sie umgekehrt sind, sollen sie genannt werden ›mein Volk‹ und ›mein Erbe Israel‹. |

## 2.9. Beispiele in der Literatur

Textkritische Entscheidungen werden in der Literatur keineswegs immer ausführlich begründet; darüber hinaus werden vielfach *literarkritische* Probleme in der Textkritik erörtert, ohne daß dies methodisch reflektiert würde. Wer gute Beispiele textkritischer Arbeit sucht, wird meist in den Bänden des Biblischen Kommentars (BK) fündig. Im Anschluß an die Übersetzung werden dort jeweils eingehend textkritische Probleme diskutiert, zu deren Verständnis man allerdings in aller Regel Hebräisch und Griechisch benötigt. Gelegentlich werden die entsprechenden Worte und Wendungen aber auch übersetzt, so daß man sich in einigen Fällen auch ohne Sprachkenntnisse wenigstens einen ungefähren Eindruck von den Schwierigkeiten des Textes verschaffen kann. Beispiel: Hans-Jürgen Hermisson, Deuterojesaja. 2. Teilband: Jesaja 45,8–49,13, BK XI/2, Neukirchen-Vluyn 2003.

# 3. Literarkritik

> »*Textkritik und Literarkritik sind nach wie vor die Grundlagen*, ohne die nur märchenhafte Luftschlösser gebaut werden können, Hypothesen ohne wissenschaftliche Bedeutung.«
>
> (Hugo GRESSMANN)[25]

**Literatur:** Hugo GRESSMANN, Die Aufgaben der alttestamentlichen Forschung, ZAW 42 (1924), 1–33. – Walter BAUMGARTNER, Wellhausen und der heutige Stand der alttestamentlichen Wissenschaft, ThR 2 (1930), 287–307 (beide zur Forschungsgeschichte). – Ludwig SCHMIDT, Art. Literarkritik. AT, TRE 21, 1991, 211–221 (zur aktuellen Diskussion). – Jürgen WERLITZ, Studien zur literarkritischen Methode. Gericht und Heil in Jesaja 7,1–17 und 29,1–8, BZAW 204, Berlin – New York 1992, 7–92 (zur Forschungsgeschichte und zum Verfahren). – Helmut UTZSCHNEIDER / Stefan Ark NITSCHE, Arbeitsbuch literaturwissenschaftliche Bibelauslegung. Eine Methodenlehre zur Exegese des Alten Testaments, Gütersloh 2001, 59–112 und 213–285.

## 3.1. Aufgabe

Die Literarkritik geht von der Beobachtung aus, daß die alttestamentlichen Bücher in der Regel nicht auf einen einzigen Autor zurückgehen (können), sondern ihre gegenwärtige Gestalt einer teilweise äußerst komplizierten Entstehungsgeschichte verdanken. Nicht selten spiegelt sich die Entstehungsgeschichte der Bücher auch in den Einzeltexten wider. So besteht die Aufgabe der Literarkritik darin, einen Einzeltext, einen größeren Textkomplex oder ein Buch auf seine literarische Einheitlichkeit hin zu befragen, mögliche Quellen herauszuarbeiten und Schichtungen freizulegen. Es handelt sich bei der Literarkritik also um ein *analytisches* Verfahren: Sie nimmt ihren Ausgangspunkt beim vorliegenden Text und sucht seine schriftlichen Vorlagen oder Vorstufen freizulegen, bis sie zum ältesten erreichbaren Kern vorge-

---

[25] H. GRESSMANN, Die Aufgaben der alttestamentlichen Forschung, ZAW 42 (1924), 1–33 (3).

stoßen ist. Dieses Verfahren läßt sich sowohl auf einen Einzeltext anwenden als auch auf ein ganzes Buch oder Literaturwerk.

## 3.2. Geschichte

Eine methodisch durchgeführte Literarkritik gibt es erst seit dem 18. Jahrhundert. Sie setzt die in der Aufklärung gewachsene Erkenntnis voraus, daß die biblischen Schriftsteller menschliche Autoren waren, die auf Vorlagen und Quellen zurückgriffen, in bestimmten theologischen und kulturellen Traditionen lebten, ihren Stoff aber auch souverän und selbständig gestalten konnten. Nicht zufällig entzündete sich die Diskussion am Pentateuch. Nachdem man zu der Einsicht gelangt war, daß die fünf Bücher Mose nicht von Mose verfaßt sein konnten, entwickelte man im 18. und 19. Jahrhundert – beginnend mit dem Buch Genesis – verschiedene Modelle zur *Quellenscheidung*. Die entscheidenden Kriterien der literarkritischen Arbeit waren von Anfang an präsent: Dubletten bzw. Doppelüberlieferungen (z.B. die beiden Schöpfungsberichte Gen 1–3), Spannungen bzw. offene Widersprüche (z.B. in der Sintflutgeschichte Gen 6–9) und der Wechsel des Gottesnamens (Elohim und Jahwe). Das Ziel der Literarkritik bestand in der Herausarbeitung der im Pentateuch vereinigten Quellen, von denen sich die Priesterschrift als jüngste und der Jahwist als älteste Quellenschrift am deutlichsten heraushoben. Auf diesem Wege entstand die sogenannnte (Neuere) *Urkundenhypothese*, die bis in die jüngere Vergangenheit hinein als allgemein anerkanntes Modell zur Entstehung des Pentateuch galt.[26] Recht bald übertrug man die am Pentateuch entwickelte Methodik auch auf andere Literaturbereiche. So sah man, um nur ein Beispiel zu nennen, bereits sehr früh, daß die Kapitel Jes 40–66 eine Größe eigener Art bilden (»Deuterojesaja«), die unmöglich auf den im

---

[26] Ausführlich und lehrreich zur Geschichte der Pentateuchforschung: Cornelis HOUTMAN, Der Pentateuch. Die Geschichte seiner Erforschung neben einer Auswertung, Contributions to Biblical Exegesis and Theology 9, Kampen 1994; Ernest W. NICHOLSON, The Pentateuch in the Twentieth Century. The Legacy of Julius Wellhausen, Oxford 1998.

8. Jahrhundert lebenden Propheten Jesaja (vgl. Jes 1–39) zurückgehen können.[27]

Die literarkritische Heraushebung der ältesten Quellen (des Pentateuchs, aber auch darüber hinaus) bildete zugleich eine zuverlässige Basis für die Rekonstruktion der Geschichte und Religionsgeschichte Israels. Hier lag ein wesentliches Motiv für die ältere Literarkritik. Ihre Blütezeit erlebte die literarkritische Analyse des Alten Testaments zwischen 1850 und 1920, und als ihren Höhepunkt darf man mit Fug und Recht die Arbeiten Julius Wellhausens (1844–1918) bezeichnen, der auf geniale Weise die literarkritische Analyse mit der Rekonstruktion der Geschichte und Religionsgeschichte Israels verband.[28]

> Zu nennen sind drei Studien, die längst zu Klassikern geworden sind: *Prolegomena zur Geschichte Israels* (²1883; ¹1878 noch unter dem Titel *Geschichte Israels I*), *Die Composition des Hexateuchs und der historischen Bücher des Alten Testament* (1885) und *Israelitische und jüdische Geschichte* (1894).

Man sprach und spricht gern (nicht selten mit kritischem Nebenton) von der »Literarkritischen Schule« mit J. Wellhausen als ihrem »Schulhaupt«. Dabei wird freilich übersehen, daß es – anders als bei der »Religionsgeschichtlichen Schule« – weder eine regelrechte Schultradition noch den Versuch einer Schulbildung gab. Gleichwohl empfand man die literarkritische Arbeitsweise zu Beginn des 20. Jahrhunderts zunehmend als unbefriedigend und ungenügend, so daß man 1924 gar das Ende des literarkritischen Zeitalters (H. Gressmann) verkünden konnte, das durch die religionsgeschichtliche Betrachtung abgelöst worden sei (→ B 6.2).

Heute stellt sich die Literarkritik als ein eminent wichtiger Zugang zu den alttestamentlichen Schriften dar, der für die

---

[27] So Johann Gottfried Eichhorn, Einleitung in das Alte Testament III, 1783.
[28] Vgl. Rudolf Smend, Julius Wellhausen, in: Ders., Deutsche Alttestamentler in drei Jahrhunderten, Göttingen 1989, 99–113; Ders., Julius Wellhausen. Ein Bahnbrecher in drei Disziplinen, Themen 84, München 2006; Reinhard G. Kratz, Art. Wellhausen, Julius (1844–1918), TRE 35, 2003, 527–536.

Rekonstruktion ihrer zum Teil äußerst komplexen Entstehung und ihres Wachstums unerläßlich ist. Die Literarkritik entspricht damit dem besonderen Charakter dieser Schriften als *Redaktions- und Fortschreibungsliteratur* (→ B 5). Sie bedarf freilich der Ergänzung durch andere Frageperspektiven. So hat die literarkritische Arbeit seit den 70er Jahren des 20. Jahrhunderts – nun erweitert durch den synthetischen Arbeitsgang der *Redaktionsgeschichte* – eine neue Bedeutung erlangt. Nach einer Phase, in der man der **mündlichen** Überlieferung sehr viel zutraute und gerade die (vermeintlich) *alten* Traditionen hochschätzte, nimmt man die alttestamentlichen Schriften heute stärker als – in Jahrhunderten allmählich zu ihrer heutigen Gestalt angewachsene – *literarische Werke* wahr. Es ist deshalb kein Zufall, daß die an grundlegenden literarkritischen Beobachtungen reichen Arbeiten J. Wellhausens gegenwärtig wieder eine größere Rolle spielen. Zunehmend wird aber auch Kritik an der Angemessenheit der Literarkritik laut, die sich vor allem aus literaturwissenschaftlichen bzw. linguistischen Zugängen speist. Hier stößt man auf ein breites Spektrum, das von einer radikalen Ablehnung der Methode bis hin zu einem arbeitsteiligen Miteinander von literarkritischen und literaturwissenschaftlichen Frageperspektiven reicht (vgl. H. UTZSCHNEIDER / S. A. NITSCHE). So trifft man in der Gegenwart zunehmend auf Leseperspektiven, die gegenüber einer traditionellen *diachronen* (= die Wachstumsgeschichte eines Textes rekonstruierenden) Analyse nun einen *synchronen* (= vom Endtext als einer kohärenten Größe ausgehenden) Zugang bevorzugen.

## 3.3. Literarkritik und Literaturwissenschaft

**Literatur:** Heinz Ludwig ARNOLD / Heinrich DETERING (Hgg.), Grundzüge der Literaturwissenschaft, dtv 30171, München 1996; [7]2005 (gutes Studienbuch zu allen Aspekten und Entwicklungen der modernen Literaturwissenschaft; mit einem nützlichen Glossar). – Wolfgang RICHTER, Exegese als Literaturwissenschaft. Entwurf einer alttestamentlichen Literaturtheorie und Methodologie, Göttingen 1971 (sprachwissenschaftlich-linguistischer Neuansatz vom Alten Testament her). – Horst Dietrich PREUSS, Linguistik – Literaturwissenschaft – Altes Testament, VF

27/1 (1982), 2–28 (Forschungsbericht). – Harald Schweizer, Literarkritik, ThQ 168 (1988), 23–43 (linguistische Kritik an der Literarkritik). – John Barton, Reading the Old Testament. Method in Biblical Study, London 1984; Neuausgabe 1996 (kritische Vorstellung neuerer Textzugänge). – Wilhelm Egger, Methodenlehre zum Neuen Testament. Einführung in linguistische und historisch-kritische Methoden, Freiburg i.Br. ⁵1999 (gelungene Verbindung von »traditioneller« Methodik mit literaturwissenschaftlichen Ansätzen in transparenter Darstellung). – Helmut Utzschneider / Stefan Ark Nitsche, Arbeitsbuch literaturwissenschaftliche Bibelauslegung. Eine Methodenlehre zur Exegese des Alten Testaments, Gütersloh 2001 (Verbindung von Literarkritik mit literaturwissenschaftlichen Ansätzen). – Christof Hardmeier, Textwelten der Bibel entdecken. Grundlagen und Verfahren einer textpragmatischen Literaturwissenschaft der Bibel. 2 Teile, Textpragmatische Studien zur Literatur- und Kulturgeschichte der Hebräischen Bibel 1/1–2, Gütersloh 2003/4 (kommunikationstheoretisches Verstehensmodell).

Ungefähr gleichzeitig mit der Etablierung der *Redaktionsgeschichte* als eines festen exegetischen Methodenschritts kommt es seit den 1970er Jahren zu einer breiteren Rezeption *literaturwissenschaftlicher* Fragestellungen in der Exegese. Dieses Zusammentreffen ist kein Zufall. Denn hinter der redaktionsgeschichtlichen Frageperspektive stand der Gedanke, daß die biblischen Bücher nicht einfach Produkte von epigonalen Sammlern sind, die die vorliegenden Überlieferungen (etwa Prophetenworte oder alte Sagen und Erzählungen) lose miteinander verknüpften, sich aber sonst völlig zurückhielten. Vielmehr waren die Redaktoren, wie man sie nun wahrnahm, kreative Personen, ja *Autoren*, die aus überliefertem Material etwas Neues, nämlich ein Werk mit einem eigenen Aussageprofil schufen (→ B 5). Diese neue Sicht war mit einer weiteren Akzentverschiebung verbunden. Man interessierte sich nicht mehr in erster Linie für die *alten* Überlieferungen, denen man zumal im 19. Jahrhundert eine höhere religiöse Dignität zuschrieb, sondern blickte stärker auf das *vorliegende Buch*, sein Werden und seine redaktionelle Gestaltung. Dieses Interesse am Autor und seinem *Werk* aber ist auch der Ausgangspunkt der literaturwissenschaftlichen Ansätze, die freilich durch eine kaum noch zu überblickende Vielfalt gekennzeichnet sind.

Deshalb einige Literaturhinweise zur Orientierung. Wer sich über den Stand der allgemeinen Literaturwissenschaft, über ihre Methoden und ihren Forschungsstand informieren möchte, findet in dem von Heinz Ludwig ARNOLD und Heinrich DETERING herausgegebenen Studienbuch vorzügliche Beiträge, reiche Literaturangaben und dazu ein hilfreiches Glossar literaturwissenschaftlicher Begriffe. Im Bereich der biblischen Exegese ist das neutestamentliche Methodenbuch von Wilhelm EGGER hervorzuheben, das aufgrund seiner didaktischen Qualität und klaren Diktion auch für die Exegese des Alten Testaments von Nutzen ist. Dabei ist freilich immer zu bedenken, daß die literarischen Verhältnisse im Neuen Testament anders – nämlich deutlich einfacher – darstellen als in den (meisten) alttestamentlichen Schriften: Während sich bei den Evangelien und in der Briefliteratur die literarkritische Arbeit meist auf die Unterscheidung von vorgegebenen Quellen und Redaktion bzw. auf die Rekonstruktion ursprünglicher Briefe beschränkt, sind die alttestamentlichen Bücher fast durchweg das Ergebnis eines außerordentlich komplexen *Wachstums- bzw. Fortschreibungsprozesses*, der sich über mehrere Jahrhunderte hinzog und an dessen Ende keineswegs immer eine halbwegs kohärente literarische Einheit steht, die sich ohne weiteres mit literaturwissenschaftlichen Methoden erschließen ließe. Im Bereich des Alten Testaments haben Helmut UTZSCHNEIDER und Stefan Ark NITSCHE in einem Arbeitsbuch die literaturwissenschaftliche Perspektive auf breiterem theoretischen Fundament fruchtbar zu machen versucht, ohne sie in einen prinzipiellen Gegensatz zu den traditionellen historisch-kritischen Zugängen zu stellen. Wer eine (kritische) Übersicht über neuere Textzugänge sucht, die zumeist aus dem amerikanischen oder französischen Raum kommen, aber auch die deutsche Bibelwissenschaft beeinflußt haben (Strukturalismus, literary criticism, new criticism, reader-response-criticism u.a.), wird in der Methodenlehre von John BARTON fündig. Schließlich ist hinzuweisen auf die teils hervorragenden Methodenartikel in dem zweibändigen, von John H. HAYES herausgegebenen *Dictionary of Biblical Interpretation* (Nashville, TN 1999).

Im Blick auf das Alte Testament gingen wichtige Impulse von Wolfgang RICHTER (1971) aus, der Anregungen aus der allgemeinen Sprachwissenschaft und der strukturalen Linguistik aufgriff und ein neues, nach seiner Sicht objektiveres Modell des Textverstehens in die Diskussion brachte. Er geht dabei so vor, daß er möglichst strikt zwischen der *Ausdrucksebene* bzw. der Syntax und der *Inhaltsebene* bzw. der Semantik unterschied. In dieser Unterscheidung ist das Bemühen erkennbar, aus dem Analyseprozeß die subjektiven Faktoren möglichst herauszuhalten, doch liegt auch eine Gefahr darin: Bereits die vorgängige (literarkritische) Segmentierung eines Textkomplexes in kleine, für sich auslegbare Einheiten ist ohne gewisse *inhaltliche* Vorentscheidungen nicht möglich.[29] Sie setzt zudem ein bestimmtes Verständnis der formgeschichtlichen Methode voraus, das durch die neueren redaktionsgeschichtlichen Erkenntnisse gründlich in Frage gestellt worden ist (→ B 6). Ob es sich bei einem Textstück wirklich um eine separate und für sich auslegbare Einheit handelt, kann sich nur aus dem Zusammenspiel von formalen und inhaltlichen Argumenten ergeben. Gleichwohl bleiben Ausgangspunkt und Ziel der Arbeiten W. RICHTERS, wie sie sich vor allem in seinen späteren Studien zeigen,[30] unaufgebbar: Angesichts fehlender klarer linguistischer Kategorien in den althebräischen Lexika und Grammatiken hat sich die Hebraistik um eine möglichst umfassende, präzise und von inhaltlichen Vorgaben freie Beschreibung des Althebräischen zu bemühen.[31]

Die Aporien des Richterschen Ansatzes versucht Christof HARDMEIER in seinem Modell einer *textpragmatischen Literaturwissenschaft,* das bewußt auf die Erhebung der *inhaltlichen* Aussageebene abzielt, zu vermeiden.[32] So versteht er Texte als

---

[29] Zum Verhältnis von Form und Inhalt vgl. auch die wohlwollend-kritischen Bemerkungen von E. BLUM, »Formgeschichte« – ein irreführender Begriff?, in: H. UTZSCHNEIDER / E. BLUM (Hgg.), Lesarten der Bibel. Untersuchungen zu einer Theorie der Exegese des Alten Testaments, Stuttgart 2006, 85–96 (hier 89–93).

[30] Vgl. sein dreibändiges Werk »Grundlagen einer althebräischen Grammatik«, ATSAT 8/10/19, St. Ottilien 1978/79/80, sowie die von ihm herausgegebene »Biblia Hebraica transcripta« (BHt), ATSAT 33,1–16, St. Ottilien 1991–93, in der der tiberisch-masoretische Text nach morphologischen (die Wortbildung betreffenden) und syntaktischen Kriterien transkribiert und dargeboten wird.

[31] Die inzwischen zahlreichen, nicht immer ganz leicht lesbaren Arbeiten der Richter-Schule sind zu einem guten Teil in der von W. RICHTER selbst begründeten und nun von seinen Schülern Walter GROSS, Hubert IRSIGLER und Theodor SEIDL herausgegebenen Reihe »Arbeiten zu Text und Sprache im Alten Testament« (ATSAT) in St. Ottilien publiziert worden.

[32] Vgl. Christof HARDMEIER, Texttheorie und biblische Exegese. Zur rhetorischen Funktion der Trauermetaphorik in der Prophetie, BEvTh 79, München 1978. Die theoretischen Teile sind teilweise wiederabgedruckt in:

»Partituren von autorseitig intendierten Sinnbildungen« (Textwelten I, XIII); die vom Autor intendierte *Wirkabsicht* (Pragmatik) des Textes rückt in den Mittelpunkt. Texte sind »Produkte sprachlicher Handlungen ..., deren Sinn und Bedeutung sich nur im lesenden oder hörenden Nachvollzug erschließt« (Textwelten I, 14). Oder anders gesagt: Ein Text ist ein Kommunikationsgeschehen, das es (wieder) freizulegen gilt.

> Einige Begriffs(er)klärungen seien an dieser Stelle angefügt. Ein Text besteht nicht nur aus einer bloßen Aneinanderreihung von Sätzen und Wörtern, sondern weist ein bestimmtes übergeordnetes Beziehungsgefüge auf, das – sofern der Text eine kohärente Einheit bildet – auf verschiedenen Ebenen ablesbar ist: Auf der Ebene der *Syntax* (der Lehre vom Satzbau) und des *Stils* lassen sich die Verknüpfungen der Sätze untereinander beschreiben (z.B. durch Konjunktionen oder durch Vor- bzw. Rückverweise mittels Pronomina). Auf der Ebene der *Semantik* (der Lehre von der Bedeutung) lassen sich etwa markante Stichwörter herausstellen, die den Text strukturieren und thematisch einen. Auf der Ebene der *Pragmatik* (der Wirkabsicht) fragt man nach der Absicht und der Intention eines Autors, soweit sie sich aus Textsignalen (etwa Anreden o.ä.) erschließen läßt. Während die syntaktisch-stilistische und die semantische Ebene gewissermaßen textintern bleiben, richtet sich die pragmatische Ebene gerade nach außen, auf die Leser und Hörer des Textes.

In der Praxis besteht das von C. HARDMEIER vorgeschlagene Verfahren in der exakten Untersuchung und Darstellung der *Kommunikationsebenen in einem Text*, genauer: in der Aufdeckung und logischen Zuordnung der in ihm enthaltenen *Sprachsignale*. Der Text wird also als ein Geflecht solcher Signale (*Textur*) verstanden. Bei der Analyse hat man etwa auf textdeiktische (hinweisende) Signale wie Demonstrativpronomina zu achten oder auf Überschriften oder Einführungen wörtlicher Reden. In Betracht kommen auch aufmerksamkeitserweckende Partikeln wie הנה »siehe« oder שמע »höre« oder temporaldeiktische Signale wie עתה »jetzt« oder היום »heute«.[33] Die hier aufgeführten Beispiele, die sich vielfach vermehren ließen, zeigen, daß keine

---

DERS., Textwelten, 2 Bände. Vgl. auch knapp DERS., Art. Literaturwissenschaft, biblische, RGG⁴ V, 2002, 426–429.

[33] Ausführlich C. HARDMEIER, Textwelten I, 78–135.

rein formale Beschreibung syntaktisch-stilistischer Textphänomene intendiert ist, sondern von vornherein die Kommunikationsstruktur des Textes im Spiele ist, das Ziel der Analyse also in der Erhebung seiner Wirkabsicht (bei den damaligen Lesern und Hörern) liegt. Es bedarf keiner ausführlichen Begründung, daß derartige Aufschlüsselungen des Textes nicht nur sinnvoll und nützlich, sondern notwendig sind. Sie dienen nicht nur der präziseren Erfassung der Intention eines Textes, sondern liefern wertvolle Hinweise für seine Einheitlichkeit oder eben auch Uneinheitlichkeit.

Das von C. HARDMEIER in die Diskussion gebrachte Modell wird indes begleitet von einer prinzipiellen Kritik an der Leistungsfähigkeit der Literarkritik, auf die man auch bei anderen literaturwissenschaftlichen Zugängen stößt. Zwar wird die Legitimität der Methode nicht grundsätzlich in Frage gestellt – »die biblischen Texte weisen sich selbst als Traditionsliteratur aus und tragen unverkennbar ihre eigene Entstehungs- und Auslegungsgeschichte in sich« (Textwelten I, 7) –, aber ihre Reichweite wird doch stark begrenzt. Als Argument wird hier (und anderwärts) die kaum noch zu durchschauende Hypothesenvielfalt hinsichtlich der Datierung und der Schichtung von Texten angegeben, so daß das Verbleiben beim »Endtext«, also ein *synchroner* Zugang, als vergleichsweise sichere Ausgangsbasis erscheint.[34] Dieser Eindruck indes täuscht. Die Vielstimmigkeit (nicht nur) der gegenwärtigen Forschung ist kein Zeichen von Schwäche, sondern entspricht weithin der Komplexität ihres Gegenstandes: Das Alte Testament ist eine Sammlung von sehr unterschiedlichen Büchern und Literaturgattungen, entstanden in Hunderten von Jahren in einem höchst verwickelten Werdeprozeß. Dabei können entstehungsgeschichtliche Modelle nur *Hypothesen* sein, die sich im wissenschaftlichen Diskurs zu bewähren haben. Eine *Hypothese* ist es freilich auch, wenn man der Endgestalt eines Textes *per se* eine größere Eindeutigkeit zubilligt. Konsequenterweise dürfte man dann aber nicht mehr von einem Einzeltext ausgehen, weil dessen Abgrenzung bereits eine (auch literarkritische) Vorent-

---

[34] Vgl. auch H. UTZSCHNEIDER / S. A. NITSCHE, 19f.

scheidung bedeutet, sondern müßte beim ganzen Buch oder gar beim Kanon ansetzen und verbleiben.

> Diese Konsequenz wird immerhin im sogenannten *canonical approach* gezogen, der sich mit dem Namen von Brevard S. CHILDS verbindet und auch in der deutschen Bibelwissenschaft seine Anhänger gefunden hat.[35] Nach ihm ist allein der gegebene, kanonische Endtext für die jeweiligen Glaubensgemeinschaften maßgebend; eine literarkritische Rückfrage hinter die Endgestalt der Texte sei nichts weiter als ein letztlich fruchtloses Glasperlenspiel. Auch wenn die Kritik an der Literarkritik hier grundsätzlich *theologisch* und nicht *kommunikationstheoretisch* (wie bei C. HARDMEIER) oder gar ästhetisch wie bei manchen literaturwissenschaftlichen Ansätzen begründet wird, greift sie zu kurz. Denn die Eindeutigkeit des Endtextes oder des Kanons ist gerade nicht oder nur selten gegeben. Vielmehr trägt nicht nur der alttestamentliche Kanon, sondern tragen vor allem die meisten Einzeltexte die Spuren ihrer Geschichte so deutlich erkennbar in sich, daß eine bloße Endtextlesung eine Nivellierung des Sinns bedeutete.

Eine prinzipielle Bevorzugung der Endgestalt – die wohlgemerkt immer *Ausgangspunkt* der Analyse zu sein hat – setzt zudem ein bestimmtes Textverständnis voraus: nämlich daß der Endtext wenigstens im Prinzip als eine kohärente sprachliche und intentionale Einheit konzipiert oder redigiert worden ist. Das ist manchmal der Fall, oftmals aber auch nicht. So sind z.B. die späten, aus hellenistischer Zeit stammenden Lehrerzählungen Judit und Tobit, auch wenn sie literarisch nicht aus einem Guß sind, doch erkennbar einheitlich geprägt. Das Jeremia-Buch in beiderlei (hebräischer und griechischer) Gestalt hingegen zeigt, daß der äußerst vielfältige und Jahrhunderte andauernde Fortschreibungsprozeß wohl eher zufällig als planmäßig an sein Ende gekommen ist. Eine systematische Endredaktion hat es offenbar

---

[35] Ausführlich: Brevard S. CHILDS, Biblical Theology of the Old and New Testaments. Theological Reflection on the Christian Bible, Minneapolis, MN 1993 (deutsch: Die Theologie der einen Bibel, 2 Bände, Freiburg i.Br. 1994/95); kurz und knapp: DERS., Biblische Theologie und christlicher Kanon, in: Zum Problem des biblischen Kanons, JBTh 3 (1988), 13–27. Kritisch: Stefan KRAUTER, Brevard S. Childs' Programm einer Biblischen Theologie. Eine Untersuchung seiner systematisch-theologischen und methodologischen Fundamente, ZThK 96 (1999), 22–48.

nicht gegeben. So entspricht der literarkritische Blick in die Tiefe eines Textes dem besonderen Charakter des Alten Testaments als Interpretationsliteratur: Das Überlieferte wird je neu aktualisiert, ausgelegt, »fortgeschrieben«, so daß in den einzelnen Texten selbst eine Geschichte der je neuen Vergegenwärtigung des Gotteswortes entsteht. Es geht bei einer sachgemäßen Anwendung der Literarkritik nicht um die bloß technische Rekonstruktion der Produktionsbedingungen eines Textes, wie ihr oft vorgeworfen wird, sondern um die Erhellung dieses Rezeptions- und Interpretationsprozesses, der im Leser selbst seine Fortsetzung findet (→ B 5).

Es ist wohl kein Zufall, daß sich die literaturwissenschaftlichen Zugänge vor allem dort bewähren, wo man es mit *erzählenden* Texten zu tun hat, die – ungeachtet mancher Überarbeitungen – einen relativ geschlossenen szenischen Rahmen und eine klare kommunikative Struktur aufweisen. Man darf sich darüber nicht wundern, denn diese Zugänge sind in der Regel an Texten (meist aus dem Bereich der Germanistik, Anglistik oder Romanistik) entwickelt und exemplifiziert worden, die auf einen *Autor* oder wenigstens einen einheitlichen Gestaltungswillen zurückgehen (Romane, Erzählungen, Gedichte).

So kann die erzählkommunikative Analyse einer vergleichsweise geschlossenen Szene wie Jes 7,1–9 zu plausiblen und nachvollziehbaren Ergebnissen gelangen, eben weil (trotz mancher Überarbeitungen) ein klarer gestalterischer Wille erkennbar ist.[36] Bei anderen, komplexeren Texteinheiten wie Jer 2–6 gerät die Leistungsfähigkeit eines solchen Zugangs allerdings an ihre Grenzen.[37] Hier trifft man auf einen literargeschichtlich gesehen äußerst vielschichtigen Textkomplex; von einem kohärenten Text, der noch dazu in eine einzige historische Situation hinein gerichtet sein soll, kann man nur unter Ausblendung zahlreicher offensichtlicher Spannungen und Unebenheiten sprechen.

---

[36] Vgl. C. HARDMEIER, Gesichtspunkte pragmatischer Erzähltextanalyse. »Glaubt ihr nicht, so bleibt ihr nicht« – ein Glaubensappell an schwankende Anhänger Jesajas, WuD 15 (1979), 33–54.

[37] Vgl. C. HARDMEIER, Realitätssinn und Gottesbezug. Geschichtstheologische und erkenntnisanthropologische Studien zu Genesis 22 und Jeremia 2–6, BThSt 79, Neukirchen-Vluyn 2006 (89–154).

Wenn man die Unterschiedlichkeit der Texte in Rechnung stellt und den besonderen Charakter des Alten Testaments als Fortschreibungsliteratur würdigt, lassen sich die neueren literaturwissenschaftlichen Fragestellungen mit großem Gewinn anwenden. Es kann auch hier nur um ein sinnvolles Miteinander von »traditionellen« Methoden wie der Literarkritik und »neuen« Ansätzen gehen. Eine sensible und sachgemäße Auslegung biblischer Texte hat indes immer schon die in der modernen Literaturwissenschaft entwickelten Perspektiven berücksichtigt, wenn auch ohne die begriffliche und theoretische Präzision. Zudem zeigt ein Blick auf die Diskussion *innerhalb* der allgemeinen Literaturwissenschaft, daß man hier von einem Methodenmonismus weit entfernt ist (vgl. das Studienbuch von H. L. Arnold und H. Detering).

Die bisher skizzierten literaturwissenschaftlichen Zugänge bleiben, auch wenn sie vorwiegend von der synchronen Ebene des Textes ausgehen und eine gewisse Reserve gegenüber der Literarkritik erkennen lassen, dennoch am Autor und seiner Intention, also letztlich an den *Produktionsbedingungen* des Textes orientiert. Davon zu unterscheiden ist ein längst auch in der Bibelwissenschaft aufgenommener Zweig der Literaturwissenschaft, der sich nicht (mehr) an der *Produktion* des Textes, sondern an seiner *Rezeption* orientiert, und dabei steht nicht der damalige, sondern der heutige *Leser* im Blick. Die Rede ist von der *Rezeptionsästhetik*, gelegentlich auch *Wirkungsästhetik* genannt.

## 3.4. Rezeptionsästhetik

**Literatur:** Rainer Warning (Hg.), Rezeptionsästhetik. Theorie und Praxis, UTB 303, München 1975; [4]1993 (grundlegende Aufsatzsammlung, u.a. mit Beiträgen von W. Iser und H. R. Jauß). – Wolfgang Iser, Der implizite Leser. Kommunikationsformen des Romans von Bunyan bis Beckett, UTB 163, München 1972. – Ders., Der Akt des Lesens. Theorie ästhetischer Wirkung, UTB 636, München 1976, [4]1994 (Standardwerke). – Jörg Frey, Der implizite Leser und die biblischen Texte. Der »Akt des Lesens« nach Wolfgang Iser und seine hermeneutische Relevanz, ThBeitr 23 (1992), 266–290 (zur Rezeptionsästhetik aus bibelwissenschaftlicher Perspektive). – Dorothea Erbele-Küster, Lesen als Akt des Betens. Eine Rezeptionsästhetik der

Psalmen, WMANT 87, Neukirchen-Vluyn 2001 (Anwendung der Rezeptionsästhetik auf die Psalmen mit forschungsgeschichtlichem Abriß).

Unter Rezeptionsästhetik versteht man eine Theorie bzw. Methode der Literaturanalyse, bei der nicht die *Entstehung* eines Textes, sondern seine *Aneignung* durch den (heutigen) Leser im Mittelpunkt steht. Entwickelt und begrifflich entfaltet wurde dieses Modell seit 1967 in Konstanz; zu den Begründern gehören der Literaturwissenschaftler Hans Robert JAUSS und der Anglist Wolfgang ISER.[38] Die rezeptionsästhetische Frage nach der Wechselbeziehung von Text und Leser war freilich nicht neu. Man kann im Blick auf die Theologie zum einen auf die Hermeneutik Hans Georg GADAMERS hinweisen, der die *Wirkungsgeschichte* als fundamentale Kategorie in das Textverstehen einbrachte,[39] aber auch etwa auf die philosophische Hermeneutik Paul RICŒURS.[40] Mit der Rezeptionsästhetik werden also Fragen der allgemeinen Hermeneutik berührt (→ B 8). Eine enge Verwandtschaft besteht aber auch mit der *Redaktionsgeschichte*, weil sich die alttestamentlichen Texte überwiegend einem – *inner*alttestamentlichen – Vorgang der Selbstauslegung, also einem Rezeptionsprozeß verdanken (→ B 5).[41]

Die Rezeptionsästhetik geht davon aus, daß die Bedeutung eines Textes nicht einfach in ihm selbst enthalten ist, sondern sich im Vorgang der Rezeption, also im Dialog mit dem Leser *konstituiert*. Und dabei geht es – wohlgemerkt – nicht einfach um die *Wirkungen*, die ein Text beim Leser hervorruft, sondern um ein

---

[38] Vgl. die programmatischen Vorträge von Hans Robert JAUSS, Literaturgeschichte als Provokation der Literaturwissenschaft (1970), und Wolfgang ISER, Die Appellstruktur der Texte (1970), beide in: R. WARNING (Hg.), Rezeptionsästhetik, 126–162 bzw. 228–252.

[39] Hans-Georg GADAMER, Wahrheit und Methode. Grundzüge einer philosophischen Hermeneutik, Tübingen 1960; ⁶1990.

[40] Vgl. Paul RICŒUR, Philosophische und theologische Hermeneutik, in: DERS. / Eberhard JÜNGEL, Metapher. Zur Hermeneutik religiöser Sprache, EvTh Sonderheft, München 1974, 24–45.

[41] Vgl. Christoph DOHMEN, Rezeptionsforschung und Glaubensgeschichte. Anstöße für eine neue Annäherung von Exegese und Systematischer Theologie, TThZ 96 (1987), 123–134.

umfassendes hermeneutisches Programm: um den Vorgang der Sinnbildung, der sich allererst im »Akt des Lesens« einstellt. In diesem Lesemodell spielt der Begriff des »impliziten Lesers« (W. Iser) eine zentrale Rolle. Mit ihm ist freilich weder der intendierte Leser gemeint, an den die Autoren der Texte dachten, noch der empirische oder gar der fiktive ideale Leser. Der »implizite Leser« ist keine Person, sondern umschreibt die »Wirkungsstrukturen« eines Textes: Der Text enthält Unbestimmtheiten, »Leerstellen«, die der Leser im Vorgang des Lesens auffüllt. Erst dadurch wird Sinn konstituiert, freilich nie endgültig und objektiv, sondern immer vorläufig und subjektiv. Deshalb kann keine Lektüre die Wirkungsstruktur eines Textes vollständig ausschöpfen.

Grundlegende Voraussetzung der Rezeptionsästhetik ist die *Autonomie des Textes* gegenüber seinem Autor; sie bleibt an den Entstehungsbedingungen prinzipiell uninteressiert. Darin liegt, wenn man auf die biblischen Texte blickt, ein großer Vorzug, aber auch ein Problem. Zunächst der Vorzug: Über die Verfasser der alttestamentlichen Schriften ist nichts bekannt. Man kennt keinen einzigen Autor namentlich, und eine historische Einbettung der Schriften gelingt in den meisten Fällen nur annäherungsweise. Dies mag an unseren begrenzten Erkenntnismöglichkeiten liegen, aber zu einem guten Teil auch am Charakter der Schriften selbst, die nicht nur in eine einmalige historische Situation sprechen (wollen), sondern verallgemeinerbare (Glaubens-)Erfahrungen vermitteln möchten – eine Voraussetzung dafür, daß Menschen in ganz anderen Zeiten und Umständen die Texte als ihre eigenen zu lesen vermögen. Die Verfasserkreise haben solchen Texten gleichsam eine Autonomie eigener Art verliehen. Als ein besonders sprechendes Beispiel mag man die Erzählung von der Glaubensprobe Abrahams in Gen 22 anführen, die zahlreiche, vom Leser auszufüllende »Leerstellen« enthält.[42] Hinweisen kann man aber auch auf viele Psalmen, die

---

[42] Vgl. die eindringliche Auslegung von Timo Veijola, Das Opfer des Abraham – Paradigma des Glaubens aus dem nachexilischen Zeitalter, ZThK 85 (1988), 129–164. Gute Beispiele auch bei Erik Aurelius, »Du bist der Mann«. Zum Charakter biblischer Texte, BTSP 23, Göttingen 2004.

als *nachsprechbare* Gebetstexte konzipiert und formuliert worden sind.[43] Die Rezeptionsästhetik trifft also vor allem dort auf fruchtbaren Boden, wo die Texte selbst eine unmittelbare Offenheit zum Leser hin haben.

Damit sind zugleich die Grenzen der rezeptionsästhetischen Fragestellung markiert. Denn das Alte Testament besteht in weiten Teilen gerade nicht aus relativ abgeschlossenen, literarisch weitgehend homogenen Texten oder Textstücken, sondern aus weit komplexeren Gebilden, die sich der Überlieferungstätigkeit vieler Hände verdanken und sich insoweit einer rezeptionsästhetischen Analyse entziehen. Viele Texte aus der prophetischen Literatur gehören in diese Kategorie. Man darf ja nicht vergessen, daß die Rezeptionsästhetik an der englischen (und deutschen) Romanliteratur entwickelt worden ist, also an *Werken* im klassischen Sinne. Bei den alttestamentlichen Texten kommt man um eine Einzelfallentscheidung also nicht herum. Zudem ist es wenig hilfreich, autororientierte und leser- bzw. rezeptionsorientierte Auslegungsansätze gegeneinander auszuspielen.[44] *Beide* haben ihr relatives Recht: Der Sinn eines Textes erschließt sich weder *allein* von seinem Ursprung her noch *allein* vom Leser her, sondern gerade im spannungsreichen Wechselspiel zwischen Text und Leser (vgl. J. FREY).

## 3.5. Vorgehen

Die Überprüfung der literarischen Integrität eines Textes verlangt vom Leser und Interpreten im Grunde genommen nicht mehr als ein sehr genaues, sorgfältiges Hinschauen: Bietet der hebräische Text ein sinnvolles Ganzes, das planvoll strukturiert ist und keine inhaltlichen oder formalen Brüche aufweist? Oder liegen Indizien vor, die auf ein Wachstum des Textes oder in ihm verarbeitete (schriftliche) Quellen hindeuten? Die Literarkritik achtet also auf

---

[43] Vgl. Dorothea ERBELE-KÜSTER, Lesen als Akt des Betens. Eine Rezeptionsästhetik der Psalmen, WMANT 87, Neukirchen-Vluyn 2001.
[44] Vgl. den Grundriß von Jürgen SCHUTTE, Einführung in die Literaturinterpretation, Sammlung Metzler 217, Stuttgart–Weimar ⁵2005.

formale (syntaktische, sprachliche) Spannungen ebenso wie auf Unebenheiten im Erzählverlauf oder Sprünge im Gedankengang. Man spricht hier auch von *Kohärenzstörungen*. Am Anfang der Analyse steht also eine Lektüre unter *synchroner* Perspektive, die den Text zunächst als gegebene Größe in seinem jetzigen literarischen Beziehungsgefüge wahrnimmt. Diese »Endtextlesung« bildet die notwendige Voraussetzung für die Rückfrage nach seinen literarischen Vorstufen, also die *diachrone* Perspektive.

Es versteht sich beinahe von selbst, daß die deutschen Übersetzungen – je nach ihrer Tendenz mehr oder weniger intensiv – bestrebt sind, einen gut lesbaren Text »herzustellen«, so daß manche Spannung oder gar Widersprüchlichkeit nicht mehr erkennbar ist oder doch abgemildert wird. Umso notwendiger ist es, mit mehreren, möglichst verschiedenartigen Übersetzungen zu arbeiten, wenn man keinen Zugang zum Urtext hat. Eine gute Hilfe bieten die wissenschaftlichen Kommentare zu den biblischen Büchern, da sie in aller Regel eine eigene (und sehr genaue) Übersetzung des Textes mit textkritischen Anmerkungen bieten und so die Schwierigkeiten des hebräischen Textes vor Augen führen.

Die literarkritische Analyse beruht auf allgemein nachvollziehbaren formalen *und* inhaltlichen Kriterien, die in ein fruchtbares Gespräch miteinander zu bringen sind. Völlig formalisieren lassen sich diese Kriterien indes nicht. Es gibt einerseits evidente literarische Brüche, über die man sich rasch verständigen kann, und es gibt Unebenheiten und Spannungen im Text, die sich erst bei einer genaueren Prüfung und Abwägung verschiedener Optionen und Kriterien als literarische Bruchstellen herausstellen. In vielen Fällen beruht die Analyse auf einem »Indizienverfahren«, bei dem sich erst im Zusammenspiel verschiedener Beobachtungen auf unterschiedlichen Argumentationsebenen (der Syntax, der Sprache, der theologischen Tendenz) begründete Entscheidungen treffen lassen. Im einzelnen sind folgende Grundbeobachtungen denkbar, die Anlaß für eine literarkritische Scheidung innerhalb eines Textes geben können.

## 3. Literarkritik

1. *Dubletten:* Der gleiche Erzählzug ist innerhalb desselben Abschnitts zweimal oder mehrfach überliefert.

   **Beispiele:** Innerhalb der Sintfluterzählung Gen 6–9 gibt es mannigfache Dubletten, die auf zwei ehedem selbständige Erzählungen schließen lassen; vgl. etwa die Ankündigung der Flut (Gen 6,17 und 7,4); den Beginn der Flut (Gen 7,10 und 7,11) oder das Sterben der Lebewesen (Gen 7,21 und 7,22). Dasselbe Phänomen läßt sich paradigmatisch auch anhand der Geschichte von der Rettung am Meer (Ex 13,17–14,31) studieren.

2. *Doppel- und Mehrfachüberlieferungen:* Das gleiche Stück kommt innerhalb größerer Textkomplexe mehrfach vor, wobei in der Regel unterschiedliche Akzentuierungen und theologische Ausrichtungen wahrnehmbar sind.

   **Beispiele:** die Geschichte von der Gefährdung der Ahnfrau in Gen 12,10–20; 20; 26,1–11; die Erzählung von Moses Berufung in Ex 3,1–14; 6,2–12.

3. *Widersprüche:* Innerhalb eines Abschnitts stehen widersprüchliche Aussagen nebeneinander.

   **Beispiel:** Die unterschiedliche Zahl der Tiere, die Noah in die Arche bringen soll (vgl. Gen 6,19 mit 7,2 und 7,8), weist auf zwei Quellen hin; daneben ist eine dritte Hand erkennbar, die beide Versionen miteinander in Einklang zu bringen versucht.

4. *Sekundäre Verklammerungen:* Die Formulierungen verschiedener Textteile, z.T. auch Spannungen und offensichtliche Widersprüche, sind deutlich erkennbar durch eine redaktionelle Hand ausgeglichen worden.

   **Beispiel:** Die eben erwähnte dritte Hand in der Sintflutgeschichte versucht die widersprüchlichen Angaben über die Zahl der Tiere in Gen 7,8–9 auszugleichen: Die eine Version (6,19) setzt je zwei Tiere ohne weitere Differenzierung voraus, die andere (7,2) je sieben von den reinen Tieren und je zwei von den unreinen. Einen echten Ausgleich zwischen beiden Versionen kann es nicht geben, aber der Redaktor versucht immerhin einen »schriftgelehrten« Mittelweg: Er übernimmt die Unterscheidung von rein und unrein, behält aber die Zahl zwei für alle Tiere bei (7,8). Eine analoge Ausgleichstätigkeit läßt sich auch in Ex 13,17–14,31 beobachten.

5. *Literarische Wiederaufnahmen:* Nach einem offensichtlichen Einschub wird mittels der Wiederaufnahme zum alten Erzählzusammenhang zurückgelenkt.

   **Beispiel:** In die Erzählung vom Bundesschluß Gottes mit Abraham in Gen 15,7–21 ist in v.13–17a eine längere Gottesrede eingeschoben, die die Vorbereitungen des Bundesschlusses (v.7–12) und die Gotteserscheinung (v.17b-21) exkursartig unterbricht. Für den sekundären Charakter der Gottesrede spricht u.a. die Beobachtung, daß v.12 (die Sonne geht unter, Abraham fällt in einen Tiefschlaf) am Ende des Einschubs in v.17a (»als die Sonne untergegangen und es finster geworden war, …«) wiederaufgenommen wird, um zur vorgegebenen Erzählung zurückzuleiten.[45]

6. *Spannungen im Wortlaut:* Im Textablauf sind Unebenheiten, Spannungen und Brüche erkennbar, die auf der lexikalisch-terminologischen oder grammatisch-syntaktischen Ebene liegen können.

   **Beispiele:** Man könnte auch hier wieder auf zahlreiche Beispiele in der Sintflutgeschichte und in der Meerwundererzählung verweisen. Als weiteres Beispiel kann man verschiedene Erzählzüge in der zweiten Schöpfungsgeschichte (traditionell dem »Jahwisten« zugewiesen) anführen: So läßt sich etwa dem überfüllten Vers Gen 2,9 entnehmen, daß der Garten Eden offenbar zwei besondere Bäume hatte: zunächst den Baum des Lebens in der Mitte des Gartens, dann aber den Baum der Erkenntnis von gut und böse. Es ist nicht ganz deutlich, ob es sich hier wirklich um zwei Bäume oder aber ein und denselben Baum handelt. Immerhin rechnet die Episode mit der Schlange und der Frau in Gen 3,1–19 nur mit einem besonderen Baum in der Mitte des Gartens, mit dem aber gerade nicht der Lebensbaum, sondern der Baum der Erkenntnis gemeint ist. Am Schluß der Erzählung hingegen (3,22) tritt der Baum des Lebens in den Vordergrund. Hier liegen offenbar verschiedene literarische Schichten vor, was ein Blick auf den Schluß der Erzählung (Gen 3,20–24) bestätigt: Sowohl grammatisch-syntaktische als auch inhaltliche Spannungen zeigen, daß die Vertreibung des ersten Menschen aus dem Garten Eden nicht nur mehrfach erzählt, sondern auch verschieden begründet wird (vgl. 3,22–24): Die eine Version erzählt von der Vertreibung des Menschen aus dem Garten als Folge des Falls (3,23), die

---

[45] Weitere Beispiele: Curt KUHL, Die Wiederaufnahme – ein literarkritisches Prinzip?, ZAW 64 (1952), 1–11; Isac Leo SEELIGMANN, Hebräische Erzählung und biblische Geschichtsschreibung [1962], in: DERS., Gesammelte Studien zur Hebräischen Bibel. Mit einem Beitrag von Rudolf SMEND, hg. v. Erhard BLUM, FAT 41, Tübingen 2004, 119–136.

zweite Version – sie setzt die erste voraus – betrachtet die Vertreibung als Schutzmaßnahme Gottes, die den Menschen zusätzlich vom Baum des Lebens fernhalten soll (3,22.24b).

7. *Differenzen in Redeweise und Stil:* Der Text enthält unterschiedliche Redegattungen und Redeformen (z.B. Prosa und Poesie), die auf verschiedene Verfasser und / oder verwendete Quellen deuten können.

**Beispiel:** Die Erzählung vom Meerwunder in Ex 13,17–14,31 wird abgeschlossen durch ein Siegeslied (Ex 15,1–21), das mit der Prosafassung nicht auf einer Ebene liegt. Darauf deuten nicht nur inhaltliche und theologiegeschichtliche Differenzen hin, sondern auch die ganz unterschiedliche Redeweise. Dabei dürfte wenigstens die Kurzfassung des Liedes, die am Ende der Prophetin Mirjam in den Mund gelegt wird (15,21), älter sein als der Kern der Prosafassung: Der Hymnus »Singt Jahwe, denn hoch erhob er sich, Roß und Reiter warf er ins Meer!« – er redet nicht von einem Auszug, sondern von einem Wunder am Meer – hat offenbar der Erzählung als Vorbild und Vorlage gedient.

8. *Unterschiede des historischen Hintergrunds:* Ein einzelner Text oder Textkomplex spiegelt mehrere historische Ebenen oder unterschiedliche kult-, rechts- oder theologiegeschichtliche Vorstellungen wider.

**Beispiel:** Das Jesaja-Buch enthält in Kap. 1–39 die Verkündigung des Propheten Jesaja aus dem 8. Jahrhundert bzw. setzt dieses Jahrhundert als Bezugsgröße voraus. Ab Kap. 40 ändert sich die Perspektive unversehens: Hier ist die sogenannte Exilszeit des 6. Jahrhunderts im Blick; in Jes 44,28 und 45,1 wird gar der persische König Kyros (559–530) genannt. Während Jes 1–39 überwiegend die Perspektive des Landes Juda mit seinem Tempel einnehmen, befinden sich die Adressaten nach der jetzigen Fassung von Jes 40–55 im babylonischen Exil, von wo aus sie die Rückkehr nach Jerusalem und Juda erwarten.

9. *Spracheigentümlichkeiten:* Für bestimmte literarische Schichten oder Quellen sind signifikante theologische Aussagen, Redewendungen oder Spracheigentümlichkeiten erkennbar.

**Beispiel:** Die Priesterschrift im Pentateuch zeichnet sich nicht nur durch eine unverwechselbare Disposition aus, sondern unterscheidet sich auch in ihrem monotonen, formelhaften und gelegentlich umständlichen Stil deutlich von den ungleich lebendigeren Erzählungen der jahwistischen Quellenschrift. Es genügt, die beiden Schöpfungsgeschichten miteinander zu vergleichen: Während sich die erste Erzählung Gen 1,1–2,4a, die man der Priesterschrift (P) zuweist, durch einen überaus formelhaften Wortgebrauch, eine pedantisch exakte Gliederung und einen streng berichtenden Stil auszeichnet, trifft man in Gen 2,4b-3,24, gewöhnlich dem Jahwisten (J) zugewiesen, auf eine lebendige, streckenweise mit dramaturgischen Mitteln arbeitende Erzählung. Darüber hinaus stößt man bei P auf ein charakteristisches Konzept von der sukzessiven Offenbarung des Gottesnamens: Für die Zeit von der Schöpfung bis zu Abraham wird bewußt die allgemeine Bezeichnung »Gott« (Elohim) verwendet; in der Zeit zwischen Abraham und Mose findet man den – nur bei P begegnenden – Titel »El-Schaddai« (meist übersetzt mit »Gott, der Allmächtige«, vgl. Gen 17,1); erst mit Mose, d.h. mit dem Volk Israel, wird der spezielle Gottesname JHWH eingeführt (Ex 6,2f.).

Das Ziel der literarkritischen Analyse besteht demnach darin, die verschiedenen Textbestandteile und -schichten voneinander abzuheben und auch in ein (relatives) Verhältnis zueinander zu bringen: Welche Schicht ist die älteste, welche die jüngste? Sind die herausgearbeiteten Schichten unabhängig voneinander (etwa wenn mehrere, ursprünglich selbständige Quellen von einem Verfasser oder Redaktor zusammengearbeitet wurden)? Oder bauen sie aufeinander auf, so daß eine Schicht die andere voraussetzt? Die Aufteilung eines Textes auf mehrere Schichten bestätigt sich dann, wenn neben den sprachlichen und stilistischen Unebenheiten auch verschiedene Aussagerichtungen und Tendenzen zu erkennen sind. Deshalb ist Literarkritik nie ein rein formales Verfahren, das allein auf die syntaktisch-stilistische Kohärenz in einem Text achtet, sondern sie ist ebenso *Tendenzkritik*, indem sie die inhaltlich-theologische Aussagerichtung der herausgearbeiteten Schichten ständig mitberücksichtigt. Insofern gehen Literarkritik und Tendenzkritik Hand in Hand.

Bei der praktischen Durchführung an einem Einzeltext hält man sich am besten an die folgenden Schritte:

1. Zunächst achtet man auf den größeren literarischen Zusammenhang, in dem der zu untersuchende Text steht: Ist er nach vorn und hinten deutlich abgegrenzt? Zu denken wäre an Einführungs- oder Schlußformeln wie »und es geschah danach« oder »und sie gingen davon, ein jeder in sein Haus«. Oder ist

der Text literarisch, erzählerisch oder thematisch mit seinem Kontext so eng verwoben, daß man diesen ständig mitberücksichtigen muß?
2. Anschließend führt man sich den Gedankengang des Textes selbst möglichst genau vor Augen, untersucht ihn also zunächst auf der *synchronen* Ebene: Wie ist der Text gegliedert? Ist ein Spannungsbogen erkennbar? Wie sind die einzelnen Abschnitte (Verse) aufeinander bezogen? Läßt sich der Text – ungeachtet bereits hier auffallender Spannungen – als sinnvolle literarische Einheit lesen? Wodurch wird diese Einheit konstituiert? Worin liegt das (jetzige) Aussageprofil des Textes? Bei dieser Lektüre ist der Text möglichst genau auf seine *sprachliche Struktur* hin zu untersuchen. Dabei kann man – nach inzwischen gebräuchlicher Terminologie – folgende vier Fragehinsichten unterscheiden:[46]

a) *Sprachlich-syntaktische Analyse:* Man achtet zunächst auf den Wortschatz: Gibt es seltene Wörter oder gar Hapaxlegomena (Wörter, die nur einmal im AT vorkommen)? Ist ein bestimmtes Vorzugsvokabular erkennbar? Dann schaut man auf die Wortarten (Substantiv, Verb, Adjektiv etc.) und die Wortformen (Genus, Numerus, Kasus): Dominieren Handlungsverben, hat man es oft mit einer Erzählung zu tun; häufen sich hingegen abstrakte Nomina, weisen sie auf einen Reflexionstext hin. Schließlich kann man auch aus der Erhebung der syntaktischen Verknüpfungen wesentliche Aufschlüsse über die sprachliche Eigenart eines Textes gewinnen: Sind die einzelnen Sätze und Satzteile syntaktisch miteinander verknüpft? Oder gibt es unverbundene (asyndetische) Sätze?

---

[46] Vgl. neben H. UTZSCHNEIDER / S. A. NITSCHE, 59–112, vor allem auch (im Blick auf die neutestamentliche Exegese) W. EGGER, Methodenlehre zum Neuen Testament, 74–158. Die hier beschriebenen Analysegesichtspunkte lassen sich allerdings nicht ungebrochen auf das Alte Testament übertragen, weil man es hier mit weitaus komplexeren literarischen Redaktions- und Fortschreibungsprozessen zu tun hat als im Neuen Testament.

b) *Semantische Analyse:* Man fragt nach den Sinnbeziehungen innerhalb eines Textes, indem man z.B. bedeutungsähnliche Worte (aus demselben Wortfeld) zusammenstellt und ihren Beziehungen im Text nachgeht: Was bedeutet ein Wort in seinem Kontext? Und wird der Leser so durch den Text geführt, daß er am Ende weiß, was der Text ihm zu verstehen geben will? Oder stößt der Leser auf Informationslücken, die eine mangelnde Kohärenz anzeigen?

c) *Narrative Analyse:* Als ein Spezialfall der semantischen Analyse kommt die Untersuchung von Erzähltexten in Betracht.[47] Wie läßt sich der Handlungsablauf einer Erzählung beschreiben und beurteilen? Wie werden die Handlungsträger dargestellt? Wie ist ihr Verhältnis zueinander? Gibt es Sprünge oder Brüche im Erzählverlauf?

d) *Pragmatische Analyse:* Hier geht es um die Ermittlung der Kommunikationsabsicht eines Textes: Mit welchen (sprachlichen und rhetorischen) Mitteln gelingt es dem Autor, den Leser für sich einzunehmen oder zu überzeugen?

Eine auf Vollständigkeit zielende Auflistung syntaktischer und lexikalischer Phänomene ist weder anzustreben noch sinnvoll. Aber die sprachliche Erschließung des Textes bildet die notwendige Voraussetzung für die Überprüfung seiner Kohärenz. Fehlende oder mangelnde Kohärenz auf unterschiedlichen Ebenen deutet in der Regel auf literarische Uneinheitlichkeit hin. So führt die *synchrone* Lektüre beinahe von selbst zu einer Lektüre unter *diachroner* Perspektive. Nun stellt man systematisch die beobachteten Spannungen und Unebenheiten (»Kohärenzstörungen«) zusammen und überprüft, ob sie literarkritisch relevant sind. Dabei kommen die bereits genannten Anhaltspunkte literarischer Uneinheitlichkeit zum Tragen.

---

[47] Gute Hilfsmittel: Jean Louis SKA, »Our Fathers Have Told Us«. Introduction to the Analysis of Hebrew Narratives, SubBi 13, Rom 1990; Shimon BAR-EFRAT, Wie die Bibel erzählt. Alttestamentliche Texte als literarische Kunstwerke verstehen, Gütersloh 2006; H. UTZSCHNEIDER / S. A. NITSCHE, 150–186. Ferner: Matias MARTINEZ / Michael SCHEFFEL, Einführung in die Erzähltheorie, C.H. Beck Studium, München 1999; [8]2009.

3. Schließlich bemüht man sich um eine Auswertung der Beobachtungen: Ist der vorliegende Text literarisch gewachsen? Wie ist die älteste erreichbare Textfassung zu beschreiben? Und wo liegen Erweiterungen, Fortschreibungen oder Glossen vor? Steht der Text bzw. stehen einzelne Textstücke mit anderen Texten in demselben Literaturbereich in Zusammenhang? Als Beispiel wären die Quellenschriften im Pentateuch zu nennen.

## 3.6. Beziehung zu anderen methodischen Schritten

Die Literarkritik bezieht sich auf den Werdegang des Textes auf seiner *schriftlichen* Ebene. Im besten Fall stößt sie zur ältesten erreichbaren Textfassung (Grundbestand) vor. Hier setzt die *überlieferungsgeschichtliche* Analyse an, indem sie nach einer möglichen mündlichen Vorstufe zurückfragt. Dieses Verfahren ist äußerst hypothetisch, kann aber bei bestimmten Texten wie Sagen, Prophetenworten, Rechtssätzen oder kultischen Formeln sinnvoll sein. Die *Redaktionsgeschichte* ist demgegenüber nach vorn gerichtet. Sie greift die analytischen Ergebnisse der Literarkritik auf und versucht nun in einem synthetischen Arbeitsgang, die sukzessive Entstehung des Textes bis hin zur gegebenen Endfassung nachzuzeichnen. Literarkritik und Redaktionsgeschichte gehören demnach eng zusammen; sie bilden die beiden methodischen Seiten ein und derselben Medaille. Denn in aller Regel ist eine literarkritische Aufteilung eines Textes nur möglich, wenn man zugleich eine Vorstellung vom Textwachstum und den dabei wirksamen Motiven entwickelt. Es versteht sich von selbst, daß die literar- und redaktionsgeschichtliche Analyse eine gute Kenntnis der Literaturgeschichte der alttestamentlichen Schriften voraussetzt, die sie wiederum – dem hermeneutischen Zirkel gemäß – befruchtet.

## 3.7. Beispiele in der Literatur

In der Regel gehen literarkritische Analyse und redaktionsgeschichtliche Synthese Hand in Hand; beides läßt sich nicht trennen. Dennoch liegt der Schwerpunkt der hier aufgeführten Beispiele in der literarkritischen Analyse. Den älteren Arbeiten merkt man an, daß sie vor allem an der Rekonstruktion der ältesten Schichten oder (im Pentateuch) der *Quellen* interessiert sind und (noch) nicht an der redaktionsgeschichtlichen Frage, wie aus diesen Quellen das vorliegende Buch entstanden ist.

### a) Pentateuch

- Hermann GUNKEL, Genesis, HK I/1, Göttingen ³1910; ⁹1977 (beispielhaft ist die Aufteilung der Sintfluterzählung Gen 6–9; die Analyse der Turmbaugeschichte Gen 11,1–9, in der die Quelle J noch einmal in zwei Unterquellen aufgeteilt wird, illustriert die Grenze der klassischen Quellenkritik)
- Otto EISSFELDT, Hexateuch-Synopse. Die Erzählung der fünf Bücher Mose und des Buches Josua mit dem Anfange des Richterbuches. In ihre Quellen zerlegt und in deutscher Übersetzung dargeboten samt einer in Einleitung und Anmerkungen gegebenen Begründung, Leipzig 1922 (ein Klassiker, dessen Titel alles sagt; das Buch spiegelt den Optimismus der »alten« Quellenkritiker wider, die beinahe den gesamten Stoff der Bücher Gen – Jos [Ri] auf die einzelnen Quellen verteilten, ohne den redaktionellen Prozessen genügend Raum zu geben; die Analyse selbst ist heute weithin überholt, nicht jedoch die Beobachtungen, die ihr zugrundeliegen)
- Christoph LEVIN, Der Jahwist, FRLANT 157, Göttingen 1993 (umfassende literarkritische Rekonstruktion des jahwistischen Werkes und seiner Vorlagen)

### b) Geschichtsbücher

- Ernst WÜRTHWEIN, Die Bücher der Könige, 2 Bände, ATD 11/1–2, Göttingen ²1985 und 1984 (Kommentar, der sich besonders um die literarkritische Abhebung älterer Traditionen und Quellen von jüngerem, zumeist deuteronomistischem Gut bemüht)
- Christian HABICHT, 2. Makkabäerbuch, JSHRZ I/3, Gütersloh ²1979 (knapper Kommentar zum 2 Makk, der sich besonders den verwendeten Quellen, ihrer Herkunft und Verarbeitung widmet)

## c) Prophetie

- Otto KAISER, Literarkritik und Tendenzkritik. Überlegungen zur Methode der Jesajaexegese [1991], in: DERS., Studien zur Literaturgeschichte des Alten Testaments, FzB 90, Würzburg 2000, 200–217 (methodisch wichtiger Beitrag, der das notwendige Miteinander von literar- und tendenzkritischen Argumenten aufzeigt)

## d) Psalmen

- Dorothea ERBELE-KÜSTER, Lesen als Akt des Betens. Eine Rezeptionsästhetik der Psalmen, WMANT 87, Neukirchen-Vluyn 2001 (Übertragung der rezeptionsästhetischen Fragestellung auf die Psalmen)

## e) Weisheit

- Achim MÜLLER, Proverbien 1–9. Der Weisheit neue Kleider, BZAW 291, Berlin – New York 2000 (eingehende literarkritische und redaktionsgeschichtliche Analyse von Prv 1–9, die zugleich eine kleine Geschichte der Weisheitsliteratur widerspiegelt)

# 4. Überlieferungsgeschichte

> »Die Genesis ist eine Sammlung von Sagen.«
> (Hermann GUNKEL)[48]

**Literatur:** Douglas A. KNIGHT, Rediscovering the Traditions of Israel. [1973]. Third edition, Studies in Biblical Literature 9, Atlanta, GA 2006 (Forschungsgeschichte, speziell zur skandinavischen Tradition). – DERS., Art. Tradition History, ABD 6, 1992, 633–638 (forschungsgeschichtlicher Überblick). – Fritz STOLZ, Altes Testament, Studienbücher Theologie, Gütersloh 1974, 43–115 (einführende forschungsgeschichtliche Skizze). – Timo VEIJOLA, Die skandinavische traditionsgeschichtliche Forschung. Am Beispiel der Davidüberlieferungen [1983], in: DERS., David. Gesammelte Studien zu den Davidüberlieferungen des Alten Testaments, SESJ 52, Helsinki / Göttingen 1990, 106–127 (Vorstellung der skandinavischen Forschungstradition). – Patricia G. KIRKPATRICK, The Old Testament and

---

[48] Hermann GUNKEL, Genesis, HK 1/1, Göttingen 1901, 1*.

Folklore Study, JSOT.S 62, Sheffield 1988 (zum Problem der mündlichen Überlieferung). – Martin Rösel, Art. Traditionskritik / Traditionsgeschichte. AT, TRE 33, 2002, 732–743 (zur Terminologie und zur aktuellen Diskussion).

## 4.1. Aufgabe

Die Überlieferungsgeschichte geht – und insoweit greift sie die Ergebnisse der Literarkritik auf – hinter die älteste erreichbare, schriftliche Fassung eines Textes zurück und fragt nach seiner möglichen mündlichen Vorgeschichte. Genauer: Sie versucht eine Aussage darüber zu treffen, ob ein Text eine *noch rekonstruierbare* mündliche Vorstufe erkennen läßt oder *erkennbar* aus einer mündlichen Rede hervorgegangen oder herausgewachsen ist. Als Beispiele kommen etwa Prophetenworte, kultische Formeln, Sätze aus der Rechtsprechung, Sagen oder Erzählungen in Betracht, bei denen man einen mündlichen Ursprung annehmen kann. Es versteht sich von selbst, daß dieser Arbeitsgang stark hypothetische Züge trägt, weil er in das vorliterarische Stadium eines Textes zurückzugreifen versucht.

## 4.2. Geschichte und Terminologie

Der Begriff *Überlieferungsgeschichte* wird heute nach dem Vorschlag von O. H. Steck, der sich in der Literatur weitgehend durchgesetzt hat, für die Rekonstruktion der mündlichen Vorgeschichte eines einzelnen Textstücks benutzt. Davon unterschieden wird gewöhnlich der Begriff *Traditionsgeschichte*; hier geht es um die Erhellung der hinter einem Text stehenden geistigen Welt, also um die Rekonstruktion bestimmter geprägter Vorstellungskomplexe (Traditionen), die sich auch in anderen Texten niedergeschlagen haben (→ B 7). Eine wiederum andere Fragerichtung wird mit dem Begriff *Formgeschichte* beschrieben. Sie arbeitet die sprachliche und formale Gestaltung eines Einzeltextes heraus, fragt nach seiner Gattung und sucht ihren (ursprünglichen und jetzigen) Lebenszusammenhang (»Sitz im Leben«) zu bestimmen (→ B 6). Alle drei Fragehinsichten haben es also in jeweils unterschiedlicher Perspektive mit der *Vorgeschichte* oder den *Voraussetzungen* eines Textes zu tun, wobei man früher primär an den *vorliterarischen* Überlieferungsraum dachte und eine deutliche Trennungslinie zur Literarkritik zog.

In der exegetischen Literatur freilich sind – und das hängt mit der Geschichte der Fragestellungen zusammen – weder die Verwendung der drei Begriffe noch ihre Abgrenzung voneinander eindeutig. Dies beginnt schon mit den beiden Begriffen *Überlieferungsgeschichte* und *Traditionsgeschichte*, die von der deutschen Wortbedeutung her eigentlich dasselbe meinen sollten: »Tradition« (*traditio*) ist nichts anderes als das lateinische Wort für »Überlieferung«. Tatsächlich werden beide Begriffe gelegentlich wechselweise benutzt, ohne daß ein Unterschied erkennbar wäre.[49] Im englischen Sprachraum gibt es ohnehin nur ein einziges Wort, nämlich *tradition history*.[50] Wenn hier (wie auch anderwärts) an der Unterscheidung von Überlieferungs- und Traditionsgeschichte im oben definierten Sinn festgehalten wird, dann nur deshalb, weil sich die Begriffe inzwischen eingespielt haben und es keinen Grund gibt, von dieser Konvention abzuweichen. Es kommt ohnehin nicht auf die Begriffe, sondern auf die mit ihnen bezeichnete Sache an.

Der nur wenig eindeutige Sprachgebrauch hat indes seine forschungsgeschichtlichen Gründe, denn von allem Anfang an hingen überlieferungs-, traditions- und formgeschichtliche Aspekte engstens zusammen (vgl. D. A. KNIGHT, F. STOLZ und M. RÖSEL). Obwohl man sich – vor allem außerhalb der exegetischen Fachwissenschaft – schon früh mit dem Phänomen und der Bedeutung der mündlichen Überlieferung befaßt hatte (etwa Johann Gottfried HERDER), kam es erst im Kreis der sogenannten *Religionsgeschichtlichen Schule* zu einer systematischen Beschreibung der (mündlichen) Überlieferungsvorgänge bei der Entstehung der alttestamentlichen Schriften. Die wesentlichen Impulse kamen dabei von Hermann GUNKEL (1862–1932), dem Begründer

---

[49] So Gerhard VON RAD, Theologie des Alten Testaments. Band I, München 1957, 17f.
[50] Vgl. D. A. KNIGHT, Art. Tradition History.

der Gattungsforschung (→ B 6). Gunkel sah einen Mangel der vor allem mit dem Namen Julius Wellhausens verbundenen literarkritischen Methode seiner Zeit (→ B 3.2) darin, daß sie vornehmlich zur Rekonstruktion der Geschichte Israels herangezogen wurde, sich aber nicht wirklich um die »ästhetischen und literaturgeschichtlichen Probleme«[51] gekümmert habe. Deshalb plädierte er für eine *literaturgeschichtliche* Betrachtungsweise, die der wahren Intention der ästhetisch-religiösen Texte gerecht werden und sich vor allem an den ältesten religiösen Lebensäußerungen und ihren weiteren Wandlungen und Umformungen orientieren sollte.

> So »hat es die Literaturgeschichte Israels, wenn sie ihrem Stoff gerecht wird, zunächst weniger mit den Schriftstellerpersonen zu tun ..., sondern mehr mit dem Typischen, das dem Individuellen zugrunde liegt, d.h. mit der schriftstellerischen Gattung. *Israelitische Literaturgeschichte ist demnach die Geschichte der literarischen Gattungen Israels*, und eine solche vermögen wir aus unseren Quellen wohl herzustellen.« – »Wer sich in diesen Ursprung der Gattungen vertieft, wird erkennen, daß sie fast sämtlich ursprünglich *nicht geschrieben*, sondern *gesprochen* bestanden haben.«[52]

Anders als es der Begriff »Literaturgeschichte« nahelegt, ging es bei Gunkel demnach nicht um die einleitungswissenschaftliche Darstellung der alttestamentlichen Schriften, sondern um die »Geschichte der literarischen Gattungen«, die er vor allem im *vorliterarischen* Stadium ansiedelte. Für Gunkel fielen dabei *Überlieferungsgeschichte* (in unserer Definition) und *Formgeschichte* (als Geschichte der Gattungen) zusammen. Dabei rechnete er – wie viele andere auch – mit einer relativ stabilen mündlichen Überlieferung der Erzählungen bzw. Stoffe von den ersten Anfängen bis hin zur vorliegenden Textgestalt. Die redaktionellen Anteile veranschlagte er dabei vergleichsweise gering. So lautet der erste Satz seines berühmten Genesis-Kommentars

---

[51] Hermann GUNKEL, Ziele und Methoden der Erklärung des Alten Testamentes [1904], in: DERS., Reden und Aufsätze, Göttingen 1913, 11–29 (22).

[52] Hermann GUNKEL, Die Grundprobleme der israelitischen Literaturgeschichte [1906], in: DERS., Reden und Aufsätze, Göttingen 1913, 29–38 (31 und 33).

aus dem Jahr 1901: »Die Genesis ist eine Sammlung von Sagen«[53], und damit war zugleich angedeutet, daß die Entstehung und das Wachsen der Erzählüberlieferung größtenteils im *mündlichen* Überlieferungsraum zu denken sei. Zudem entdeckte man als institutionellen Bezugsrahmen die »Gemeinschaft als Trägerin der alttestamentlichen Literatur« (vgl. F. STOLZ, 43–93). Sie gewann in den auf Gunkel folgenden Jahrzehnten als Haftpunkt und Garant der mündlichen Tradition eine immer stärkere Bedeutung.

Blickt man auf die Sagenüberlieferung der Genesis, kann man bei Gunkel durchaus von einem überlieferungsgeschichtlichen Ansatz gemäß unserer Definition sprechen: Es geht ihm um die Rekonstruktion der mündlichen Vorgeschichte der einzelnen Erzählungen einschließlich ihrer Sammlung zu Sagenkränzen und größeren Erzählkomplexen. Daneben aber fragt er stets auch nach der Herkunft und der Geschichte der *Stoffe*, die sich in einzelnen Erzählungen niedergeschlagen haben, die man aber nicht unbedingt als unmittelbare Vorstufen der Einzelerzählungen bezeichnen kann. Man könnte hier von einer mehr oder weniger ausgeprägten *Traditionsgebundenheit* der biblischen Texte sprechen, so etwa, wenn Gunkel an den Schöpfungsgeschichten der Genesis *en détail* aufzeigt, wie sehr sie von den altorientalischen Mythen geprägt sind (→ B 7.4). Hier würde man heute von *Traditionsgeschichte* sprechen. Für Gunkel indes lassen sich die Aspekte nicht trennen, weil er von einem ganzheitlichen, noch *vorliterarischen* Überlieferungsprozeß ausgeht, der überlieferungs-, traditions- und formgeschichtliche Aspekte miteinander verbindet: Im mündlichen Überlieferungsraum läßt sich eben nicht exakt angeben, was als direkte Vorstufe einer Erzählung und was (lediglich) als verwendeter Stoff in Frage kommt. Heute, da man gegenüber der Rekonstruktion mündlicher Überlieferungsvorgänge außerordentlich skeptisch geworden ist, lokalisiert man

---

[53] Hermann GUNKEL, Genesis, HK 1/1, Göttingen 1901; ⁹1977, 1*. Man darf dabei nicht außer acht lassen, daß Gunkel zumal in seinem Genesis-Kommentar von den Ergebnissen der Literarkritik seiner Zeit reichen Gebrauch machte.

den Traditionsprozeß, also den Prozeß stetiger Umformung, Aktualisierung und Auslegung von Tradition, eher im *literarischen* Bereich. Hier kommt die redaktionsgeschichtliche Fragestellung zum Tragen (→ B 5).

Es muß in diesem Zusammenhang angemerkt werden, daß der Begriff Überlieferungsgeschichte in der Forschung nicht selten in einem wiederum anderen – weiteren – Sinne verstanden und auf die gesamte Entstehungsgeschichte eines Textes oder einer Schrift ausgedehnt wird. So wird der Begriff etwa bei Martin NOTH zu einem Synonym für die umfassende Entstehungsgeschichte eines Textkomplexes von den mündlichen Anfängen bis zur redaktionellen Endgestalt. Hier kommt den vorliterarischen Traditionsprozessen zwar noch die entscheidende formative Rolle zu, aber redaktionsgeschichtliche Erwägungen gewinnen langsam die Oberhand.[54] Dabei zeigt sich sehr deutlich, daß der Begriff Überlieferungsgeschichte in der Forschung allmählich neu gefüllt und redaktionsgeschichtlich »weitergedacht« wurde.

Eine besondere Rolle spielte die Traditionsgeschichte – und nun verwenden wir den Begriff ausnahmsweise in einem weiteren Sinne, weil er als Selbstbezeichnung eingeführt ist – in der *skandinavischen Forschung*. Dabei gingen wesentliche Anregungen von Ivan ENGNELL (1906–1964), aber auch von Johannes PEDERSEN (1883–1977), Harris BIRKELAND (1904–1961) und anderen aus (vgl. D. A. KNIGHT, Rediscovering). Gegenüber der deutschen Forschung sind hier zwei Stoßrichtungen erkennbar: zum einen eine außerordentlich starke Betonung – oder besser: eine noch stärkere Betonung – der mündlichen Tradition, zum andern eine völlige Absage an die Literarkritik, die gerade durch die traditionsgeschichtliche Forschung ersetzt werden sollte (vgl. T. VEIJOLA). Eine wichtige Erschließungsfunktion erlangte hier – ganz anders als bei Gunkel – der Kult, so daß man auch von einer *kultgeschichtlichen Betrachtungsweise* sprechen kann (vgl. F.

---

[54] So Martin NOTH, Überlieferungsgeschichtliche Studien, Halle (Saale) 1943; DERS., Überlieferungsgeschichte des Pentateuch, Stuttgart 1948. Dieser weitere Begriff ist auch vorausgesetzt bei Klaus KOCH, Was ist Formgeschichte? Methoden der Bibelexegese, Neukirchen-Vluyn [4]1981.

## 4. Überlieferungsgeschichte 71

STOLZ, 94–115). Zumal in der Propheten- und Psalmenforschung hat die skandinavische Richtung auch einen größeren Einfluß auf die deutschsprachige Exegese ausgeübt; zu nennen ist hier vor allem der Norweger Siegmund MOWINCKEL (1884–1965).[55]

Dieser methodische Ansatz steht in einem direkten Zusammenhang mit der sogenannten *Myth and ritual school,* die ein umfassendes, für den gesamten Vorderen Orient gültiges kultisches Schema – ein *cultic pattern* – annimmt, das im sakralen Königtum wurzelt.[56] Der *Kult* gewinnt damit eine Schlüsselfunktion. So wird das israelitische Herbstfest (zur Jahreswende) zu einem kultischen Zentralfest erhoben, das in einem direkten religionsgeschichtlichen Zusammenhang mit dem babylonischen Neujahrs-(*akîtu*)-Fest gesehen wurde. Ein weiteres israelitisches Fest, dem man in der Forschung zeitweise eine außerordentlich große Bedeutung zumaß, war das Thronbesteigungsfest JHWHs. Hier habe, so dachte man, der Ruf »JHWH ist König (geworden)« in den sogenannten Thronbesteigungspsalmen seinen Ort (z.B. Ps 93,1; 97,1), und hier kam es – ähnlich wie beim Neujahrsfest – zu einer je neuen Aktualisierung, ja zu einer Aufführung von Mythen, die für die Heilsgeschichte Israels konstitutiv waren (Schöpfungsmythos, Götterkampfmythos, Exodusmythos). Alle diese festlichen Begehungen (wie überhaupt die »festliche« Verankerung alttestamentlicher Traditionen) haben indes an den Texten selbst keinen oder nur sehr geringen Anhalt, so daß hier größte Skepsis angebracht ist. Diese Zurückhaltung bezieht sich aber auch auf die Leistungsfähigkeit einer Methode, die der mündlichen Überlieferung sehr viel, wohl zu viel

---

[55] Vgl. seine 1921–24 erschienenen Psalmenstudien. Dazu erhellend: Rudolf SMEND, Licht vom Norden: Mowinckel und Deutschland [1999], in: DERS., Bibel und Wissenschaft. Historische Aufsätze, Tübingen 2004, 159–173; DERS., Sigmund Mowinckel 1884–1965, in: DERS., From Astruc to Zimmerli. Old Testament Scholarship in three Centuries, Tübingen 2007, 157–169; Sigurd HJELDE, Mowinckel und seine Zeit. Leben und Werk eines norwegischen Alttestamentlers, FAT 50, Tübingen 2006.

[56] Vgl. Samuel H. HOOKE (Hg.), Myth and Ritual. Essays on the Myth and Ritual of the Hebrews in Relation to the Culture Pattern of the Ancient Near East, Oxford 1933; DERS. (Hg.), Myth, Ritual, and Kingship. Essays on the Theory and Practice of Kingship in the Ancient Near East and in Israel, Oxford 1958; Ivan ENGNELL, Studies in Divine Kingship in the Ancient Near East, Uppsala 1943; Oxford ²1967. Kritisch: Martin NOTH, Gott, König, Volk im Alten Testament. Eine methodologische Auseinandersetzung mit einer gegenwärtigen Forschungsrichtung, ZThK 47 (1950), 157–191 = DERS., Gesammelte Studien zum Alten Testament, TB 6, München ³1966, 188–229.

zutraute und sich dabei gelegentlich auch über den nüchternen Textbefund hinwegsetzen konnte.

## 4.3. Problematik und Grenzen der Fragestellung

Es versteht sich von selbst, daß eine Rückfrage *hinter* die älteste schriftliche Gestalt eines Textes in seine (mögliche) mündliche Vorgeschichte stark hypothetische Züge trägt und insofern nur mit allergrößter Vorsicht erfolgen kann. In der Vergangenheit war man hier, wie die vorstehende Übersicht gezeigt hat, weitaus zuversichtlicher. Darüber hinaus ist genau zu prüfen, ob die überlieferungsgeschichtliche Frage bei dem zu untersuchenden Text überhaupt anwendbar ist. Die Problematik dieses methodischen Schrittes läßt sich in einigen Punkten zusammenfassen:

1. Der *Übergang von der mündlichen Rede zum schriftlichen Wort* oder Text ist kein bloß gradueller, sondern ein grundsätzlicher. Ein Wort, eine Sage oder Geschichte wird nicht aufgezeichnet, um den Zeitgenossen und Nachgeborenen zu zeigen, »wie es eigentlich gewesen« (Leopold von RANKE, 1830). Vielmehr gewinnt das Niedergeschriebene einen neuen Sinn, eben weil es für andere und für die Nachwelt festgehalten wird. Es wird generalisiert, explizit oder (meist) implizit auf neue Situationen und andere Adressatenkreise bezogen und auf diese Weise aktualisiert.

2. Wer etwas niederschreibt, *blickt auf den Ausgang des Geschehens bereits zurück*, und diese Perspektive fließt – direkt oder indirekt – in die Aufzeichnung mit ein. Als eindrücklichstes Beispiel kann man die Überlieferung der Prophetenworte anführen: Ihre Niederschrift setzt in aller Regel eine abgeschlossene Verkündigungsperiode oder den Tod des Propheten voraus. Ja, die meisten Worte, die sich in den Prophetenbüchern finden, gehen gar nicht mehr auf die »echten« Propheten zurück, sondern verdanken sich der langjährigen Fortschreibungstätigkeit von Schülern und Schülergenerationen. Auch wenn solche Worte »authentisch« wirken oder den Eindruck erwecken, aus lebendiger Rede erwachsen zu sein, handelt es sich nicht selten um rein literarische Bildungen.

3. Die *redaktionsgeschichtliche Forschung* seit den 1970er Jahren hat die Skepsis gegenüber der Rekonstruktion der mündlichen Überlieferung wachsen lassen. Sie hat an nicht wenigen Beispielen – und hier spielten die Prophetenbücher wieder eine herausgehobene Rolle – aufgewiesen, daß ursprünglich für uralt gehaltene und weit in den mündlichen Bereich zurückverfolgte Stoffe in Wahrheit rein literarische Bildungen sind bzw. sich als Teil einer planvollen literarischen Gestaltung erweisen. In solchen Fällen hat man es nicht mehr mit der Verschriftung eines ursprünglich *gesprochenen* Wortes, sondern von vornherein mit Literatur zu tun. Für die erzählende Überlieferung im Pentateuch und in den Geschichtsbüchern gilt *mutatis mutandis* dasselbe.
4. Aber auch im Bereich der *Religionsgeschichte Israels* hat sich eine ganz neue Wahrnehmung ergeben, die nicht ohne Rückwirkung auf die überlieferungsgeschichtliche Frage bleibt. Nach dem klassischen Bild von der Religionsgeschichte wurden die wichtigsten Credenda »Israels« bereits in sehr früher, ja teilweise sogar vorstaatlicher Zeit, ausgebildet, und zwar in direkter Auseinandersetzung mit den »Umweltreligionen«.[57] So nahm man z.B. an, daß sich das typisch israelitische Glaubensbewußtsein – vor allem der Monotheismus – in direkter Konfrontation mit der kanaanäischen Religiosität ausgeprägt habe. Immerhin setzen auch die biblischen Texte einen sehr frühen Gegensatz von »Kanaan« und »Israel« voraus (so in den Landnahmeüberlieferungen, aber auch in der biblischen Elija-Erzählung 1 Kön 17–19.21). In letzter Zeit ist man hier weitaus skeptischer geworden. So zeigen die neueren religionsgeschichtlichen Erkenntnisse ebenso wie die redaktionsgeschichtliche Analyse der religionsgeschichtlich bedeutsamen Texte – das Buch Hosea spielt dabei eine gewichtige Rolle –, daß man mit einem sehr viel differenzierteren Bild rechnen muß. So spricht man heute bis weit in die Königszeit Israels und Judas von einem *religionsinternen Pluralismus*, der erst

---

[57] Vgl. zu diesem klassischen Bild die Darstellung von Werner H. SCHMIDT, Alttestamentlicher Glaube, Neukirchen-Vluyn (1968) [10]2007.

allmählich »*als Abgrenzung nach außen interpretiert*« wurde.[58] Noch in der mittleren Königszeit Israels und Judas waren »Jahwe und Baal nicht zwei verschiedene Gottheiten, sondern zwei Namen für ein und denselben Gott.«[59] Die Entwicklung zum Monotheismus vollzog sich also deutlich später, als man früher annahm.[60] Die biblischen Texte spiegeln mit ihrem scharf konturierten Gegensatz von JHWH und Baal, von Israel und Kanaan also eine spätere, idealtypische Sicht der Dinge wider.

Zwei Beispiele für eine veränderte *religionsgeschichtliche und redaktionsgeschichtliche* Beurteilung: (1) In der Geschichte von Jakobs Kampf am Jabbok in Gen 32,23–33 hat man früher gern eine in den nomadischen Bereich zurückreichende, präisraelitische Sage sehen wollen, die im wesentlichen mündlich tradiert worden sei und ein altertümliches, noch nicht israelitisches Gottesbild widerspiegele.[61] Heute nimmt man – selbst für den Grundbestand – literarische Bezüge in die gesamte Jakobserzählung hinein wahr, so daß eine ehedem eigenständige (noch dazu mündliche) Überlieferung nicht mehr sehr wahrscheinlich erscheint.[62] Das seltsame Gottesbild der Erzählung ist kein Beweis für sein hohes Alter.[63] – (2) Die Erzählung vom Gottesurteil auf dem Karmel in 1Kön 18,17–40, früher gern als eine nahe an die Ereignisse im 9. Jahrhundert heranreichende Szene beurteilt,[64] stellt sich einer redaktionsgeschichtlichen Analyse eher als eine in deutlichem zeitlichen Abstand (wohl des 6. oder 5. Jahrhunderts) verfaßte Lehrerzählung dar, die den Gegensatz von Jahwe und Baal

---

[58] Manfred WEIPPERT, Synkretismus und Monotheismus. Religionsinterne Konfliktbewältigung im alten Israel [1990], in: DERS., Jahwe und die anderen Götter. Studien zur Religionsgeschichte des antiken Israel in ihrem syrisch-palästinischen Kontext, FAT 18, Tübingen 1997, 1–24 (22).

[59] M. WEIPPERT, Synkretismus, 17.

[60] Vgl. den grundlegenden Beitrag von Matthias KÖCKERT, Von einem zum einzigen Gott. Zur Diskussion der Religionsgeschichte Israels, BThZ 15 (1998), 137–175; DERS., Wandlungen Gottes im antiken Israel, BThZ 22 (2005), 3–36.

[61] Z.B. Hans-Jürgen HERMISSON, Jakobs Kampf am Jabbok (Gen 32,23–33), ZThK 71 (1974), 239–261.

[62] Z.B. Erhard BLUM, Die Komposition der Vätergeschichte, WMANT 57, Neukirchen-Vluyn 1984, 140–149 und 175–186.

[63] Vgl. Hermann SPIECKERMANN, Der Gotteskampf. Jakob und der Engel in Bibel und Kunst, Zürich 1997.

[64] Z.B. Gerhard VON RAD, Theologie des Alten Testaments 2: Die Theologie der prophetischen Überlieferungen Israels, München [10]1993, 33f.

in einer idealtypischen Szene verdichtet.⁶⁵ Für eine mündliche Vorgeschichte dieser Erzählung gibt es keine Anhaltspunkte.

5. Eine ganz allgemeine Erwägung soll am Schluß stehen. So ist man heute, was die Rekonstruktion der vermeintlich mündlichen Vorstufen wie überhaupt die *Zuverlässigkeit mündlicher Überlieferung* über viele Generationen angeht, deutlich zurückhaltender und skeptischer geworden. Diese Zurückhaltung speist sich zum einen aus Untersuchungen zur Schriftkultur in der Antike insgesamt,⁶⁶ aber auch aus der neueren redaktionsgeschichtlichen Erforschung der alttestamentlichen Schriften, die den primär *literarischen* Charakter der Texte klarer zu erfassen gelehrt hat. Es kommt hinzu, daß die kulturelle Basis für die Entstehung einer ausgeprägten Schreib- und Schriftkultur im palästinischen Raum erst relativ spät gegeben war, was allerdings keineswegs bedeutet, daß zuvor die mündliche Überlieferung eine ungleich höhere Rolle gespielt hätte.⁶⁷

Die hier genannten Gründe mahnen zur Vorsicht bei der Anwendung der überlieferungsgeschichtlichen Fragestellung. Es ist deshalb nicht nur sinnvoll, sondern methodisch unerläßlich, die

---

⁶⁵ Vgl. Matthias KÖCKERT, Elia. Literarische und religionsgeschichtliche Probleme in 1Kön 17–18, in: Manfred OEMING / Konrad SCHMID (Hgg.), Der eine Gott und die Götter. Polytheismus und Monotheismus im antiken Israel, AThANT 82, Zürich 2003, 111–144.

⁶⁶ Vgl. den Überblick von Barbara PATZEK, Mündlichkeit und Schriftlichkeit in der Antike, in: Aufriß der Historischen Wissenschaften, hg.v. Michael MAURER. Band 5: Mündliche Überlieferung und Geschichtsschreibung, Reclam Universalbibliothek 17031, Stuttgart 2003, 14–41. Ferner Jan ASSMANN, Das kulturelle Gedächtnis. Schrift, Erinnerung und politische Identität in frühen Hochkulturen, München 1992. Für das Alte Testament vgl. Patricia G. KIRKPATRICK, The Old Testament and Folklore Study; ferner die Übersicht bei Harald-Martin WAHL, Die Jakobserzählungen. Studien zu ihrer mündlichen Überlieferung, Verschriftung und Historizität, BZAW 258, Berlin – New York 1997 (7–214).

⁶⁷ Vgl. Hermann Michael NIEMANN, Kein Ende des Büchermachens in Israel und Juda (Koh 12,12) – Wann begann es? BiKi 53 (1998), 127–134; Thomas SCHAACK, Die Ungeduld des Papiers. Studien zum alttestamentlichen Verständnis des Schreibens anhand des Verbums *katab* im Kontext administrativer Vorgänge, BZAW 262, Berlin – New York 1998.

überlieferungs- und formgeschichtlichen Aspekte, die einmal eng zusammengehörten, klar voneinander abzugrenzen: Die alttestamentlichen Schriften benutzen in reichem Maße Gattungen, die ursprünglich einmal einen mündlichen Verwendungszusammenhang, einen »Sitz im Leben«, hatten; vielfach sind sie aber im Alten Testament rein literarische Adaptionen geworden. Insofern kommt die überlieferungsgeschichtliche Frage heute erheblich seltener zur Anwendung. Sie ist und bleibt in höchstem Maße spekulativ.

## 4.4. Vorgehen

Traditionell wendet man die überlieferungsgeschichtliche Fragestellung an, wenn man (1) auf sachliche Spannungen und Auffälligkeiten in einem Text stößt, die nicht mehr literarkritisch erklärbar sind, sondern mit einer möglichen mündlichen »Vorstufe« zusammenhängen könnten; wenn (2) das zu untersuchende Textstück in einer ähnlichen Gestalt im Alten Testament oder der Umwelt Israels vorkommt (man spricht hier von Doppel- oder Mehrfachüberlieferungen), ohne daß sich allerdings eine direkte literarische Abhängigkeit nachweisen läßt; und wenn (3) die formgeschichtliche Betrachtung eines Textes einen ursprünglich mündlichen »Sitz im Leben« nahelegt (→ B 6).

Die genannten Kriterien sind aber mit äußerster Vorsicht anzuwenden. Die Beobachtung, daß ein Stück in der altorientalischen Umwelt in einer ähnlichen Form überliefert ist, belegt meist nur eine mehr oder weniger stark ausgeprägte *Kenntnis von Stoffen*, ist aber noch kein Indiz für die mündliche Vorgeschichte eines Textstücks. Hier setzt dann die traditionsgeschichtliche Fragestellung ein, die nicht nur das geistige Milieu eines Verfassers, gewissermaßen seine (Schul-)Bildung und sein Lebensumfeld aufzuhellen sucht, sondern auch nach der Herkunft der Stoffe fragt. Es versteht sich von selbst, daß solche Überlegungen immer nur vom Text selbst ausgehen können, also von markanten Schlüsselwörtern oder geprägten Wendungen und den damit angedeuteten geistigen Traditionen; text*externe* Hinweise auf Verfasser gibt es im Blick auf das Alte Testament praktisch nicht. Hinsichtlich der

Rekonstruktion der mündlichen Vorgeschichte steht man etwa bei liturgischen Formeln oder Weisheitssprüchen auf etwas festerem Boden; hier ist wenigstens partiell ein mündlicher »Sitz im Leben« denkbar. Doch auch in solchen scheinbar einfachen Fällen ist zu beachten, daß man kaum mit *Ad-hoc*-Bildungen zu rechnen hat. So stellen viele Psalmen nicht etwa die verschriftete Fassung eines »spontanen« Gebetes dar, sondern sie sind höchst reflektierte, gleichsam »verdichtete« Theologie, die – wenn man es so ausdrücken darf – in intensiver Schreibtischarbeit entstanden sind. Sie laden nicht nur zum *Nachbeten*, sondern auch zu intensivem *Nachdenken* ein.

## 4.5. Beziehung zu anderen methodischen Schritten

Die Überlieferungsgeschichte nimmt die Ergebnisse der Literarkritik auf, indem sie fragt, ob der älteste erreichbare Textbestand eine mündliche Vorstufe erkennen läßt. Zugleich steckt sie den Rahmen für die Traditionsgeschichte ab, die nicht nach einer konkreten Vorstufe des Textes fragt, sondern – und dies auf allen Ebenen der Textwerdung – nach verwendeten Stoffen, Bildungsgehalten u.ä. Auch die Abgrenzung zur Formgeschichte ist deutlich, denn hier wird nach den verwendeten Gattungen und ihrer sozialen und literarischen Einbettung gefragt, und zwar unabhängig davon, ob man sich im *vor*literarischen oder im literarischen Bereich befindet. Entscheidend freilich ist die forschungsgeschichtliche Einsicht, daß sich viele Überlieferungsprozesse, die man früher im Bereich der mündlichen Überlieferung ansiedelte, in Wahrheit auf das schriftliche Textwachstum beziehen. Insofern ist die Redaktionsgeschichte heute weitgehend an die Stelle der »alten« Überlieferungsgeschichte getreten.

## 4.6. Beispiele in der Literatur

### a) Pentateuch und Geschichtsbücher

- Harald-Martin WAHL, Die Jakobserzählungen. Studien zu ihrer mündlichen Überlieferung, Verschriftung und Historizität, BZAW 258, Berlin – New York 1997 (mit methodischen Erörterungen zur – meist überschätzten – Zuverlässigkeit der mündlichen Überlieferung)
- Hans-Jürgen HERMISSON, Jakobs Kampf am Jabbok (Gen 32,23–33), ZThK 71 (1974), 239–261 (überlieferungsgeschichtliche Analyse von Gen 32,23–33, die freilich auf religionsgeschichtlichen Prämissen beruht, denen man nicht mehr uneingeschränkt folgen kann)
- Erhard BLUM, Die Komposition der Vätergeschichte, WMANT 57, Neukirchen-Vluyn 1984 (140–149 und 175–186: zeigt im Unterschied etwa zu H.-J. Hermisson auf, daß die Penuel-Szene Gen 32,23–33 von vornherein auf die Jakobserzählung hin gestaltet worden ist und gerade keine ehedem selbständige, gar noch mündliche Überlieferung gewesen sein kann)
- Martin NOTH, Überlieferungsgeschichte des Pentateuch, Stuttgart 1948 (Rekonstruktion der Entstehung des Pentateuchs unter besonderer Berücksichtigung der mündlichen Vorgeschichte der Überlieferungen; vieles, was Noth auf die mündliche Überlieferung zurückführte, wird heute überwiegend als *redaktioneller*, also schriftlicher Ausgestaltungs- und Wachstumsprozeß verstanden)

### b) Prophetie

- Antonius H. J. GUNNEWEG, Mündliche und schriftliche Tradition der vorexilischen Prophetenbücher als Problem der neueren Prophetenforschung, FRLANT 73, Göttingen 1959 (forschungsgeschichtlich wichtige Studie, die sich intensiv mit der skandinavischen traditionsgeschichtlichen Forschung auseinandersetzt)
- Jörg JEREMIAS, Amos 3–6. Beobachtungen zur Entstehungsgeschichte eines Prophetenbuches [1988], in: DERS., Hosea und Amos, FAT 13, Tübingen 1996, 142–156 (zeigt anhand von Am 3–6 auf, daß man kategorial zwischen mündlichem Wort und werdendem Buch unterscheiden muß)

### c) Kult und Recht

- Albrecht ALT, Die Ursprünge des israelitischen Rechts [1934], in: DERS., Kleine Schriften zur Geschichte des Volkes Israel I, München $^4$1968, 278–332 (forschungsgeschichtlich wichtiger Aufsatz, der die Unterscheidung von apodiktischem und kasuistischem Recht begründet und die institutionellen Ursprünge der jeweiligen Rechtssätze rekonstruiert)

## 5. Redaktionsgeschichte

>»Die jüdische Exegese wurzelt im Midrasch und das Ziel des Midrasch ist, den Bibeltext zu aktualisieren, d.h. zu zeigen, dass das alte Bibelwort sich bezieht auf geschichtliche Ereignisse in der Zeit des Erklärers.«
>
> (Isac Leo SEELIGMANN)[68]

**Literatur:** Herbert DONNER, Der Redaktor. Überlegungen zum vorkritischen Umgang mit der Heiligen Schrift [1980], in: DERS., Aufsätze zum Alten Testament aus vier Jahrzehnten, BZAW 224, Berlin – New York 1994, 259–285. – Michael FISHBANE, Biblical Interpretation in Ancient Israel, Oxford 1985 (zum Phänomen der innerbiblischen Exegese). – Reinhard WONNEBERGER, Redaktion. Studien zur Textfortschreibung im Alten Testament, entwickelt am Beispiel der Samuel-Überlieferung, FRLANT 156, Göttingen 1992, 114–177 (Zusammenstellung der redaktionellen Grundvorgänge). – Martin HENGEL, »Schriftauslegung« und »Schriftwerdung« in der Zeit des Zweiten Tempels [1994], in: DERS., Judaica, Hellenistica et Christiana. Kleine Schriften II, WUNT 109, Tübingen 1999, 1–71 (zum Vorgang der Schriftauslegung in der hellenistischen Zeit). – Reinhard G. KRATZ, Art. Redaktionsgeschichte / Redaktionskritik I. AT, TRE 28, 1997, 367–378 (zur Methode und zum Forschungsstand). – DERS., Innerbiblische Exegese und Redaktionsgeschichte im Lichte empirischer Evidenz, in: DERS., Das Judentum im Zeitalter des Zweiten Tempels, FAT 42, Tübingen 2004, 126–156 (grundlegender Beitrag zu den empirischen Hintergründen und hermeneutischen Voraussetzungen der Redaktionsgeschichte). – Konrad SCHMID, Innerbiblische Schriftauslegung. Aspekte der Forschungsgeschichte, in: Reinhard G. KRATZ u.a. (Hgg.): Schriftauslegung in der Schrift. FS Odil Hannes Steck, BZAW 300, Berlin – New York 2000, 1–22 (zur Forschungsgeschichte) – John VAN SETERS, The Edited Bible. The Curious History of the »Editor« in Biblical Criticism, Winona Lake, IN 2006 (Vergleich mit griechischer Literatur und Kritisches zum Begriff »Redaktor«).

---

[68] Isac Leo SEELIGMANN, Voraussetzungen der Midraschexegese [1953], in: DERS., Gesammelte Studien zur Hebräischen Bibel. Mit einem Beitrag von Rudolf SMEND, hg.v. Erhard BLUM, FAT 41, Tübingen 2004, 1–30 (19).

## 5.1. Aufgabe

Die redaktionsgeschichtliche Fragestellung knüpft an die analytischen Ergebnisse der Literarkritik an und bemüht sich nun um eine Synthese. Sie versucht, die sukzessive Entstehung des Textes von der ältesten schriftlichen Gestalt bis hin zur gegebenen Endfassung nachzuzeichnen und die dabei wirksamen Motive und Intentionen herauszuarbeiten. Zugleich bemüht sie sich um eine zeit- und theologiegeschichtliche Einordnung der herausgearbeiteten Schichten. Daß dabei notwendigerweise die Entstehungsgeschichte einer alttestamentlichen Schrift insgesamt oder sogar eines Literaturwerkes in den Blick genommen werden muß, versteht sich von selbst.

Für die redaktionellen Bearbeitungsvorgänge kommen verschiedene Möglichkeiten in Betracht. Sie können als eher sporadische Ergänzungen, Glossierungen und Präzisierungen auftreten, die auf den Nahkontext beschränkt sind und ein sehr begrenztes Interesse verfolgen; oder sie können sich in planvoll angelegten, übergreifenden Redaktionsschichten niederschlagen, die über den Einzeltext, ja gelegentlich auch ein einzelnes Buch weit hinausgehen. So können sich redaktionelle Erweiterungen auch als Teil der Gesamtredaktion einer Schrift oder eines Literaturwerkes erweisen. Wie auch immer man die redaktionellen Bearbeitungen näher charakterisiert: sie spiegeln zugleich *Rezeptionsvorgänge* wider, durch die der jeweils vorgegebene Grundtext aufgenommen, aktualisiert und in ein neues Licht gerückt wird.

Die Bedeutung der redaktionsgeschichtlichen Fragestellung kann kaum überschätzt werden. Nicht nur die biblischen Schriften, sondern auch beträchtliche Teile der altorientalischen Literatur (z.B. das Gilgamesch-Epos) sind das Ergebnis teilweise komplexer redaktioneller Tätigkeit. Die alttestamentlichen Schriften sind, überspitzt gesagt, nicht Autoren-, sondern Redaktorenliteratur; sie sind das Ergebnis eines längeren *Fortschreibungsprozesses* (→ B 5.2), hinter dem gerade keine individuellen Personen erkennbar sind, vielleicht auch nicht erkennbar sein *wollen*. Erst in der hellenistischen Zeit tritt allmählich eine Änderung ein. Auf der einen Seite nehmen die Fortschreibungsprozesse ab; die

Schriften gewinnen langsam ihre abschließende Gestalt. Auf der anderen Seite tritt ein neues Verständnis von Literatur auf, das sich immer stärker an den neuen Maßstäben literarischer Originalität orientiert, auch wenn man noch nicht von Autoren im modernen Sinne sprechen kann. Als Beispiele dieser Literatur im Übergang mögen die späten (und in sich keineswegs literarisch einheitlichen) Lehrerzählungen Rut, Ester, Judit und Tobit dienen. Auf einen klassischen Autorbegriff stößt man nicht zufällig erst in den griechischsprachigen Schriften der Spätzeit.[69] Insofern entspricht der redaktionsgeschichtliche Zugang dem besonderen Charakter der alttestamentlichen Literatur nahezu *in ihrer Gesamtheit*; wer sie recht erfassen und verstehen will, muß sich deshalb um die Aufhellung der redaktionellen Entstehungsprozesse bemühen.

## 5.2. Geschichte

Als eigene Fragestellung hat sich die Redaktionsgeschichte erst seit der Mitte des 20. Jahrhunderts – und in besonderer Intensität seit den 70er Jahren – herausgebildet; der Begriff ist als methodischer Arbeitsgang aus der neutestamentlichen Wissenschaft übernommen worden.[70] Freilich ist die mit diesem Begriff bezeichnete *Sache* sehr viel älter.[71] Bereits in der frühen Pentateuchforschung war man sich der Tatsache bewußt, daß die alten Quellen – Jahwist (J), Elohist (E), Deuteronomium (D) und Priesterschrift (P) – nur durch *redaktionelle* Vorgänge verknüpft worden sein können. Daß es (noch) nicht zu einer methodischen Ausgestaltung einer entsprechenden Fragestellung kam, hängt

---

[69] Vgl. das (griechische) Vorwort zum Buch Jesus Sirach und 2 Makk (vgl. 2,19–32; 15,37–39).

[70] Willi MARXSEN, Der Evangelist Markus. Studien zur Redaktionsgeschichte des Evangeliums, FRLANT 69, Göttingen 1956. Zur Forschungsgeschichte in der neutestamentlichen Wissenschaft vgl. Joachim ROHDE, Die redaktionsgeschichtliche Methode. Einführung und kritische Sichtung des Forschungsstandes, ThA 22, Berlin 1965.

[71] R. G. KRATZ, Art. Redaktionsgeschichte; K. SCHMID, Innerbiblische Schriftauslegung.

mit allgemeinen hermeneutischen Voraussetzungen zusammen. So stand nicht nur in der Blüte der literarkritischen Arbeit in der zweiten Hälfte des 19. Jahrhunderts, sondern auch in der Zeit der Religionsgeschichtlichen Schule das *analytische* Interesse im Vordergrund. Man wandte sich primär den alten und ursprünglichen Einzelüberlieferungen, den »originalen« Zeugnissen der biblischen Tradition zu. So versuchte man die ältesten literarischen Quellen freizulegen, um sie für die Rekonstruktion der Geschichte Israels auswerten zu können; man blickte auf die großen Schriftstellerpersönlichkeiten und religiösen Genies, die man nur hinter den redaktionellen Übermalungen finden konnte; man interessierte sich vor allem für die authentischen, echten Worte der Propheten; ja, man meinte gerade in den ältesten (mündlichen) Überlieferungen die wertvollsten, da *ursprünglichen religiösen Zeugnisse* entdecken zu können. Demgegenüber erschien der gegebene Text lediglich als etwas Sekundäres, als das Produkt von bloßen Sammlern und Redaktoren. Das spätere, redaktionelle Gut hatte den Beigeschmack des Unerheblichen und Unechten, des nur Epigonalen.

Allmählich trat ein Wandel in der Beurteilung des redaktionellen Gutes ein: Zum einen rückte man immer stärker von einer Diskreditierung der »sekundären« Stücke in den alttestamentlichen Schriften ab und lernte ihren theologischen Gehalt klarer zu erfassen und zu würdigen. Zum andern »entdeckte« man den Redaktor als schöpferische Person, die nicht nur Sammler und Arrangeur vorgegebener Traditionen war, sondern *Autor* im Vollsinne dieses Wortes: nämlich ein kreativer Verfasser mit eigener schriftstellerischer Intention. Die Unterscheidung von Redaktor und Autor bzw. Verfasser verschwamm.

Schon im Jahre 1936 hatte Hans Wilhelm HERTZBERG am Beispiel der Prophetenüberlieferung explizit »Die Nachgeschichte alttestamentlicher Texte innerhalb des Alten Testaments«[72] in den Blick genommen und damit der späteren Forschung eine Tür geöffnet. Ein außerordentlich wichtiger Impuls ging sodann von den *Überlieferungsgeschichtlichen Studien* Martin Noths (1943) aus. In diesem Buch wird die Entstehungsgeschichte des Deuteronomistischen (Dtn – 2 Kön) wie des Chronistischen

---

[72] Wiederabgedruckt in DERS., Beiträge zur Traditionsgeschichte und Theologie des Alten Testaments, Göttingen 1962, 69–80.

## 5. Redaktionsgeschichte

Geschichtswerkes (1–2 Chr + Esr-Neh) als ein redaktioneller Vorgang des Sammelns und Bearbeitens verstanden, der auf einen *planvoll gestaltenden Autor* mit einer erkennbaren schriftstellerischen Eigenart zurückgeht. Eine Schlüsselrolle in der Etablierung der Redaktionsgeschichte als einer eigenständigen Methode fiel schließlich der Prophetenforschung seit den 70er Jahren des 20. Jahrhunderts zu. War man ursprünglich primär an den *ipsissima verba*, den »echten« Worten der Propheten interessiert, verlagerte sich das Interesse zunehmend auf das *Buch* und sein Werden. Dabei wurde nicht nur die bei den Prophetenworten übliche Unterscheidung von »echt« und »unecht« – vor allem aber die damit verbundene positive wie negative Bewertung – immer mehr in Frage gestellt, sondern man stieß auch auf immer größere redaktionelle Anteile in den Prophetenbüchern. Arbeiten zur Redaktionsgeschichte der Prophetenbücher (etwa Jesaja, Jeremia und Ezechiel) erschienen in reicher Zahl. Zwar kam hier der Rekonstruktion der ursprünglichen Botschaft der Propheten nach wie vor eine zentrale Rolle zu, doch nun schenkte man den – schon rein quantitativ beträchtlichen – nachprophetischen Anteilen die gebührende Aufmerksamkeit.[73]

Kennzeichnend für die frühe Phase der redaktionsgeschichtlichen Forschung seit der Mitte des 20. Jahrhunderts war das Bestreben, möglichst umfassende, durchgehende Redaktionsschichten herauszuarbeiten. So hat man etwa im sogenannten Deuteronomistischen Geschichtswerk (DtrG: Dtn – 2 Kön) den *einen* deuteronomistischen (dtr) Redaktor bzw. Autor, von dem noch Martin Noth ausging, nun weiter aufgefächert, ist aber weiterhin von mehreren *buchübergreifenden* Redaktionen ausgegangen.[74] In ähnlicher Weise rechnete man auch in den Prophetenbüchern (teils durch die Arbeit an den Geschichtsbüchern inspiriert) primär mit *durchgehenden* Schichten.[75] Dabei übersah

---

[73] Uwe BECKER, Die Wiederentdeckung des Prophetenbuches. Tendenzen und Aufgaben der gegenwärtigen Prophetenforschung, BThZ 21 (2004), 30–60.

[74] Man hat dabei drei verschiedene Redaktionen angenommen: einen Erstverfasser des dtr Werkes (DtrH = dtr Historiker); eine prophetisch orientierte Schicht (DtrP) sowie nomistische, am Gesetz orientierte Schichten (DtrN); vgl. Rudolf SMEND, Die Entstehung des Alten Testaments, ThW 1, Stuttgart 1978; ⁴1989, 110–125.

[75] Z.B. Winfried THIEL, Die deuteronomistische Redaktion von Jeremia 1–25, WMANT 41, Neukirchen-Vluyn 1973, der mit einer umfänglichen dtr Gesamtredaktion des Jeremia-Buches rechnete.

man gelegentlich, daß sich eben auch zahlreiche *Einzelzusätze* finden, die sich keiner übergreifenden Redaktion zuordnen lassen. In der Wachstumsgeschichte der alttestamentlichen Bücher und Literaturwerke gab es eben beides: sowohl formative Redaktionsschichten, in denen sich so etwas wie eine Autorintention entdecken läßt, als auch (und wohl in weit größerem Umfang, als man bislang annahm) zahllose Einzelzusätze, Erweiterungen und Bearbeitungen im Nahkontext.

Zur Charakterisierung dieser vielen Einzelzusätze hat sich in der Forschung der Begriff *Fortschreibung* eingebürgert, der einen besonderen Typus redaktioneller Arbeit beschreibt; er ist für den Auslegungsvorgang, der sich im gesamten Alten Testament widerspiegelt, von schlechthin grundlegender Bedeutung. Der Begriff wurde von Walther Zimmerli in seinem großen Ezechiel-Kommentar (1969) in die literarkritische Arbeit am Alten Testament eingeführt.

> Zimmerli bezeichnete damit »deutlich abhebbare Erweiterungen ..., die nicht einfach als selbständige Überlieferungseinheiten angesprochen werden können, also nicht einfach in einem Prozeß der ›Sammlung‹ dazugekommen sind, sondern unverkennbar das im Grundwort angeschlagene Thema nach neuen Richtungen hin verfolgen. Darin zeichnet sich ein Prozeß der sukzessiven Anreicherung eines Kernelementes ab«.[76]

An den Prophetenbüchern des Alten Testaments zeigt sich dieser *Prozeß der sukzessiven Anreicherung eines Kernelementes* besonders anschaulich; er ist aber keineswegs auf diesen Textbereich beschränkt. So stößt man in weiten Teilen des Alten Testaments auf sogenannte *Fortschreibungsketten*, die sich an alte Worte und ursprüngliche Überlieferungen angelagert haben. In solchen Vorgängen wird das vorgegebene Wort oder die vorgegebene Tradition sowohl *aufgenommen* als auch *ausgelegt*, so daß ein neuer Text entsteht, in dem Tradition und Auslegung eins geworden sind. Dieser Vorgang der Rezeption und der Aktualisierung kann sich auf mehreren Stufen wiederholen.

---

[76] W. Zimmerli, Ezechiel 1–24, BK XIII/1, Neukirchen-Vluyn 1969; ²1979, 106*.

## 5. Redaktionsgeschichte

»Die laufende Auslegung wollte dem Text nicht etwas Neues und Fremdes hinzufügen, sondern seinen tiefen Sinn ans Licht bringen. Hebräisch heißt solche Text-Ausforschung ›Midrasch‹. Vom späteren jüdischen Midrasch unterscheidet sich das Alte Testament darin, daß Auslegung und vorgegebene Überlieferung nicht unterschieden wurden. Auf der jeweils nächsten Stufe lagen sie als Einheit vor: ein einziger Text, der wiederum in derselben Weise ausgelegt wurde. Man kann die Art des Wachstums ›Schneeballsystem‹ nennen: Einmal ins Rollen gebracht, gewinnt der Schneeball mit jeder Umdrehung eine neue Schicht. Das Alte Testament ist auf diese Weise zu großen Teilen seine eigene Auslegung, ›sacra scriptura sui ipsius interpres‹. Es gibt fast keine Texteinheit, die nicht aus mehreren literarischen Schichten besteht.«[77]

Dieses Urteil gilt grundsätzlich für das gesamte Alte Testament, freilich nicht in allen Literaturbereichen gleichermaßen und auch nicht zu allen Zeiten in derselben Weise. Auf der einen Seite tritt in der spätpersischen und hellenistischen Zeit so etwas wie Autorenliteratur auf: Bücher, die – obschon literarisch nicht aus einem Guß – doch als literarische Werke *sui generis* konzipiert worden sind (vgl. die Lehrerzählungen Rut, Ester, Judit, Tobit). Vergleichbares findet man im Pentateuch allenfalls in der jahwistischen und priesterschriftlichen Erzählung; in der ganz anders gearteten prophetischen Literatur stößt man zwar auf ausgeprägte redaktionelle Konzepte, doch sind diese nicht mit durchgestalteten Erzählungen zu vergleichen. Auf der anderen Seite blieb in den prophetischen Büchern das Phänomen der Fortschreibung bis zum Schluß bestimmend – auch in der hellenistischen Zeit. Ein eindrückliches Beispiel ist das Buch Jeremia, an dem, wie die unterschiedlichen Überlieferungen des masoretischen, des griechischen und des Qumran-Textes zeigen, offenbar noch im 2./1. vorchristlichen Jahrhundert »weitergeschrieben« wurde (→ B 2.2).

Von ihrer technischen Seite sind die Phänomene der Redaktion und der Fortschreibung in der Antike keineswegs analogielos. Auf die Entstehung des Gilgamesch-Epos ist immer wieder hingewiesen worden,[78] aber auch andere Überlieferungen aus dem

---

[77] Christoph Levin, Das Alte Testament, C.H. Beck Wissen 2160, München ⁴2010, 25. Vgl. beispielhaft Ders., Fortschreibungen. Gesammelte Studien zum Alten Testament, BZAW 316, Berlin – New York 2003.
[78] Vgl. Jeffrey H. Tigay, The Evolution of the Gilgamesh Epic, Phila-

Alten Orient – akkadische Epen (z.B. Atrachasīs) oder assyrische Königsinschriften – sind Werke, die sich einer längeren redaktionellen Wachstumsgeschichte verdanken, die in manchem an das Werden der alttestamentlichen Literatur erinnert.[79] Analoge Erscheinungen sind auch in der ägyptischen Literatur nachweisbar.[80] Im Neuen Testament verhält es sich, wie die Evangelienforschung beispielhaft zeigt,[81] grundsätzlich nicht anders, wenngleich hier die Fortschreibungsphasen weniger komplex zu sehen sind als im Alten Testament.

Diese Gemeinsamkeiten dürfen freilich die prinzipiellen Unterschiede zwischen der alttestamentlichen und altorientalischen Literatur nicht verwischen. Wir haben es im Alten Testament mit einer besonderen Art religiöser Überlieferungsliteratur zu tun, in der der Auslegungsvorgang als solcher eine zentrale theologische Rolle spielte: Den alttestamentlichen Büchern kam nicht erst in ihrer »kanonischen« Endgestalt, sondern beinahe von Beginn an – also noch im Vorgang ihres Entstehens – eine besondere religiöse Dignität zu. Sie gewannen bereits *in statu nascendi* normativen Charakter, so daß im Vollzug der redaktionellen Fortschreibung das Vorgegebene, die Tradition, nicht einfach »weggelassen« werden konnte. Sprechender Ausdruck dieses Selbstverständnisses ist die sogenannte *Kanonformel*: »Ihr sollt nichts hinzutun zu dem,

---

delphia, PA 1982; DERS., The Evolution of the Pentateuchal Narratives in the Light of the Evolution of the Gilgamesh Epic, in: DERS. (Hg.), Empirical Models for Biblical Criticism, Philadelphia, PA 1985, 21–52; Andrew R. GEORGE, The Babylonian Gilgamesh Epic. Introduction, Critical Editions and Cuneiform Texts, 2 Bände, Oxford 2003 (vgl. Band 1, 3–70: »The Literary History of the Epic of Gilgameš«).

[79] Vgl. das Material bei Hans Jürgen TERTEL, Text and Transmission. An Empirical Model for the Literary Development of Old Testament Narratives, BZAW 221, Berlin – New York 1994.

[80] So etwa in der Tradierung und »Umschreibung« des Totenbuchs; vgl. Ursula RÖSSLER-KÖHLER, Bemerkungen zur Totenbuch-Tradierung während des Neuen Reiches und bis Spätzeitbeginn, in: Ursula VERHOEVEN / Erhart GRAEFE (Hgg.), Religion und Philosophie im Alten Ägypten. FS Philippe Derchain, OLA 39, Leuven 1991, 277–291.

[81] Vgl. zum Joh-Evangelium die hermeneutischen Bemerkungen von Jürgen BECKER, Johanneisches Christentum. Seine Geschichte und Theologie im Überblick, Tübingen 2004, 1–11.

was ich euch gebiete, und sollt auch nichts davontun, sondern die Gebote JHWHs, eures Gottes, halten, die ich euch gebe« (Dtn 4,2; vgl. 13,1). Die schriftgelehrte Fortschreibungstätigkeit war von der festen Überzeugung geleitet, daß in der jeweils vorgegebenen Tradition, in dem überlieferten Wort, Gott selbst zu seinem Volk gesprochen habe und daß er auch weiterhin spricht. Dieses Festhalten an der Gültigkeit des Gotteswortes durch die Zeiten hindurch war der eigentliche theologische Hintergrund für den Vorgang der Fortschreibung. Man bezeichnet das Gesamtphänomen auch als *innerbiblische Exegese oder Schriftauslegung* (→ B 5.3).

Mit der Nachzeichnung der redaktionsgeschichtlichen Prozesse, die für das Werden der alttestamentlichen Schriften bestimmend waren, wuchs auch das Interesse an der sogenannten *Endredaktion*. Der Begriff kommt aus der Pentateuchforschung und bezeichnet die für die Endgestalt entscheidende Redaktion (auch $R^P$ = Redaktor des Pentateuchs genannt). Gemeint war damit die Hand, die für die Zusammenarbeit der Priesterschrift (P) mit dem vorpriesterschriftlichen Material verantwortlich war; immer deutlicher sah man auch hier, daß man es mit einem wirklichen *Autor* zu tun hatte, der nicht nur sammelte und kompilierte, sondern beträchtliche Textstücke selbst formulierte.[82] Mit der Profilierung der endredaktionellen Stadien wuchs – zumal in der Geschichte der Pentateuchforschung – aber auch die Einsicht, daß es *die eine* Endredaktion nicht gegeben haben kann.[83] Darauf weisen nicht nur die zahlreichen »nachendredaktionellen« Erweiterungen (eigentlich eine *contradictio in adjecto*) hin, sondern bereits die Erwägungen zur Textkritik, die einen fließenden Übergang zwischen der Text*entstehung* und der Text*überlieferung* nahelegen (→ B 2.2).

---

[82] Z.B. Jan Christian GERTZ, Tradition und Redaktion in der Exoduserzählung. Untersuchungen zur Endredaktion des Pentateuch, FRLANT 186, Göttingen 2000. Vgl. Eckart OTTO, Forschungen zum nachpriesterschriftlichen Pentateuch, ThR 67 (2002), 125–155.
[83] Vgl. Erhard BLUM, Gibt es die Endgestalt des Pentateuch? [1991], in: DERS., Textgestalt und Komposition, Exegetische Beiträge zu Tora und Vordere Propheten, hg.v. Wolfgang OSWALD, FAT 69, Tübingen 2010, 207–217.

Die Hinwendung zu den »endredaktionellen« Prozessen hat das Augenmerk auf einen scheinbar einfachen Tatbestand zurückgelenkt: Ausgangspunkt der Analyse können nicht die früher hochgeschätzten alten Überlieferungen sein, sondern nur die fertigen literarischen Größen, wenn man so will: die »kanonische« Endgestalt des Alten Testaments und seiner Teile. Von diesem relativ sicheren Ausgangspunkt aus läßt sich dann zu dem weniger Sicheren, den Vorstufen und den verwendeten Quellen und Stoffen, zurückfragen.[84]

Das berechtigte Interesse am *Endtext* hat seit einiger Zeit – vor allem im anglo-amerikanischen Sprachraum – zu einer grundsätzlichen Skepsis gegenüber der Leistungsfähigkeit und dem Nutzen der Redaktionsgeschichte geführt. Zwar wird meistens nicht grundsätzlich bestritten, *daß* die biblischen Schriften eine Vorgeschichte haben, aber deren Rekonstruktion wird als irrelevant betrachtet. Ins Feld geführt werden vor allem ästhetisch-literaturwissenschaftliche oder dezidiert kanontheologische Gründe. Im ersten Fall wird das betreffende Werk als eine literarische Größe *sui generis* betrachtet, die *als solche* (und nicht in einer hypothetischen Vorstufe) ausgelegt werden will; im zweiten Fall wird die kanonische »Endgestalt« aus theologischen, d.h. gesamtbiblischen und dogmatischen Gründen für unhintergehbar gehalten (vgl. Brevard S. CHILDS und seinen *canonical approach* → B 3.3). Bei aller Berechtigung dieser Ansätze – sie haben nicht zuletzt die Wahrnehmung für den literarischen und theologischen Charakter der »Endgestalt« der biblischen Bücher geschärft – wird ein solches Vorgehen, wenn es verabsolutiert wird, dem besonderen Charakter des Alten Testaments als Fortschreibungsliteratur nicht gerecht – nicht nur, weil es *die* »kanonische« Endgestalt gar nicht gibt (→ B 2.2), sondern auch, weil der hinter den Fortschreibungsprozessen stehende theologische Kerngedanke der Selbigkeit des Gotteswortes im Laufe der Zeiten kaum Beachtung findet. Die alleinige Orientierung am Endtext führt denn auch zu einer im eigentlichen Sinne des Wortes oberflächlichen Lektüre der Texte, die in erheblichem Maße subjektiv gefärbt ist. Sie nimmt gerade das nicht wahr, was die zahlreichen »Fortschreiber« zur Sprache bringen wollten: die geschichtliche Tiefendimension der Texte und damit der Auslegung des Gotteshandelns durch das Wort der »Schrift«.

---

[84] So vor allem Rudolf SMEND in seiner »Entstehung des Alten Testaments« (s.o. Anm. 74).

## 5.3. Terminologie

Die redaktionsgeschichtliche Fragestellung hat es – allgemein gesprochen – mit *redaktionellen Bearbeitungsvorgängen* zu tun, die freilich ganz unterschiedlichen Charakter haben können. Sie reichen von einfachen und einmaligen Erläuterungen (Glossen) bis zu umfangreichen und übergreifenden Redaktionsschichten. Bei der Beschreibung dieser Vorgänge haben sich folgende Begriffe eingebürgert:

– Der Begriff *Redaktion* eignet sich als Oberbegriff für Bearbeitungsvorgänge unterschiedlicher Art: »Redaktion heißt im Sprachgebrauch der neuzeitlichen Bibel- und Einleitungswissenschaft die Bearbeitung eines vorgegebenen Texts im Rahmen der schriftlichen Überlieferung und dessen Umgestaltung zu einem neuen Ganzen.«[85] Zentral für den redaktionellen Vorgang ist also jeweils die Bindung an eine *Text*vorlage; gelegentlich wird auch die Verschriftlichung der mündlichen Tradition (die sogenannte *Erstverschriftung*) unter Redaktion gefaßt, was freilich dem eigentlichen Wortsinn von »Redaktion« nicht ganz entspricht. Redaktion kann demnach den Vorgang der *Kompilation* (Zusammentragung) und *Komposition* vorgegebener literarischer Quellen bezeichnen, aber auch *redaktionelle Eigenformulierungen* bezeichnen, die einen kohärenten Erzählablauf herstellen wollen. Klassische Beispiele einer solchen redaktionellen Tätigkeit finden sich im Pentateuch (vgl. die Sintfluterzählung Gen 6–9 → B 3.5).
– Eine *Glosse* ist eine in der Regel kleine, einmalige Erläuterung, die auf den Nahkontext beschränkt bleibt. So wird z.B. in 1 Sam 9,9 nachträglich erklärt, daß »Seher« eine alte Bezeichnung für »Prophet« sei.
– Als *Bearbeitung* bezeichnet man ganz allgemein die Einschreibung eines nicht selbständigen Textstücks in einen vorliegenden Grundtext. Es kann sich um eine Glosse, um eine auf den Nahkontext beschränkte Fortschreibung oder um Teile einer übergreifenden Redaktionsschicht handeln.

---

[85] R. G. Kratz, Art. Redaktionsgeschichte, 367.

- Unter *Komposition* versteht man gewöhnlich die im mündlichen oder schriftlichen Raum angesiedelte Zusammenstellung von Einzelstücken oder -texten zu einem größeren (Text-) Zusammenhang. Eine Unterscheidung von *Komposition* und *Redaktion* erscheint indes wenig sinnvoll, da man es in beiden Fällen mit redaktionsgeschichtlichen Vorgängen zu tun hat, wie immer man diese im einzelnen beschreibt.[86]
- Unter *Kompilation* faßt man die redaktionelle Verknüpfung zweier oder mehrerer Grundtexte, Quellen oder Urkunden und das Bestreben, diese auch inhaltlich miteinander zu harmonisieren.[87] Als Beispiel kann man die Zusammenarbeitung der Pentateuchquellen nennen (am anschaulichsten in Gen 6–9 und in Ex 13,17–14,31[88]). Die neuere Pentateuchforschung hat indes gezeigt, daß man weniger mit der Zusammenarbeitung ehedem unabhängiger Quellen zu rechnen hat als vielmehr mit *Grundtexten*, die sukzessive bearbeitet worden sind.[89]
- Bei der *Fortschreibung* handelt es sich um einen redaktionellen Auslegungsvorgang, bei dem ein vorliegender Text durch aktualisierende Zufügungen erweitert und ausgelegt wird. Meistens sind solche Fortschreibungen nicht buchübergreifend angelegt, sondern auf den Nahkontext beschränkt. Vor allem in den Prophetenbüchern (aber nicht nur hier) stößt man auf umfängliche *Fortschreibungsketten* (→ B 5.2).
- Als *innerbiblische Exegese oder Schriftauslegung* bezeichnet man das Gesamtphänomen der Fortschreibungstätigkeit,

---

[86] Vgl. E. BLUM, Studien zur Komposition des Pentateuch, BZAW 189, Berlin – New York 1990, und R. G. KRATZ, Die Komposition der erzählenden Bücher des Alten Testaments, UTB 2157, Göttingen 2000.

[87] Vgl. H. DONNER, Der Redaktor.

[88] Beispielhafte Durchführung: Thomas KRÜGER, Erwägungen zur Redaktion der Meerwundererzählung (Exodus 13,17–14,31), ZAW 108 (1996), 519–533.

[89] Z.B. in der Berufung des Mose Ex 3,1–14. Hat man hier früher eine redaktionelle Verknüpfung zweier unabhängiger Quellen (J und E) gesehen (vgl. Werner H. SCHMIDT, Exodus 1–6, BK II/1, Neukirchen-Vluyn 1988, 100–183), nimmt man heute eher einen jahwistischen Grundbestand mit verschiedenen Erweiterungsschichten an (vgl. J.C. GERTZ [s.o. Anm. 82], 254–305).

## 5. Redaktionsgeschichte

bei der vorgegebene biblische Texte – aus dem näheren oder weiteren Kontext – ausgelegt und aktualisiert werden.[90] Methodisch liegt hier ein Übergang zur jüdischen Schriftauslegung und -auffassung vor (vgl. *Midrasch*). Ein Beispiel für eine großräumige innerbiblische Exegese ist die Erzählung Gen 22, die kaum je selbständig war, sondern für ihren gegebenen (größeren und näheren) Kontext verfaßt worden sein dürfte.[91]

– Der in diesem Zusammenhang neuerdings häufiger begegnende Begriff *Intertextualität* stammt eigentlich aus der Literaturwissenschaft (Michail Bachtin und Julia Kristeva).[92] In der biblischen Exegese wird der Begriff sehr unterschiedlich verwendet. Er kann er zum einen *deskriptiv* das Phänomen bezeichnen, daß ein bestimmter Text sinnvoll nur im Kontext anderer Texte gelesen und verstanden werden will und soll – wenn sich eine eindeutige (literarische) Abhängigkeit erweisen läßt. Dies ist etwa bei Gen 22 der Fall, denn dieser Text nimmt bewußt die Berufung Abrahams in Gen 12,1–5 auf. Diese Art der »Intertextualität« entspricht also der Autorintention. Zum andern wird der Begriff aber auch in einem *normativen* Sinne verwendet und mit der Kanon-Frage verknüpft. Danach wird die Autorintention bewußt ausgeblendet und der neue »Kontext« des Kanons zum Orientierungsrahmen erhoben: Der Einzeltext wird nun im neuen Sinngefüge des Kanons, also »kanonisch-intertextuell« gelesen,[93] wobei die Frage nach literarischen Abhängigkeiten bewußt ausgeklammert wird.

– Von einer *relecture* (»Neulesung«) kann man dann sprechen, wenn sich die Leseperspektive einer Schrift durch redak-

---

[90] Grundlegend M. FISHBANE, Biblical Interpretation; ferner K. SCHMID, Innerbiblische Schriftauslegung; R.G. KRATZ, Innerbiblische Exegese.
[91] Z.B. Georg STEINS, Die »Bindung Isaaks« im Kanon (Gen 22). Grundlagen und Programm einer kanonisch-intertextuellen Lektüre, HBS 22, Freiburg i.Br. 1999.
[92] Vgl. den Überblick bei Stefan SEILER, Intertextualität, in: H. UTZSCHNEIDER / E. BLUM (Hgg.), Lesarten der Bibel, Stuttgart 2006, 275–293.
[93] So bei G. STEINS (s. o. Anm. 91).

tionelle Vorgänge – durch überschriftartige Vorschaltungen oder Einschreibungen in einen gegebenen Text – so verändert, daß diese Schrift in einem neuen Licht erscheint, also »neu gelesen« wird.[94] Tendenziell wird der Begriff eher für größere Textzusammenhänge wie prophetische Bücher verwendet.

- *Midrasch* ist ein Begriff aus der nachbiblischen jüdischen Auslegungstradition: »Midrasch (von *darasch*, ›forschen, suchen‹, abgeleitet) bedeutet ›Forschung, Studium‹, im engeren Sinn die Erforschung der biblischen Bücher, dann auch Schriften, die der Auslegung der Bibel gewidmet sind. Oft wird das Wort auf verschiedenste Formen jüdischen Umgangs mit der Schrift bezogen; eigentlich sollte es jedoch auf die rabbinische Literatur beschränkt bleiben.«[95] Bei der Art der innerbiblischen Schriftauslegung kann man deshalb allenfalls von einer *Vorform* des Midraschs sprechen.

- Wenn biblische Bücher in anderen Werken zitiert und kommentiert werden, spricht man von *rewritten bible*. Dabei kann es sich um Zitate, Anspielungen oder Reformulierungen ganzer Bücher handeln. Dieses Auslegungsphänomen ist typisch für die gesamte jüdische Literatur zwischen der Schrift und dem Talmud, ist aber bereits im Alten Testament selbst angelegt (vgl. die »Neuschreibung« der deuteronomistischen Bücher 1–2 Sam und 1–2 Kön durch den Chronisten). Vor allem für den Schriftumgang in den nichtbiblischen Texten von Qumran hat sich der Terminus *rewritten bible* – im Unterschied zu den *Pescharim*, in denen explizit zwischen biblischem Text und seiner Auslegung unterschieden wird – eingebürgert.[96]

---

[94] Z.B. Odil Hannes STECK, Die Prophetenbücher und ihr theologisches Zeugnis, Tübingen 1996, 127–204. Sehr erhellend ferner Jean ZUMSTEIN, Kreative Erinnerung. Relecture und Auslegung im Johannesevangelium, AThANT 84, Zürich ²2004.

[95] Günter STEMBERGER, Einführung in die Judaistik, C.H. Beck Studium, München 2002, 97.

[96] Vgl. Johann MAIER, Biblical Interpretation in the Qumran Literature, in: DERS., Studien zur jüdischen Bibel und ihrer Geschichte, SJ 28, Berlin – New York 2004, 79–110; speziell zu den Pescharim Timothy H. LIM, Pesharim, Companion to the Qumran Scrolls 3, London 2002.

## 5.4. Vorgehen

Hat die Literarkritik ergeben, daß ein Text uneinheitlich ist, an ihm also Zufügungen und Erweiterungen vorgenommen wurden, ist zunächst zu prüfen, ob diese Ergänzungen auf derselben Ebene liegen, also auf denselben Bearbeiter zurückführbar sind. Wenn dies offenkundig nicht der Fall ist, muß der Versuch gemacht werden, die einzelnen, durch die literarkritische Analyse herausgestellten Ergänzungen (→ B 3) in ihrer (relativen) zeitlichen Abfolge einzuordnen. Folgende Fragen sind dabei hilfreich:

1. An welcher *Position* ist die Ergänzung eingesetzt worden? Steht sie am Anfang einer Texteinheit und leitet sie neu ein? Ist sie dieser Texteinheit angehängt? Hat sie erläuternde, präzisierende, korrigierende oder strukturierende Funktion?

   **Beispiel:** Die nichtpriesterschriftliche (»jahwistische«) Fassung der Sintflutgeschichte wird durch zwei Stücke gerahmt, die man üblicherweise als redaktionell einstuft:[97] In dem *Prolog* Gen 6,5–8 beschließt Jhwh, die Erde aufgrund der großen Bosheit der Menschen zu vernichten; in dem *Epilog* Gen 8,20–22, der in deutlicher Korrespondenz zum Prolog abgefaßt ist, nimmt Jhwh diesen Vernichtungsbeschluß zurück. Beide Stücke sind – anders als der Kern der Sintfluterzählung – nicht an vorgegebene Stoffe oder Texte gebunden, sondern spiegeln das programmatische Interesse des Jahwisten wider: Er nimmt die vorjahwistische Überlieferung auf und rahmt sie durch theologisch gewichtige »Eigenformulierungen«.

2. *In welcher Weise* ist die Ergänzung formuliert? Greift sie Formulierungen aus der unmittelbaren literarischen Umgebung oder dem weiteren Kontext auf? Ist mit diesem Vorgang eine Korrektur, eine Bestätigung oder Modifikation vorgegebener Aussagen verbunden? Das wichtigste, da unbestechliche Hilfsmittel für diesen Arbeitsgang ist die Konkordanz.

   **1. Beispiel:** In der Berufungsgeschichte des Propheten Jeremia in Jer 1,4–10 sah man in der Vergangenheit meist eine ursprünglich selbständige, oft noch auf mündliche Wurzeln zurückgehende Erzählung, die erst

---

[97] Vgl. Christoph Levin, Der Jahwist, FRLANT 157, Göttingen 1993, 103–109.

später ihren jetzigen Platz am Beginn des Jer-Buch erhalten habe. Eine redaktionsgeschichtliche Analyse freilich kann zeigen, daß diese Erzählung bereits in ihrem literarischen Grundbestand zu keinem anderen Zweck als eben als Einleitung eines älteren Jer-Buches verfaßt worden ist: Das Kapitel läßt wie in einer Konzertouvertüre Themen des folgenden Buches anklingen und leitet es worttheologisch ein (vgl. die Stichworte »Wort« und »reden«, die im Hebräischen von derselben Wurzel דבר *dābar* »reden« abgeleitet sind).[98]

**2. Beispiel:** Das Kapitel über den Brief des Propheten Jeremia an die Exulanten in Babylon in Jer 29 entpuppt sich bei genauerer Analyse als eine *Fortschreibungskette*, in der sich eine Interpretation an die andere angeschlossen hat. Im literarischen Kernbestand des Kapitels in v.5–7 verkündet Jeremia den Exulanten das *Heil mitten im Gericht* des Exils. Die v.8–14 enthalten mehrere Nachträge, die dieses Grundthema *aufnehmen*, aber charakteristisch *abwandeln*: So behauptet v.10, daß das Heil nicht schon *im* Exil bestehe oder beginne, sondern erst *danach*, nämlich wenn 70 Jahre vorüber sind und alle Israeliten zurückgekehrt sind. Auch v.11–13a relativieren das zugesagte Heil; v.13b–14* binden es gar an den Gottesgehorsam, und v.14* hat bereits die Sammlung der Diaspora im Blick. Die schon formal aus dem Zusammenhang fallenden v. 8–9 schließlich stellen die Heilsverheißung unter die – hier recht bemüht wirkende – Thematik der Falschprophetie, die in Jer 27–28, aber auch in Dtn 13 und 18 verankert ist. Die theologisch steile Aussage des Jeremia-Briefes wird in allen diesen Erweiterungen in je unterschiedlicher Weise abgewandelt, abgemildert und damit korrigiert.

Die redaktionsgeschichtliche Frage greift aber auch dann, wenn sich ein Text oder ein Textstück als *literarisch einheitlich* herausstellt. In solchen Fällen kommen zwei Möglichkeiten in Betracht:

1. Es handelt sich um ein Stück, das bereits bei seiner »Erstverschriftung« seine gegenwärtige Gestalt erhalten hat. Dies ist naturgemäß nur sehr schwer zu entscheiden (→ B 4.3).
2. Oder man hat es mit einer redaktionellen Eigenformulierung zu tun, die ausschließlich für den gegebenen Kontext verfaßt worden ist. Von einer solchen redaktionellen Eigenformulierung kann man sprechen:
   – wenn ein Textstück an einer literarischen Nahtstelle steht und insoweit eine exponierte, den Geschehensablauf deu-

---

[98] Vgl. Christoph LEVIN, Das Wort Jahwes an Jeremia. Zur ältesten Redaktion der jeremianischen Sammlung, ZThK 101 (2004), 257–280.

tende, überbrückende oder abschließende Position hat (vgl. Jer 1,4–10 als Einleitung des Jer-Buches);
- wenn ein Textstück als solches keinen Sinn ergibt, sondern zu seinem Verständnis auf einen literarischen Kontext zwingend angewiesen ist (dies war in den Fortschreibungsstücken in Jer 29 der Fall);
- wenn sich Aussageintention, Sprache und Phraseologie des Textstücks mit denen anderer Texte in derselben Schrift oder in demselben Literaturwerk decken (vgl. etwa die stereotypen redaktionellen und aus dem »deuteronomistischen« Milieu stammenden Rahmennotizen in den Büchern 1–2 Kön, in denen die israelitischen und judäischen Könige jeweils am Kriterium des Gesetzesgehorsams gemessen werden, siehe z.B. bei Ahas von Juda 2 Kön 16,1–4 und bei Hoschea von Israel 17,1–2);
- wenn erkennbar ist, daß die betreffenden Stücke der Strukturierung einer ganzen Schrift dienen (vgl. z.B. die eben genannten »deuteronomistischen« Rahmennotizen in den Kön-Büchern).

Die redaktionsgeschichtliche Rekonstruktion des Textwachstums ist, wie sich aus den eben genannten Beispielen bereits ergab, stets begleitet von *theologiegeschichtlichen Erwägungen*. Redaktionelle Erweiterungen und Fortschreibungen erfolgen in aller Regel aus nachvollziehbaren theologischen Gründen; sie spiegeln oftmals Konflikte wider, die sich im Text niedergeschlagen haben, ja dort gleichsam literarisch ausgetragen werden.

**Beispiel:** Das Jer-Buch enthält eine Gruppe von Texten und Textteilen, die – ganz anders als der übrige Bestand des Buches – die babylonische Gola, also die bei der ersten Deportation im Jahre 597 nach Babylon Verschleppten, gegenüber den im Lande Verbliebenen favorisiert. Man spricht hier von einer »golaorientierten Redaktion«.[99] Deutlichen Ausdruck findet diese Vorstellung in der Vision von den guten und schlechten Feigen Jer 24; aber auch sonst tritt sie hier und da – meist als Bearbeitungsschicht – in Erscheinung (z.B. in Jer 38,1–6). In dieser Redaktionsschicht

---

[99] Vgl. Karl-Friedrich POHLMANN, Studien zum Jeremiabuch. Ein Beitrag zur Frage nach der Entstehung des Jeremiabuches, FRLANT 118, Göttingen 1978.

spiegelt sich ein folgenreicher Rangstreit zwischen den Theologen des Exils und den Theologen des Jerusalemer Tempels wider. Auch das Buch Ezechiel proklamiert den Vorrang der babylonischen Juden, während sich der Hauptteil der alttestamentlichen Schriften – vor allem das Dtn und das Deuteronomistische Geschichtswerk – der Jerusalemer Richtung zuordnen läßt.[100] Wie die Geschichte des nachbiblischen Judentums mit ihren beiden Zentren Babylon und Palästina zeigt (vgl. den – wichtigeren – Babylonischen und den Jerusalemer Talmud), war dieser theologische Konflikt nicht auf das Alte Testament beschränkt.

Die Aufgabe der redaktionsgeschichtlichen Rekonstruktion besteht zunächst darin, sich ein Bild von der *relativen* Schichtenabfolge in einem Text zu machen. Dabei wird sich rasch die Frage nach einer – wenn auch groben – *absoluten* Datierung der Schichten stellen, die sich freilich oftmals nicht genau beantworten läßt. Zum einen enthalten die alttestamentlichen Texte nur selten eindeutig datierbare Angaben; die Nennung einer exakten Jahreszahl oder eines Herrschers besagt noch nicht viel, da sie auch im Rückblick erfolgen kann. Zum andern liegt es im Wesen des Redaktionsprozesses begründet, daß eher auf vorgegebene *Texte* denn auf konkrete geschichtliche Ereignisse *außerhalb* der Texte Bezug genommen wird. Gewiß hat jeder Text und jede Schicht ihren historischen Hintergrund, aber dieser läßt sich leider nur relativ selten genau erheben. Aus diesem Grund stößt man in der Literatur auf teilweise stark abweichende Datierungen von Texten oder Worten (etwa in der Prophetenüberlieferung). Oft ist es hilfreich, wenigstens einen groben zeitlichen Orientierungsrahmen anzugeben, der auch auf allgemeinen theologiegeschichtlichen Erwägungen beruhen kann. Man unterscheidet dabei zwischen dem *terminus a quo* als dem *frühestmöglichen* Zeitpunkt für die Entstehung eines Textes oder einer Bearbeitungsschicht und dem *terminus ad quem* als dem *spätestmöglichen* Zeitpunkt. Am Ende der redaktionsgeschichtlichen Analyse steht ein Gesamtbild von der Entstehung des Textes, das nicht nur die auf jeder Stufe erkennbaren theologischen Motive beschreibt, sondern den Einzeltext nach Möglichkeit auch in einen größeren Rahmen (z.B. eines Literaturwerkes) einbettet.

---

[100] Vgl. C. LEVIN, Das Alte Testament (s.o. Anm. 77), 73–75.

## 5.5. Beziehung zu anderen methodischen Schritten

Die Redaktionsgeschichte setzt die analytischen Ergebnisse der Literarkritik, gegebenenfalls auch der Überlieferungsgeschichte voraus und versucht, die Geschichte des Textwachstums von der ersten schriftlichen Fassung bis zur vorliegenden Endgestalt nachzuzeichnen. Da dieser synthetische Arbeitsgang nicht allein aus einem technischen Nachzeichnen von Bearbeitungen und Fortschreibungen besteht, sondern gerade die theologischen Intentionen, die dabei wirksam waren, in den Blick nimmt, können auch hier bereits traditionsgeschichtliche Fragen nach dem geistig-theologischen Milieu eines Autors bzw. einer Schicht eine wichtige Rolle spielen. Die redaktionsgeschichtliche Frage kommt selbst dann zum Tragen, wenn der zu untersuchende Text literarisch einheitlich ist. Denn dann stellt sich die weitergehende Frage, welche redaktionelle Position er im Gesamtkontext eines größeren Abschnitts oder einer ganzen Schrift hat.

## 5.6. Beispiele in der Literatur

### a) Pentateuch

- Erhard BLUM, Studien zur Komposition des Pentateuch, BZAW 189, Berlin – New York 1990 (ein neueres redaktionsgeschichtliches Modell zur Entstehung des Pentateuch)
- Markus WITTE, Die biblische Urgeschichte. Redaktions- und traditionsgeschichtliche Beobachtungen zu Genesis 1,1–11,26, BZAW 265, Berlin – New York 1998 (redaktionsgeschichtliche Analyse der Urgeschichte, die sich dem literarischen und theologischen Profil der Endredaktion widmet)
- Reinhard G. KRATZ, Die Komposition der erzählenden Bücher des Alten Testaments. Grundwissen der Bibelkritik, UTB 2157, Göttingen 2000 (umfassende redaktionsgeschichtliche Rekonstruktion der Entstehung der Bücher Gen – 2 Kön und 1–2 Chr + Esr-Neh)
- Jan Christian GERTZ, Tradition und Redaktion in der Exoduserzählung. Untersuchungen zur Endredaktion des Pentateuch, FRLANT 186, Göttingen 2000 (Analyse von Ex 1–14, die der Endredaktion ein großes Gewicht beimißt)

## b) Geschichtsbücher

- Martin Noth, Überlieferungsgeschichtliche Studien. Die sammelnden und bearbeitenden Geschichtswerke im Alten Testament, Halle (Saale) 1943 (das klassische Werk zur Redaktionsgeschichte des Deuteronomistischen und des Chronistischen Geschichtswerks)
- Uwe Becker, Richterzeit und Königtum. Redaktionsgeschichtliche Studien zum Richterbuch, BZAW 192, Berlin – New York 1990 (zur Entstehung des Richterbuches im Horizont des Deuteronomistischen Geschichtswerkes)
- Ernst Würthwein, Studien zum Deuteronomistischen Geschichtswerk, BZAW 227, Berlin – New York 1994 (Sammlung grundlegender redaktionsgeschichtlicher Einzelstudien zu den Büchern Jos bis 2 Kön)
- Reinhard G. Kratz, Komposition (s.o. zu a)

## c) Rechtsüberlieferungen

- Bernard M. Levinson, Deuteronomy and the Hermeneutics of Legal Innovation, New York; Oxford 1997 (zeigt eindrücklich auf, wie sich *Rechtsgeschichte* im Alten Testament als *Fortschreibungsgeschichte* manifestiert)
- Eckart Otto, Das Deuteronomium. Politische Theologie und Rechtsreform in Juda und Assyrien, BZAW 284, Berlin – New York 1999 (Studien zur Redaktionsgeschichte des Deuteronomiums und mittelassyrischer Rechtssammlungen)

## d) Prophetenbücher

- Reinhard G. Kratz, Die Propheten Israels, C.H. Beck Wissen 2326, München 2003 (zusammenfassende Darstellung der Prophetie und der Prophetenbücher unter konsequenter Anwendung der neueren redaktionsgeschichtlichen Erkenntnisse)
- Uwe Becker, Die Wiederentdeckung des Prophetenbuches. Tendenzen und Aufgaben der gegenwärtigen Prophetenforschung, BThZ 21 (2004), 30–60 (beschreibt den Paradigmenwechsel in der Prophetenforschung: vom Propheten und seiner authentischen Verkündigung zum Buch und seinem Werden)
- Odil Hannes Steck, Bereitete Heimkehr. Jesaja 35 als redaktionelle Brücke zwischen dem Ersten und dem Zweiten Jesaja, SBS 121, Stuttgart 1985 (eine auch in methodischer Hinsicht wichtige Hypothese zur Entstehung des »Großjesajabuches« Jes 1–66)
- Uwe Becker, Jesaja – von der Botschaft zum Buch, FRLANT 178, Göttingen 1997 (Nachzeichnung der Redaktionsgeschichte von Jes 1–39 von den ältesten Stufen bis zur Endgestalt)

- Konrad SCHMID, Buchgestalten des Jeremiabuches. Untersuchungen zur Redaktions- und Rezeptionsgeschichte von Jer 30–33 im Kontext des Buches, WMANT 72, Neukirchen-Vluyn 1996 (komplexe Rekonstruktion der Redaktionsgeschichte des Jeremiabuches)
- Jörg JEREMIAS, Hosea und Amos. Studien zu den Anfängen des Dodekapropheton, FAT 13, Tübingen 1996 (Studien zur Entstehung der Bücher Hosea und Amos; vgl. bes. 142–156 zum Vorgang der »Erstverschriftung« prophetischer Verkündigung)

### e) Psalter

- Christoph LEVIN, Das Gebetbuch der Gerechten. Literargeschichtliche Beobachtungen am Psalter, ZThK 90 (1993), 355–381 = DERS., Fortschreibungen. Gesammelte Studien zum Alten Testament, BZAW 316, Berlin – New York 2003, 291–313 (Herausarbeitung einer späten Redaktionsschicht im Psalter, die einen Gegensatz von Gerechten und Frevlern zeichnet; Psalm 1 ist das Proömium dieser Schicht)
- Reinhard G. KRATZ, Die Tora Davids. Psalm 1 und die doxologische Fünfteilung des Psalters, ZThK 93 (1996), 1–34 (Psalm 1 als redaktionelle Einleitung des Psalters)
- Frank-Lothar HOSSFELD / Erich ZENGER, Die Psalmen I. Psalm 1–50, NEB.AT 29, Würzburg 1993; Dies., Psalmen 51–100, HThK.AT, Freiburg i.Br. 2000 (die beiden Autoren repräsentieren in ihrem Kommentar einen neuen redaktionsgeschichtlichen Zugang zum Psalter, der die einzelnen Psalmen als literarisch gewachsene Zeugnisse würdigt und sich zugleich dem sukzessiven Wachstum des Psalters *als Buch* zuwendet)

### f) Weisheitsliteratur

- Markus WITTE, Vom Leiden zur Lehre. Der dritte Redegang (Hiob 21–27) und die Redaktionsgeschichte des Hiobbuches, BZAW 230, Berlin – New York 1994 (Rekonstruktion der Entstehungsgeschichte des Ijob-Buches, die sich zugleich als eine außerordentlich spannende Theologiegeschichte liest)

### g) Hellenistische Lehrerzählungen

- Ruth KOSSMANN, Die Esthernovelle: Vom Erzählten zur Erzählung. Studien zur Traditions- und Redaktionsgeschichte des Estherbuches, VT.S 79, Leiden 2000 (auch die späten Lehrerzählungen wie das Ester-Buch sind vielfältig gewachsen; hier spielen zudem verschiedene Texttraditionen – griechische und hebräische – eine große Rolle)

– Merten RABENAU, Studien zum Buch Tobit, BZAW 220, Berlin – New York 1994 (redaktionsgeschichtliche Studie, die sich besonders den verschiedenen Textüberlieferungen des Buches widmet)

## 6. Formgeschichte

> »Redet nicht so viel über Litterarkritik, Textkritik, Archäologie und alle andern gelehrten Dinge, sondern redet über *Religion*! Denkt an die *Hauptsache*!«
>
> (Hermann GUNKEL)[101]

**Literatur:** Hermann GUNKEL, Die Grundprobleme der israelitischen Literaturgeschichte [1906], in: DERS., Reden und Aufsätze, Göttingen 1913, 29–38 (programmatischer Aufsatz des Begründers der Formgeschichte, der die israelitische Literaturgeschichte als Geschichte der literarischen Gattungen vorstellt). – Rüdiger LIWAK (Hg.), Hermann Gunkel zur israelitischen Literatur und Literaturgeschichte, Theologische Studien-Texte 6, Waltrop 2004 (gut eingeführte Zusammenstellung der einschlägigen Kleinschriften Gunkels zur Literaturgeschichte). – Klaus KOCH, Was ist Formgeschichte? Methoden der Bibelexegese, Neukirchen-Vluyn 1964; ⁴1981 (Methodenbuch, das alle exegetischen Schritte unter die Formgeschichte subsumiert). – Werner KLATT, Hermann Gunkel. Zu seiner Theologie der Religionsgeschichte und zur Entstehung der formgeschichtlichen Methode, FRLANT 100, Göttingen 1969 (grundlegende Monographie über den Begründer der Gattungsforschung). – Hans-Peter MÜLLER, Art. Formgeschichte / Formenkritik I. Altes Testament, TRE 11, 1983, 271–285 (zur neueren Diskussion). – Gerd LÜDEMANN, Die Religionsgeschichtliche Schule, in: Bernd MOELLER (Hg.), Theologie in Göttingen. Eine Vorlesungsreihe, Göttinger Universitätsschriften. Serie A 1, Göttingen 1987, 325–361 (neuerer Beitrag zur Geschichte der Religionsgeschichtlichen Schule). – DERS. / Martin SCHRÖDER, Die Religionsgeschichtliche Schule in Göttingen. Eine Dokumentation, Göttingen 1987 (Dokumentation aus Photos und

---

[101] Hermann GUNKEL, Ein Notschrei aus Anlaß des Buches Himmelsbild und Weltanschauung im Wandel der Zeiten, ChW 14 (1900), 58–61 (60). Um Mißverständnissen vorzubeugen: Gunkel hat nichts gegen Text- und Litterarkritik, sondern ruft seine Kollegen dazu auf, gute und verständliche Bücher für das gebildete Publikum zu schreiben, und empfiehlt als leuchtendes Beispiel die *Prolegomena* des »Litterarkritikers« J. Wellhausen.

Texten). – Marvin A. Sweeney / Ehud Ben Zvi (Hgg.), The Changing Face of Form Criticism for the Twenty-First Century, Grand Rapids, MI 2003 (Sammelband, der über Neuentwicklungen vor allem aus anglo-amerikanischer Perspektive orientiert). – Erhard Blum, »Formgeschichte« – ein irreführender Begriff?, in: Helmut Utzschneider / Erhard Blum (Hgg.), Lesarten der Bibel. Untersuchungen zu einer Theorie der Exegese des Alten Testaments, Stuttgart 2006, 85–96 (Plädoyer für die Abschaffung des Begriffs »Formgeschichte« in der Exegese unter Beibehaltung der von ihm implizierten Problemhorizonte).

## 6.1. Aufgabe

Ausgangspunkt der formgeschichtlichen Methode ist die Beobachtung, daß sich mündliche und schriftliche Äußerungen bei gleichem Anlaß auch der gleichen Gestaltungselemente bedienen. Wenn ein Text eine bestimmte sprachliche Formung hat, die auch anderwärts in ähnlicher Weise auftritt, und wenn diese Texte auch in ihrer Intention und Funktion übereinstimmen, spricht man von einer geprägten Form, einer *Gattung*. Es handelt sich also nicht um eine individuelle, sondern eine typische Lebensäußerung.

Das Ziel dieses Arbeitsganges besteht nach traditioneller Sicht darin, die sprachliche, stilistische und formale Gestaltung einer Texteinheit herauszuarbeiten (Gattungsbestimmung) und – sofern möglich – den ursprünglichen Verwendungs- und Lebenszusammenhang dieser Gattung zu eruieren, also ihren »Sitz im Leben« (Hermann Gunkel) zu bestimmen. Diese klassische Definition rechnet damit, daß ein beträchtlicher Teil der alttestamentlichen Literatur aus der *mündlichen Überlieferung* herausgewachsen ist. Heute, da man gegenüber der Rekonstruktion der mündlichen Vorgeschichte skeptischer geworden ist und zunehmend den *literarischen* Charakter der alttestamentlichen Texte wahrnimmt, verändert sich auch die Richtung der formgeschichtlichen Fragestellung: Nicht jede literarische Form bzw. Gattung hat einen (ursprünglich mündlichen) »Sitz im Leben«; vieles ist vielmehr von vornherein für einen literarischen Zusammenhang im werdenden *Buch* konzipiert worden. Man spricht dabei etwas unschön, aber sachlich angemessen vom »Sitz im Buch«.

Die Formgeschichte behält auch unter veränderten forschungsgeschichtlichen Voraussetzungen ihr unbestreitbares Recht, indem sie fragt, in welcher Weise alttestamentliche Texte von *vorgegebenen Sprachkonventionen* geprägt sind – gehören sie nun in den mündlichen oder (was meistens der Fall ist) von vornherein in den schriftlich-literarischen Bereich. Deshalb bemüht sich die Formgeschichte heute nicht mehr allein um die Bestimmung der Gattung einer Texteinheit oder ihres »Sitzes im Leben«, sondern greift weiter: Sie arbeitet die literarisch-sprachliche Gestaltung eines Textes oder einer größeren Texteinheit heraus und bezieht dabei in weit größerem Umfang als in der Vergangenheit linguistische und literaturwissenschaftliche Aspekte mit ein.

## 6.2. Geschichte und Terminologie

Hermann GUNKEL (1862–1932)[102] war der eigentliche Begründer der *Gattungsforschung* und damit der Formgeschichte,[103] auch wenn die Wurzeln bis zu Johann Gottfried HERDER (1744–1803) und seinen volkskundlichen Studien zurückreichen.[104] Gunkels »Programm« bestand zunächst darin, die ältesten literarischen Formen, die Gattungen, zu rekonstruieren und ihren ursprünglichen Lebenszusammenhang, ihren »Sitz im Leben« (Gunkel kann auch vom »Sitz im Volksleben« sprechen), freizulegen:

> »Wer die Gattung verstehen will, muß sich jedesmal die ganze Situation deutlich machen und fragen: wer ist es, der redet? wer sind die Zuhörer? welche Stimmung beherrscht die Situation? welche Wirkung wird erstrebt? Oft wird die Gattung je durch einen Stand vertreten, für den sie bezeichnend ist: wie heutzutage die Predigt durch den Geistlichen, so damals die Tora durch den Priester, der Weisheitsspruch durch die ›Weisen‹, die Lieder durch die Sänger usw.«[105]

---

[102] Zu ihm grundlegend W. KLATT; vgl. auch die Skizze von Rudolf SMEND, Hermann Gunkel, in: DERS., Deutsche Alttestamentler in drei Jahrhunderten, Göttingen 1989, 160–172.

[103] Der Terminus *Formgeschichte* hat sich durch Martin DIBELIUS, Die Formgeschichte des Evangeliums, Tübingen 1919, durchgesetzt.

[104] Vgl. knapp Johannes IRMSCHER, Johann Gottfried Herder, Reclam Universal-Bibliothek 17630, Stuttgart 2001, 142–182.

[105] H. GUNKEL, Grundprobleme, 33.

Gunkel ging ganz selbstverständlich davon aus, daß sich die ältesten Ausprägungen einer Gattung stets durch einen reinen Stil auszeichnen. Ja, die Reinheit der Form konnte sogar das wichtigste Merkmal für das hohe Alter einer Gattung sein. Diese Bevorzugung der reinen Form hängt zusammen mit der positiven Bewertung der *mündlichen Überlieferung* und der Hochschätzung des *Ursprünglichen* (→ B 4.2): Literalität und urtümliche Lebendigkeit des Volkes passen nicht zusammen. Wenn die lebendigen Gattungen in Literatur überführt werden, »wenn sich die Schriftsteller der Gattung bemächtigen, finden *Umbiegungen oder Mischungen* statt.«[106] So ging es Gunkel in seinem Programm einer Literaturgeschichte nicht etwa um die Schriftsteller und ihre Werke, sondern um die Nachzeichnung der »Geschichte der literarischen Gattungen Israels«[107], die sich primär im mündlichen Überlieferungsraum vollzog. »Nicht sowohl an die biblischen Bücher und ihre Kritik wollten wir denken«, stellte Gunkel pointiert fest, »sondern vielmehr aus den Büchern die lebendige Religion zu lesen suchen.« Es komme »darauf an, die Religion in ihrer *Bewegung* darzustellen, wie sie aus dem Herzen der großen, von Gottes Geist berühmten Männer immer wieder emporquillt.«[108] Deshalb plädierte Gunkel für eine Religions*geschichte*, die – nach den Regeln der allgemeinen Geschichtswissenschaft – ein lebendiges Bild der Religion in ihrer geschichtlichen Entwicklung und in ihrem religionshistorischen Kontext zu zeichnen hat.

Gunkels gattungsgeschichtliche Arbeit steht in direktem Zusammenhang mit diesem religionsgeschichtlichen Programm, denn in der Freilegung der ursprünglichen und alten Gattungen und ihrer Geschichte sah er den Schlüssel zur Religion Israels. Dieser religionsgeschichtliche Zugang war kennzeichnend für eine bedeutende theologische Bewegung, die um die Wende vom 19. zum 20. Jahrhundert ihren Höhepunkt erlebte und zu deren Mitbegründern Gunkel gehörte: die *Religionsgeschichtliche Schule* (→ B 4.2).

---

[106] H. GUNKEL, Grundprobleme, 36.
[107] H. GUNKEL, Grundprobleme, 31 (im Orig. gesperrt).
[108] H. GUNKEL, Vorwort, in: Ders., Reden und Aufsätze, VI.

## B. Die exegetischen Methoden

»Mit dem Namen R[eligionsgeschichtliche] Sch[ule] bezeichnet man
– ihrem eigenen Sprachgebrauch folgend – eine Gruppe gleichgerichteter und gleichgesinnter theologischer Forscher, deren Anfänge in die 80er Jahre des vorigen [scl. des 19.] Jhd.s zurückgehen. Damals fand sich, durch Albr. Ritschl angezogen, ein Kreis junger theologischer Gelehrter in Göttingen zusammen, der sich zum Beschreiten neuer Wege theologischer Forschung gedrängt sah und dabei die Forderung religionsgeschichtlicher Betrachtung des Christentums in den Vordergrund stellte.«[109]

Neben Hermann Gunkel gehörten zu den Gründern dieses Kreises junger Theologen Albert EICHHORN (1856–1926), William WREDE (1859–1906) und Wilhelm BOUSSET (1865–1920); ihr Systematiker war der nur kurze Zeit in Göttingen als Privatdozent wirkende Ernst TROELTSCH (1865–1923). Die Voraussetzungen für die neue »religionsgeschichtliche Betrachtung« lagen zu einem guten Teil in den Entdeckungen des 19. Jahrhunderts. Durch zahlreiche Ausgrabungen und die Entzifferung der Keilschrift und der Hieroglyphen wurde der Alte Orient, über den man bislang nur aus der Bibel oder von griechischen und römischen Autoren wußte, plötzlich lebendig; eine direkte religionsvergleichende Arbeitsweise legte sich auch für die Bibel nahe (→ B 7.4).

Im Jahre 1901 erschien Gunkels berühmter Genesis-Kommentar, in dem er sich vor allem der Herausarbeitung der alten – vorschriftlichen – Sagen und ihres »Sitzes im Leben« widmete; mit einem berühmt gewordenen Zitat illustriert:

> »Am müssigen Winterabend sitzt die Familie am Herde; die Erwachsenen und die Kinder lauschen gespannt auf die alten, schönen, so oft gehörten und immer wieder begehrten Geschichten aus der Urzeit. Wir treten hinzu und lauschen mit ihnen.«[110]

Einmal abgesehen von den (ein wenig zu) romantischen Vorstellungen, die hier durchscheinen, kann festgehalten werden: Die Bestimmung des »Sitzes im Leben« ist zugleich eine *soziologische* Fragestellung. Nicht zufällig stehen moderne sozialgeschichtliche Ansätze der Bibelauslegung in der Tradition der klassischen Formgeschichte Gunkelscher Prägung, auch wenn sie sich dieser Wurzeln kaum mehr bewußt sind. Übertragen hat Gunkel die an

---

[109] Otto EISSFELDT, Art. Religionsgeschichtliche Schule, RGG² 4, 1930, 1898–1905 (1898). Vgl. vor allem die Monographie von W. KLATT, Hermann Gunkel.

[110] Hermann GUNKEL, Genesis, HK I/1, 1901, XVIIIf.

## 6. Formgeschichte 105

der Sagenüberlieferung entwickelte Gattungsforschung später auf die *Psalmen*. Auch hier fragte er nach dem »Sitz im Leben« der einzelnen Psalmen und ihrer Verwendung im altisraelitischen Kult und entwickelte daraus eine bis heute grundlegende Beschreibung der Psalmgattungen.[111]

In der Zeit nach Gunkel erlebte die Gattungsforschung bzw. Formgeschichte einen unaufhaltsamen Aufstieg in der alttestamentlichen Wissenschaft, der auch durch das Aufkommen der Dialektischen Theologie seit den 1920er Jahren, mit der die Religionsgeschichtliche Schule allmählich an ihr Ende kam, nicht abbrach. Einige wichtige Tendenzen seien genannt (vgl. auch H.-P. MÜLLER, Art. Formgeschichte, 274–283):

1. Die gattungsgeschichtliche Methode, einst an den kleinen Formen entwickelt, wurde hier und da auf »Makrotexte« ausgedehnt. In seiner berühmten Arbeit über »Das formgeschichtliche Problem des Hexateuch« (1938) sah Gerhard VON RAD den gesamten Hexateuch (Gen–Jos) als eine gattungsgebundene Form an, die auf alten Credo-Formulierungen beruhe und sich im wesentlichen noch im mündlichen Überlieferungsraum konstituiert habe.[112]
2. Vor allem in der skandinavischen Forschung (wichtigster Vertreter: Siegmund MOWINCKEL) wurde der Gunkelsche »Sitz im Leben« immer mehr auf den *Kult* als eigentliche religiöse Ausdrucksform eingeschränkt. Aber auch in der deutschsprachigen Forschung erlebte man in den Jahrzehnten nach Gunkel geradezu eine Hochzeit der Formgeschichte: Man konstruierte festliche Begehungen, (er)fand sowohl für kleine Gattungen wie auch für größere Überlieferungskomplexe religiöse Haftpunkte und Institutionen, an denen diese Überlieferungen gepflegt worden sein sollen (→ B 4.2).
3. Eingehend diskutiert wurde das Verhältnis von *Form* und *Inhalt*. Während Gunkel bei der Gattungsbestimmung zumal im Psalter nicht immer völlig klar zwischen formalen und inhaltlichen Kriterien unterschieden hatte (z.B. bei den sogenannten Liedern von der Thronbesteigung JHWHs oder den Königsliedern), kam es vor allem in der Schule von Wolfgang RICHTER zu einer Verabsolutierung der formalen Komponente: Am Beginn der Analyse habe eine (literarkritische) Segmentie-

---

[111] Vgl. vor allem Ausgewählte Psalmen, Göttingen 1904; Einleitung in die Psalmen. Die Gattungen der religiösen Lyrik Israels. Zu Ende geführt von Joachim BEGRICH, HK Ergänzungsband, Göttingen 1933; ⁴1985.

[112] Wieder abgedruckt in: DERS., Gesammelte Studien zum Alten Testament, TB 8, München ⁴1971, 9–86.

rung des Textes in sogenannte kleine, für sich auslegbare Einheiten zu stehen. Diese Segmentierung aber dürfe, so das Programm, allein aufgrund formaler Kriterien erfolgen (→ B 3.3).

Die hier nur beispielhaft skizzierten Entwicklungen sind durch die Etablierung der redaktionsgeschichtlichen Fragestellung seit den 60er und 70er Jahren des 20. Jahrhunderts zunehmend als problematisch erkannt worden. Zum einen ist man gegenüber der Zuverlässigkeit der mündlichen Überlieferung sehr skeptisch geworden (→ B 4.3). Zum andern hat sich gezeigt, daß die Hochschätzung der Einzelgattungen und mehr noch eine *vorgängige* Separierung eines Textes in sogenannte kleine Einheiten etwas voraussetzt, was allererst bewiesen werden muß: daß es sich tatsächlich um vormals unabhängige kleine Einheiten handelt. Stattdessen hat die Forschung den Blick immer stärker auf die Makroebene größerer literarischer Einheiten gerichtet und sich damit den zahlreichen – immer schon beobachteten – textübergreifenden literarischen Vernetzungen gewidmet. Vor dem Einzelwort und der Einzelgattung steht das *Buch* als unhintergehbarer Ausgangspunkt der Analyse.

## 6.3. Grenzen der formgeschichtlichen Fragestellung

Die Formgeschichte hat, wie die vorstehende Übersicht gezeigt hat, seit dem Beginn des 20. Jahrhunderts einen großen Einfluß auf die alt- und neutestamentliche Exegese ausgeübt, so daß sie sogar zum Generalschlüssel werden konnte (vgl. etwa K. KOCH). Allerdings arbeitet sie mit hermeneutischen Voraussetzungen und Implikationen, die man heute nicht mehr uneingeschränkt teilen kann. Dazu gehören z.B. die Hochschätzung des Ursprünglichen und des Reinen, Unverstellten; dazu gehört auch die große Rolle, die man der mündlichen Tradition zuwies. Deshalb müssen die Grenzen dieses methodischen Schrittes deutlich benannt werden.

Die Formgeschichte »alter« Prägung rechnet damit, daß ein Großteil der alttestamentlichen Literatur aus kleinen oder größeren Formen, Gattungen, erwachsen ist, die jeweils ihren eigenständigen »Sitz im Leben« (und zwar primär des religiösen Lebens) gehabt haben. Die redaktionsgeschichtliche Fragestellung hat dieses Bild gründlich verändert. Denn vielfach hat man es keineswegs mit alten, ehemals selbständigen Formen zu tun, sondern bestenfalls mit *literarischen Adaptionen* bestimmter Gattungen, die niemals einen selbständigen »Sitz im Leben« gehabt haben. Man spricht in solchen Fällen gern von einem »Sitz im Buch«, und die Beziehungen zur Redaktionsgeschichte sind sehr eng.

> **Beispiel:** Die jetzige Einleitung des Jes-Buches in Jes 1,2–20 wirkt auf den ersten Blick wie eine lose Zusammenstellung von Einzelworten, die sich jeweils einer bestimmten Gattung zuordnen lassen und einen ehedem eigenständigen »Sitz im Leben« gehabt zu haben scheinen. Eine genauerer Blick indes legt eine andere Sicht der Dinge nahe: Das Kapitel ist im wesentlichen literarisch einheitlich konzipiert worden, und zwar als *Bucheinleitung*, die Themen des nachfolgenden Buches präludiert.[113] Zwar werden prophetische Redeformen benutzt, diese hatten aber niemals einen vom Buch unabhängigen »Sitz im Leben«.

In der gegenwärtigen Forschung kann man somit von einer *Transformation* der klassischen Formgeschichte in die literaturwissenschaftliche und redaktionsgeschichtliche Analyse sprechen.

## 6.4. Vorgehen

Der Arbeitsschritt der Formgeschichte besteht nicht mehr allein in der Gattungsbestimmung und der Frage nach dem »Sitz im Leben«, sondern ist weiter zu fassen: Es geht generell um die Erhebung der sprachlichen Eigenart eines Textes, zu der – selbstverständlich – auch seine Gattung und ihr ursprünglicher wie jetziger Verwendungszusammenhang gehören. Dies ist schon deshalb notwendig, um zu erfahren, ob ein Text sich einer *typischen, konventionell geprägten* Redeweise bedient oder aber eine *individuelle* sprachliche Äußerung darstellt. Die Aufgabe der Formgeschichte ist also komplexer geworden; zudem hängt sehr viel

---

[113] Vgl. Uwe BECKER, Jesaja – von der Botschaft zum Buch, FRLANT 178, Göttingen 1997, 176–192.

von den Literaturbereichen ab, in denen man sich bewegt. Die Analyse einer Erzählung erfordert ein anderes Instrumentarium als die Betrachtung eines prophetischen Textes oder eines Psalms. In allen Literaturbereichen aber kommt der literarkritischen und redaktionsgeschichtlichen Frage insofern eine gewisse Priorität zu, als zunächst zu klären ist, welchen Grad an literarischer Selbständigkeit ein Text überhaupt hat. Bei einem Prophetenwort *kann* es sich um ein ursprünglich eigenständiges Logion handeln; aber genau das ist zunächst durch andere Analyseschritte zu klären.

So bleibt die Gattungsbestimmung nach wie vor ein wichtiger Schlüssel zur Erfassung der Eigenart eines Textes. In der Regel folgt man dabei einem Dreischritt:

1. Zunächst bemüht man sich um eine möglichst genaue Erfassung der Formmerkmale eines Textes: Wie ist der Text aufgebaut? Welche Szenen und szenischen Einschnitte sind erkennbar? Stößt man auf gliedernde Textsignale (z.B. הנה »siehe«! oder אחרי־כן »danach«)? Fallen bestimmte Formeln und Begriffe auf? Worauf kommt es in dem Text besonders an? Was wird nicht erzählt oder berichtet?
2. Dann nimmt man einen Vergleich mit analog aufgebauten Texten vor, fragt also, ob es Texte gibt, die den gleichen Aufbau haben, ähnliche Formeln und Begriffe enthalten oder eine vergleichbare Abzweckung verfolgen.
3. Schließlich macht man sich an die Herausarbeitung einer Gattungstypik, erstellt also eine Art »Idealgattung«, um dann zu fragen, ob und inwieweit der zu untersuchende Text dieser »Idealgattung« entspricht. Liegt eine Erweiterung der Gattung vor? Stößt man auf Gattungsverschränkungen? Selbst kleine Abweichungen können der Schlüssel zur Intention eines Textes sein.

Hat man die Gattung bestimmt, fragt man nach einem möglichen *ursprünglichen* und nach dem *jetzigen* Verwendungszusammenhang. Gab es einen (gar in den mündlichen Raum zurückreichenden) »Sitz im Leben«, oder ist von vornherein ein »Sitz im Buch«

anzunehmen? Dabei werden die Ergebnisse der Literarkritik, der Überlieferungsgeschichte und der Redaktionsgeschichte vorausgesetzt, was freilich nicht bedeutet, daß die Gattungsbestimmung ganz ohne Einfluß auf die übrigen methodischen Schritte bliebe. Die verschiedenen Frageperspektiven müssen vielmehr in ein fruchtbares Gespräch gebracht werden.

> **Beispiel:** Will man den Bericht über die Berufung Jeremias (→ B 5.4) recht verstehen, ist es unverzichtbar, sich die *Gattung* zu vergegenwärtigen: Es handelt sich um eine Berufungserzählung, wie sie nicht nur in der Prophetie (vgl. Jes 6), sondern auch in der Erzählüberlieferung begegnet (Mose Ex 3; Gideon Ri 6,11–24; Saul 1 Sam 9f.).[114] Sie spiegelt gerade nicht die individuellen religiösen Erfahrungen des Propheten Jeremia wider, wie man früher gern annahm, sondern hat ein dezidiert *theologisches* und *bucheditorisches* Interesse: Alles, was der Prophet verkündet, tut er nicht aus sich selbst heraus, sondern allein aufgrund göttlicher Ermächtigung. Die Berufung Jeremias ist damit der Auftakt, ja geradezu die Überschrift, unter der die gesamte Jeremia-Überlieferung gelesen werden soll; keine ursprünglich selbständige Berufungserzählung also, sondern eine Bucheinleitung.

Die Bestimmung der Gattung ist indes nur der erste Schritt zur Erfassung der geprägten Sprachgestalt des Textes. Es kommen rhetorische und stilistische Aspekte hinzu, auf die teilweise schon im Abschnitt über Literarkritik hingewiesen wurde (→ B 3.3–4). Hier zeigt sich nicht nur die Interdependenz der Methoden, sondern auch eine veränderte Fragerichtung der Formgeschichte, die nicht mehr primär die mündlichen Gattungen in den Blick nimmt, sondern verstärkt die literarische Gestaltung eines Textes beschreibt.

## 6.5. Sprachliche, stilistische und rhetorische Analyse

**Literatur:** Eduard KÖNIG, Stilistik, Rhetorik, Poetik in Bezug auf die biblische Literatur, Leipzig 1900. – Heinrich LAUSBERG, Elemente der literarischen Rhetorik. Eine Einführung für Studierende der klassischen, romanischen, englischen und deutschen Philologie, München 1963; [10]1990 (Elementarbuch, das die rhetorischen Mittel beschreibt; sehr nützlich zur

---

[114] Vgl. die Übersicht bei Werner H. SCHMIDT, Exodus 1–6, BK II/1, Neukirchen-Vluyn 1988, 123–129.

B. Die exegetischen Methoden

Erschließung der griechischen alttestamentlichen Literatur). – Wilfred G.E. WATSON, Classical Hebrew Poetry. A Guide to its Techniques, JSOT.S 26, Sheffield 1984; ND 1995 (Handbuch zur Analyse althebräischer Poesie). – Walter BÜHLMANN / Karl SCHERER, Sprachliche Stilfiguren der Bibel. Von Assonanz bis Zahlenspruch. Ein Nachschlagewerk, Giessen ²1994 (knappe, aber ausgezeichnete Erklärung der in der Bibel geläufigen rhetorischen Mittel). – Walter GROSS, Die Pendenskonstruktion im Biblischen Hebräisch. Studien zum althebräischen Satz I, ATSAT 27, St. Ottilien 1987 (zum Phänomen des in deutschen Übersetzungen in der Regel vernachlässigten hebräischen *casus pendens*). – DERS. (unter Mitarbeit von Andreas DISSE und Andreas MICHEL), Die Satzteilfolge im Verbalsatz alttestamentlicher Prosa. Untersucht an den Büchern Dtn, Ri und 2Kön, FAT 17, Tübingen 1996 (neuer Ansatz zur Erschließung syntaktischer Strukturen des Althebräischen). – DERS., Doppelt besetztes Wortfeld. Syntaktische, pragmatische und übersetzungstechnische Studien zum althebräischen Verbalsatz, BZAW 305, Berlin–New York 2001 (grundlegende Untersuchung zum althebräischen Verbalsatz und seiner angemessenen Übersetzung). – Andreas WAGNER (Hg.), Studien zur hebräischen Grammatik, OBO 156, Fribourg, Göttingen 1997. – Andreas MICHEL, Theologie aus der Peripherie. Die gespaltene Koordination im Biblischen Hebräisch, BZAW 257, Berlin – New York 1997 (grundlegende Arbeit zu einem speziellen syntaktischen Phänomen: der »diskontinuierlichen« Stellung gleichwertiger Satzglieder im Althebräischen). – Andreas WAGNER, Sprechakte und Sprechaktanalyse im Alten Testament. Untersuchungen im biblischen Hebräisch an der Nahtstelle zwischen Handlungsebene und Grammatik, BZAW 253, Berlin – New York 1997 (Fruchtbarmachung der von J.L. AUSTIN und J.R. SEARLES begründeten *Sprechakttheorie* für das Alte Testament).

Es ist unabdingbar, sich im Rahmen des Arbeitsgangs der Formgeschichte die sprachliche und stilistische Gestaltung einer Texteinheit bzw. der jeweiligen Vorstufen vor Augen zu führen. Die Notwendigkeit einer solchen Fragestellung ist bei poetischen Texten (Psalmen, Gedichten) evident, aber auch bei Erzähltexten kaum mehr zu bestreiten. Dabei lassen sich die sprachlichen und stilistischen Besonderheiten hebräischer Texte auf verschiedenen Ebenen erfassen: in der Gestaltung der gesamten Texteinheit (*Struktur*), in der Verwendung der Tempora (*Syntax*), in der Wortwahl (*Semantik*), im Bereich des Klangs und des Lauts (*Phonemik, Phonetik*). Eine wichtige Aufgabe wird der Untersuchung der rhetorischen Mittel zukommen. Neben den oben genannten und eher übergreifenden Hilfsmitteln zur Rhetorik, Poetik und Grammatik sind jeweils die bei den einzelnen Gattungen aufgeführten Arbeiten zu konsultieren (→ B 6.6). Ein besonderes Augenmerk ist auf die grammatische Erschließung des hebräischen Textes zu richten. Hier haben z.B. die oben aufgeführten Arbeiten von Walter Gross und Andreas Michel zur Satzsyntax (aus der Schule Wolfgang Richters → B 3.3) und die Studien von Andreas Wagner zur Sprechakttheorie wichtige Beiträge geleistet. Sie gehen teilweise weit über die traditionellen Grammatiken hinaus und sind für spezielle Fragen unbedingt zu konsultieren.

## 6.6. Gattungen im Alten Testament

**Literatur:** André Jolles, Einfache Formen. Legende, Sage, Mythe, Rätsel, Spruch, Kasus, Memorabilie, Märchen, Witz, Halle 1930; Tübingen ⁶1982. – Fritz Stolz, Das Alte Testament, Studienbücher Theologie, Gütersloh 1974, 43–93. – Otto Eissfeldt, Einleitung in das Alte Testament, Tübingen ³1964, 10–204. – Otto Kaiser, Einleitung in das Alte Testament. Eine Einführung in ihre Ergebnisse und Probleme, Gütersloh ⁵1984. – Vgl. auch die Bände der Kommentarreihe *The Forms of the Old Testament Literature,* die im Anhang jeweils ein ausführliches Glossar mit einer Beschreibung der verwendeten Gattungen bieten (z.B. Marvin A. Sweeney, Isaiah 1–39, FOTL 16, Grand Rapids, MI 1996, 512–547).

Die folgende Übersicht möchte einen Eindruck von der Vielfalt der im Alten Testament enthaltenen und verwendeten Gattungen geben. Die Liste ist weder vollständig noch erhebt sie den Anspruch, eine formgeschichtlich »reine« Klassifikation zu geben; darüber hinaus sind Überschneidungen möglich. Ausführliche Beschreibungen der alttestamentlichen Gattungen bieten z.B. die Einleitungen von Otto Eissfeldt und Otto Kaiser sowie immer noch (von einem allgemein-literaturwissenschaftlichen Standort aus) das schöne Buch von André Jolles über die »Einfachen Formen«. Für die griechische Literatur (und damit indirekt auch für die griechischen Schriften des Alten Testaments) sei besonders hingewiesen auf die Übersicht von Peter Riemer u.a.,

Einführung in das Studium der Gräzistik, C. H. Beck Studium, München 2000, 153–186 (»Die Gattungen der griechischen Literatur«). Speziellere Literatur zu einzelnen Gattungen wird jeweils am gegebenen Ort genannt, gelegentlich mit kurzen Bemerkungen.

### (1) Gattungen des Erzählens

**Literatur:** Hermann GUNKEL, Genesis, HK I/1, Göttingen ³1910 (S.VII–C: Einleitung. Die Sagen der Genesis). – DERS., Das Märchen im Alten Testament, Tübingen 1921; Neuausgabe Frankfurt a.M. 1987, mit einem Nachwort von Hans-Jürgen HERMISSON: Das Alte Testament und die Märchen. – Hans-Peter MÜLLER, Die weisheitliche Lehrerzählung im Alten Testament und seiner Umwelt, WO 9 (1977), 77–98 = DERS., Mensch – Umwelt – Eigenwelt. Gesammelte Aufsätze zur Weisheit Israels, Stuttgart 1992, 22–43 (zur Gattung dieser Lehrerzählung werden gerechnet: die Josefserzählung, der Ijob-Rahmen, Daniel, Ester, Tobit sowie die außerbiblische aramäische Erzählung vom weisen Achikar[115]). – Claus WESTERMANN, Arten der Erzählung in der Genesis, in: DERS., Forschungen zum Alten Testament. Gesammelte Studien, TB 24, München 1964, 9–91. – Jean Louis SKA, »Our Fathers Have Told Us«. Introduction to the Analysis of Hebrew Narratives, SubBi 13, Rom 1990 (Standardwerk zur Erzähltextanalyse). – Matias MARTINEZ / Michael SCHEFFEL, Einführung in die Erzähltheorie, C. H. Beck Studium, München ⁸2009 (von einem literaturwissenschaftlichen Standpunkt aus). – Shimon BAR-EFRAT, Wie die Bibel erzählt. Alttestamentliche Texte als literarische Kunstwerke verstehen, Gütersloh 2006 (deutsche Übersetzung eines erstmals 1979 erschienenen, inzwischen zum Klassiker gewordenen kleinen Handbuchs zur Erzähltextanalyse). – Klaus SEYBOLD, Poetik der erzählenden Literatur im Alten Testament, Poetologische Studien zum Alten Testament 2, Stuttgart 2007 (gute Übersicht über Stilformen und Stilmerkmale der erzählenden Literatur von den mündlichen Vorstufen bis zu den Großformen).

- Sage (Familien-, Helden-, Stammes-, Heiligtums-, Ortssage; viele Beispiele in Gen)
- Novelle (Josefsgeschichte Gen 37–50; Rut)
- Lehrerzählung (Rut, Jona)

---

[115] Vgl. TUAT III/2, 320–347, und Tob 1,21f.

- Legende (2Kön 18–20//Jes 36–39; Elija- und Elischa-Überlieferungen)
- Fabel (Jotam-Fabel Ri 9,8–15)
- Mythe (Gen 1; Gen 2–3)
- Märchen (1Sam 9,1–10,16*)

## (2) Gattungen der Prophetie

**Literatur:** Claus WESTERMANN, Grundformen prophetischer Rede, BEvTh 31, München ⁵1978. – DERS., Prophetische Heilsworte im Alten Testament, FRLANT 145, Göttingen 1987. – Georg WARMUTH, Das Mahnwort. Seine Bedeutung für die Verkündigung der vorexilischen Propheten Amos, Hosea, Micha, Jesaja und Jeremia, BET 1, Frankfurt a.M. 1977. – Achim BEHRENS, Prophetische Visionsschilderungen im Alten Testament. Sprachliche Eigenarten, Funktion und Geschichte einer Gattung, AOAT 292, Münster 2002.

a) Prophetensprüche:
- Drohwort (Ankündigung) (Am 1,3)
- Scheltwort (Begründung) (Am 1,4f)
- Heilswort (Jes 43,1–7), Heilsorakel
- Mahnwort (Am 5,4–5)

b) Prophetenberichte:
- Audition (Jes 5,9)
- Vision (Jes 6)
- Berufungsbericht (Jer 1)
- Symbolhandlung (Jes 20)

c) Formeln:
- Botenspruchformel: »so hat Jahwe gesprochen« (*koh 'āmar JHWH*)
- Jahwespruchformel: »Raunung, Ausspruch Jahwes« (*n$^e$'um JHWH*)
- Wortereignisformel: »und es erging das Wort Jahwes an … (*wajj$^e$hî d$^e$bar JHWH 'æl…*)

114   B. Die exegetischen Methoden

## (3) Gattungen der Kultdichtung

**Literatur:** Robert Lowth, De Sacra Poesi Hebraeorum Praelectiones, Oxford 1753; hg.v. Johann David Michaelis, 2 Bände, Göttingen 1758/61 (Lowth gilt als »Entdecker« des hebräischen *Parallelismus membrorum*)[116] – Hermann Gunkel / Joachim Begrich, Einleitung in die Psalmen. Die Gattungen der religiösen Lyrik Israels, HK Ergänzungsband, Göttingen 1933 (der formgeschichtliche Klassiker zu den Psalmen). – Christoph Barth, Die Errettung vom Tode. Leben und Tod in den Klage- und Dankliedern des Alten Testaments [1947]. Neu herausgegeben von Bernd Janowski, Stuttgart 1997 (klassisch gewordene Untersuchung eines wichtiges Motivs in den Psalmen). – Frank Crüsemann, Studien zur Formgeschichte von Hymnus und Danklied in Israel, WMANT 32, Neukirchen-Vluyn 1969. – Fritz Stolz, Psalmen im nachkultischen Raum, ThSt 129, Zürich 1983. – Michael Emmendörffer, Der ferne Gott. Eine Untersuchung der alttestamentlichen Volksklagelieder vor dem Hintergrund der mesopotamischen Literatur, FAT 21, Tübingen 1998. – Hermann Spieckermann, Hymnen im Psalter. Ihre Funktion und ihre Verfasser, in: Erich Zenger (Hg.), Ritual und Poesie. Formen und Orte religiöser Dichtung im Alten Orient, im Judentum und im Christentum, HBS 36, Freiburg i.Br. 2003, 137–161 (Beispiel für eine Verbindung »klassischer« formgeschichtlicher Fragestellung und redaktionsgeschichtlicher Perspektive: der Beitrag zeigt auf, daß der Psalter zwar Hymnen enthält, die aus kultischen Anlässen stammen, jedoch hat die »Kulttauglichkeit« keineswegs die redaktionelle Zusammenstellung der Einzelpsalmen geprägt; vielmehr ist dem Psalter als Ganzes – redaktionell! – »das theologische Signum des Gotteslobes aufgeprägt« worden [158]). – Klaus Seybold, Poetik der Psalmen, Poetologische Studien zum Alten Testament 1, Stuttgart 2003 (Standardwerk zur Erfassung der Sprach- und Kunstform der Psalmen). – Andreas Wagner (Hg.), Parallelismus membrorum, OBO 224, Fribourg; Göttingen 2007 (Studien zum *Parallelismus membrorum* im Alten Testament und seiner Umwelt mit einer instruktiven forschungsgeschichtlichen Einleitung des Herausgebers).

- Klagelieder (des einzelnen, des Volkes) (Ps 22; 137)
- Loblieder (Danklied, Hymnus) (Ps 34; Ex 15,21)

---

[116] Zu Robert Lowth (1710–1787), zunächst Professor der Poesie in Oxford, zuletzt Lordbischof von London, vgl. Rudolf Smend, Der Entdecker des Parallelismus: Robert Lowth (1710–1787), in: Prophetie und Psalmen. Festschrift Klaus Seybold, hg.v. B. Huwyler u.a., AOAT, Münster 2001, 185–199.

## 6. Formgeschichte

- Königslieder (Ps 2; 110)
- Festlieder (Ps 24; 47; 132)
- Thronbesteigungspsalmen (Ps 93; 96; 97; 99)

### (4) Gattungen der profanen Lieddichtung

**Literatur:** Hedwig JAHNOW, Das hebräische Leichenlied im Rahmen der Völkerdichtung, BZAW 36, Giessen 1923. – Hans-Peter MÜLLER, Vergleich und Metapher im Hohenlied, OBO 56, Fribourg; Göttingen 1984.

- Spottlieder (Num 21,27–30)
- Siegeslieder (1Sam 18,7)
- Hochzeitslieder (Hld)
- Leichenlieder (Qina) (Klgl; Am 5,2; Jes 1,21ff.)

### (5) Gattungen des Rechts

**Literatur:** Albrecht ALT, Die Ursprünge des israelitischen Rechts [1934], in: DERS., Kleine Schriften zur Geschichte des Volkes Israel I, München ⁴1968 (klassischer Aufsatz; Unterscheidung von kasuistischem und apodiktischem Recht). – Hans Jochen BOECKER, Redeformen des Rechtslebens im Alten Testament, WMANT 14, Neukirchen-Vluyn 1964; ²1970. – DERS., Recht und Gesetz im Alten Testament und im Alten Orient, NStB 10, Neukirchen-Vluyn 1976; ²1984. – Herbert NIEHR, Rechtsprechung in Israel. Untersuchungen zur Geschichte der Gerichtsorganisation im Alten Testament, SBS 130, Stuttgart 1987 (zum »Sitz im Leben« der alttestamentlichen Rechtsüberlieferungen). – Eckart OTTO, Theologische Ethik des Alten Testaments, ThW 3/2, Stuttgart 1994. – Klaus GRÜNWALDT, Auge um Auge, Zahn um Zahn? Das Recht im Alten Testament, Mainz 2002.

- Kasuistisches Recht (Ex 21,28–32)
- Apodiktisches Recht: Prohibitive (Dekalog), Mot-jumat-Sätze (Ex 21,12), Fluchsätze (Dtn 27,15–26), Talionsrecht (Ex 21,23f.) etc.
- Gerichtsrede: Jahwe und die Götter (Jes 41,1–5); Jahwe und Israel (Jes 43,22–28)

## (6) Gattungen der Weisheit

**Literatur:** James M. REESE, Hellenistic Influence on the Book of Wisdom and its Consequences, AnBib 41, Rom 1970. – Claus WESTERMANN, Wurzeln der Weisheit. Die ältesten Sprüche Israels und anderer Völker, Göttingen 1990. – K. F. Diethard RÖMHELD, Die Weisheitslehre im Alten Orient. Elemente einer Formgeschichte, BN.B 4, München 1989. – Christian KLEIN, Kohelet und die Weisheit Israels. Eine formgeschichtliche Studie, BWANT 132, Stuttgart 1992. – Rolf SCHÄFER, Die Poesie der Weisen. Dichotomie als Grundstruktur der Lehr- und Weisheitsgedichte in Proverbien 1–9, WMANT 77, Neukirchen-Vluyn 1999. – Helmut ENGEL, Das Buch der Weisheit, NSK.AT 16, Stuttgart 1998, 15–36.

a) Sprüche:

- Sprichwort (konstatierender Aussagespruch) (Ri 8,21; Ez 16,44)
- Aussage- oder Wahrspruch (Prv 21,21ff.)
- komparativischer *ṭob*-Spruch (»Besser-als-Spruch«) (Koh 9,4b; Prv 15,16f.)
- imperativischer Mahnspruch (Prv 3,5; 24,17)
- Rätsel (Ri 14,12–18; 1Kön 10,2f.)
- Zahlenspruch (Prv 30,18f.)

b) Komplexere Lehren:

- Lehrrede oder Lehrgespräch (Prv 1,8–19; Ijob 3–27)
- Lehrgedicht (Koh)
- Lehrerzählung (Ijob 1–2 + 42), Lehrnovelle (Rut) oder Lehrroman (Tobit)
- Lehr- und Mahnrede (*Lógos protreptikós*) (Weish)
- Preisgedicht (*Enkómion*) (Preisgedicht auf die Weisheit: Weish 6,22–25)

## 6. Formgeschichte 117

### (7) Priesterliche Gattungen

**Literatur:** Joachim Begrich, Das priesterliche Heilsorakel [1934], in: Ders., Gesammelte Studien zum Alten Testament, hg.v. Walther Zimmerli, TB 21, München 1964, 217–231. – Joachim Begrich, Die priesterliche Tora [1936], in: Ebd., 232–269. – Hans-Jürgen Hermisson, Sprache und Ritus im altisraelitischen Kult. Zur »Spiritualisierung« der Kultbegriffe im Alten Testament, WMANT 19, Neukirchen-Vluyn 1965.

- Orakel; priesterliches (oder königliches?) Heilsorakel (Jes 41,8–13)
- Priesterliche Tora (Hag 2,11–13)
- Deklaratorische Formeln (rein – unrein etc.) (Hag 2,11–13)
- Rituale (Lev 16)

### (8) Gattungen der Geschichtsschreibung

**Literatur:** Erhard Blum, Ein Anfang der Geschichtsschreibung? Anmerkungen zur sog. Thronfolgegeschichte und zum Umgang mit Geschichte im alten Israel [1996], in: Ders., Textgestalt und Komposition, Exegetische Beiträge zu Tora und Vordere Propheten, hg.v. Wolfgang Oswald, FAT 69, Tübingen 2010, 281–318 (forschungsgeschichtlich wichtiger Beitrag). – John Van Seters, In Search of History. Historiography in the Ancient World and the Origins of Biblical History, New Haven, CT 1983 (Vergleich von biblischem und griechischem Geschichtsdenken). – Ernst Würthwein, Die Bücher der Könige, 2 Bände, ATD 11/1–2, Göttingen ²1985 und 1984. – Ders., Die Erzählung von der Thronfolge Davids – theologische oder politische Geschichtsschreibung? [1974], in: Ders., Studien zum deuteronomistischen Geschichtswerk, BZAW 227, Berlin – New York 1994, 29–79 (zum Charakter der biblischen Geschichtsschreibung). – Markus Witte, Von den Anfängen der Geschichtswerke im Alten Testament. Eine forschungsgeschichtliche Diskussion neuerer Gesamtentwürfe, in: Eve-Marie Becker (Hg.), Die antike Historiographie und die Anfänge der christlichen Geschichtsschreibung, BZNW 129, Berlin – New York 2005, 53–81 (über die Entstehung der altisraelitischen Geschichtsschreibung in Krisenzeiten).

- Listen (Gen 5)
- Annalen (1Kön 14,19f.)
- Geschichtserzählung (Thronfolgeerzählung 2Sam 9 – 1Kön 2)
- Geschichtswerk (das »Deuteronomistische Geschichtswerk« Dtn – 2 Kön)

## 6.7. Beispiel:
## Gattungen aus dem Bereich des Rechtslebens

Die folgenden Beispiele aus dem Bereich des Rechtslebens zeugen sowohl von der Vielfalt der Gattungen und ihres (ursprünglichen) »Sitzes im Leben« wie auch von der engen Verzahnung mit dem altorientalischen Recht. Freilich: Diese Gattungen begegnen im Alten Testament gerade nicht mehr in ihrem vermuteten ursprünglichen Verwendungszusammenhang, sondern sind längst Literatur geworden und in die Ursprungsgeschichte Israels am Sinai / Horeb eingegangen. Wer diese Rechtssätze verstehen will, muß sich beide »Kontexte« vor Augen führen.

(1) »Du sollst nicht töten!« (Ex 20,14)
(2) »Wer einen Menschen schlägt, so daß er stirbt, der soll unbedingt getötet werden.« (Ex 21,12)
(3) »Wenn ein Rind einen Mann oder eine Frau stößt, so daß sie sterben, so soll man das Rind steinigen und sein Fleisch nicht essen; der Besitzer des Rindes aber bleibt straflos. War jedoch das Rind schon seit einiger Zeit stößig, und sein Besitzer ist gewarnt worden, und er hat es doch nicht gehütet, so soll man das Rind, wenn es einen Mann oder eine Frau tötet, steinigen, und auch sein Besitzer soll getötet werden. Wird aber ein Sühnegeld auferlegt, so soll er als Lösegeld für sein Leben so viel zahlen, wie man ihm auferlegt. Stößt das Rind einen Sohn oder eine Tochter, soll man nach dem gleichen Recht verfahren. Wenn das Rind einen Sklaven oder eine Sklavin stößt, so soll der Besitzer ihrem Herrn 30 Silberschekel zahlen, und das Rind soll gesteinigt werden.« (Ex 21,28–32)
(4) »Wenn ein Rind, während es auf der Straße geht, einen Bürger stößt und tötet, so hat dieser Rechtsfall keinen Klageanspruch. Wenn ein Rind eines Bürgers stößig ist und er, obwohl seine Behörde ihn darüber informiert hat, daß es stößig ist, seine Hörner nicht stutzt und sein Rind nicht überwacht, wenn dann dieses Rind einen Bürger stößt und tötet, soll er eine halbe Mine Silber geben. Wenn es sich um einen Sklaven eines Bürgers handelt, soll er ein drittel Mine Silber geben.« (Kodex Hammurapi §§ 250–251, Übersetzung R. Borger, TUAT I/1, 72)
(5) »Leben für Leben, Auge für Auge, Zahn für Zahn, Hand für Hand, Brandmal für Brandmal, Wunde für Wunde, Strieme für Strieme.« (Ex 21,23–25)
(6) »Verflucht, wer Vater oder Mutter schmäht. Verflucht, wer den Grenzstein seines Nachbarn verrückt. Verflucht, wer einem Blinden den falschen Weg weist.« (Dtn 27,16–18)

# 7. Traditionsgeschichte

> »Israel selbst trat als ein Spätling unter den Völkern des Alten Orients in die Geschichte ein. Sein weltgeschichtliches Erbe in Gestalt des Alten Testaments verarbeitet die religiöse Hinterlassenschaft der vorderasiatisch-ägyptischen Welt in einer eigentümlichen Konzentration auf die religiös-sittlichen Grundforderungen der Gottes- und der Nächstenliebe.«
>
> (Otto KAISER)[117]

**Literatur:** Odil Hannes STECK, Strömungen theologischer Tradition im Alten Israel [1978], in: DERS., Wahrnehmungen Gottes im Alten Testament. Gesammelte Studien, TB 70, München 1982, 291–317 (Übersicht über prägende theologische Konzepte im alten Israel; entspricht nicht mehr dem gegenwärtigen Forschungsstand). – Karlheinz MÜLLER, Die religionsgeschichtliche Methode. Erwägungen zu ihrem Verständnis und zur Praxis ihrer Vollzüge an neutestamentlichen Texten, BZ 29 (1985), 161–192 (zum religionsgeschichtlichen Vergleich aus neutestamentlicher Perspektive). – Martin RÖSEL, Art. Traditionskritik / Traditionsgeschichte. AT, TRE 33, 2002, 732–743 (zur Terminologie, zur Forschung und zur aktuellen Diskussion). – Siehe auch die unter Überlieferungs- und Formgeschichte verzeichnete Literatur (→ B 4 und 5). – Thomas KRÜGER, Überlegungen zur Bedeutung der Traditionsgeschichte für das Verständnis alttestamentlicher Texte und zur Weiterentwicklung der traditionsgeschichtlichen Methode, in: Helmut UTZSCHNEIDER / Erhard BLUM (Hgg.), Lesarten der Bibel. Untersuchungen zu einer Theorie der Exegese des Alten Testaments, Stuttgart 2006, 233–245 (Bestandsaufnahme).

## 7.1. Aufgabe

Ausgangspunkt der traditionsgeschichtlichen Frage ist die einfache Beobachtung, daß ein Text – gegebenenfalls auf verschiedenen Stufen seiner Wachstumsgeschichte – keine individuell-ab-

---

[117] O. KAISER, Die Bedeutung der griechischen Welt für die alttestamentliche Theologie [2000], in: DERS., Zwischen Athen und Jerusalem. Studien zur griechischen und biblischen Theologie, ihrer Eigenart und ihrem Verhältnis, BZAW 320, Berlin – New York 2003, 1–38 (1).

strakte, von jedem Lebenskontext gelöste sprachliche Äußerung darstellt, sondern von einer bestimmten *geistigen* Welt geprägt ist, deren Kenntnis für das Textverständnis notwendig ist. Im Unterschied zur Formgeschichte, die nach der sprachlichen Gestaltung eines Textes und seiner Gattung fragt, versucht die Traditionsgeschichte also die den Texten vorgegebenen und in ihnen meist nur angedeuteten geistigen – vor allem auch religionsgeschichtlichen – Voraussetzungen zu erkunden. Sie fragt nach der *Herkunft der Stoffe und Bildungsgehalte*, die in einem Text zur Sprache kommen, und nach der Art ihrer *Rezeption* (Übernahme, Umbildung oder Abstoßung). Man kann auch von *geprägten Sachgehalten* (O.H. STECK) sprechen. Als solche kommen z.B. in Frage:

- die vorderorientalisch-ägyptische und israelitische Weltsicht, z.B. das Bild von der Erde;
- bestimmende religiöse Überzeugungen, z.B. der weisheitliche Tun-Ergehen-Zusammenhang;
- Bildungsgehalte, Sprachkonventionen, Denkstrukturen, Stoffe, Redewendungen oder geprägte Bilder;
- Begriffe oder Vorstellungen, die in bestimmten Schul- bzw. Sondersprachen beheimatet sind (Königshof, Militär, Rechtspflege, Priestertum, Tempeldichtung, Weisheit, deuteronomisch-deuteronomistische Schulsprache, Prophetie);
- Themen, die sich aus theologischen Reflexionsvorgängen entwickelt haben und zu umfassenden Konzepten und Vorstellungskomplexen geworden sind, z.B. der Auszug aus Ägypten, die Zionstheologie, die Vorstellung vom Völkerkampf;
- religionsgeschichtlich bedeutsame Vorstellungskomplexe, die ihren Ursprung offenkundig außerhalb Israels haben, z.B. Schöpfungsvorstellungen, Weisheitslehren, altorientalisches Vertragsdenken, griechische Philosophie.

## 7.2. Geschichte und Terminologie

Der Begriff *Traditionsgeschichte* wird heute in der Regel im oben definierten Sinn gebraucht und damit deutlich von der *Überlieferungsgeschichte*, die nach der mündlichen Vorgeschichte eines *Einzel*textes zurückfragt, abgehoben. Mit *Tradition* ist dann nicht der Vorgang des Überlieferns (*traditio*) gemeint (so, wenn der Begriff als Synonym für Überlieferungsgeschichte verwendet wird), sondern das Überlieferte, der geprägte Sachgehalt selbst (*traditum*). Die Unterscheidung beider Aspekte ist sinnvoll, wenngleich die Nomenklatur – Überlieferungsgeschichte hier, Traditionsgeschichte dort – reichlich willkürlich ist. Sie läßt sich ausschließlich forschungsgeschichtlich erklären (→ B 4.2 und B 5.2). Um der Konvention willen sollte man die beiden Bezeichnungen Überlieferungs- und Traditionsgeschichte und die damit angezeigten unterschiedlichen Fragerichtungen beibehalten.

## 7.3. Vorgehen

Die traditionsgeschichtliche Untersuchung eines Einzeltextes kann nur von bestimmten sprachlichen Phänomenen ausgehen, die im Text selbst zum Ausdruck kommen oder wenigstens angedeutet werden. Entsprechend der oben gegebenen Gruppierung lassen sich dabei verschiedene Leitfragen formulieren, die aber nicht mehr sein können als Anhaltspunkte:

1. Läßt der Text ein bestimmtes Denkmuster erkennen, das nicht ausformuliert, wohl aber als tragender Hintergrund vorausgesetzt wird?
2. Lassen sich bestimmte Grundüberzeugungen erheben, die die Textaussagen implizit prägen?
3. Enthält der Text geprägte Bilder, Vergleiche, Formeln oder Stoffe, die auf einen bestimmten Verwendungsbereich schließen lassen?
4. Gibt es Worte oder Wortverbindungen, die auf einen spezifischen Hintergrund, eine geprägte Vorstellung oder einen Vorstellungskomplex verweisen?

Eine entscheidende Rolle kommt demnach dem Aufspüren von *Schlüsselbegriffen* zu. An erster Stelle steht dabei die Arbeit mit der *Konkordanz*, die einen unvoreingenommenen Eindruck von der Verwendung eines bestimmten Begriffs oder einer Wortverbindung vermittelt (→ D 2.9 für den hebräischen, D 1.2 für den deutschen Text). Meistens gelingt es schon auf diesem Wege, einen »verdächtigen« Begriff aufzuspüren oder eine Wortverbindung als eine geprägte Wendung zu identifizieren, die auch in anderen Texten an exponierter Stelle begegnet und gewisse Rückschlüsse auf das geistige Umfeld der Autoren oder Redaktoren ermöglicht. Es bietet sich an, eine Liste mit wichtigen Begriffen und Wendungen zusammenzustellen, die mit spezieller Literatur weiter ausgewertet werden kann.

> Ein Beispiel aus der Exodus-Tradition: In sehr unterschiedlichen Textbereichen begegnet die stereotype Wendung, JHWH habe Israel aus Ägypten heraus- (יצא *jāṣāʾ hif.*) oder heraufgeführt (עלה *ʿālāh hif.*). Sie tritt nicht nur in der Exodus-Geschichte auf (z.B. Ex 20,2), sondern auch in den erzählenden und prophetischen Büchern (z.B. 1 Sam 8,8; 1 Kön 12,28; Jer 2,6; Hos 2,17). Der Heraus- bzw. Heraufführung kommt hier eine herausgehobene Rolle als uranfängliche Heilstat JHWHs zu, die in einer bestimmten, relativ späten theologischen Tradition zuhause ist, die man gern, wenn auch ein wenig ungenau, den *Deuteronomismus* nennt. Aus diesem Textbereich stammt etwa auch die ebenso stereotype Formulierung, Israel habe seinen Gott verlassen und sei anderen Göttern bzw. den Baalen hinterhergelaufen (z.B. Ri 3,12).

Als nächster Schritt bietet sich in der Regel die Konsultierung eines *theologischen Wörterbuches* an (→ D 12.2). Dabei läßt sich das *Theologische Handwörterbuch zum Alten Testament* mit etwas Mühe auch ohne hebräische Sprachkenntnisse benutzen. Hilfreich ist auch das von Angelika BERLEJUNG und Christian FREVEL herausgegebene *Handbuch theologischer Grundbegriffe zum Alten und Neuen Testament* (Darmstadt 2006), das neben thematisch übergreifenden »Dachartikeln« auch Artikel über Einzelbegriffe enthält (→ D 12.1). Es kann sinnvoll sein, in dieser Phase zusätzlich eine Darstellung der *Theologie des Alten Testaments* hinzuzuziehen, in der man – je nach Ausrichtung – umfassende Beschreibungen theologischer Konzepte (z.B. Schöpfungsvorstellungen, Zionstheologie, Theologie der Priesterschrift) findet

(→ D 13). Dies empfiehlt sich zumal dann, wenn die sprachlichen Hürden eine Benutzung der theologischen Wörterbücher nicht gestatten. Erst nach diesen erkundenden und vorbereitenden Schritten sollte man zur *Spezialliteratur* greifen (zahlreiche Beispiele → B 7.8). Es ist wichtig, daß man die hier vorgeschlagene Reihenfolge – also von der »neutralen«, den Befund darstellenden Konkordanz bis hin zur auswertenden Spezialliteratur – einhält.

Um den geistes- und theologiegeschichtlichen Hintergrund eines Textes zu erhellen und die Herkunft seiner Stoffe zu klären, sind stets auch *religionsgeschichtliche Perspektiven* einzubeziehen. Auf sie soll gesondert eingegangen werden.

## 7.4. Religionsgeschichtlicher Vergleich

Gegenüber früheren Versuchen, die *Besonderheit* und *Unvergleichlichkeit* des antiken Israel (genauer müßte man sagen: der beiden Königtümer Israel und Juda) in den Vordergrund zu rücken und religionshistorisch aufzuweisen – etwa durch Verweis auf den Monotheismus oder das Bilderverbot –, setzt sich immer mehr die Erkenntnis durch, daß sich die Sache weit komplizierter verhält. Zum einen wird mehr und mehr die tiefe Verwurzelung der Religion(en) Israels und Judas in ihrem religionsgeschichtlichen Kontext deutlich. Ja, man kann diese sogar als »Lokalausprägungen des Phänomens Religionen in Syrien-Palästina«[118] bezeichnen. Zum andern hat man zu unterscheiden gelernt zwischen den Religionen Israels und Judas in der Königszeit, wie sie sich aus den archäologischen und der literarkritischen (sozusagen textarchäologischen) Arbeit am Alten Testament rekonstruieren lassen, einerseits und dem Alten Testament als der religiösen Überlieferungsliteratur des Judentums des Zweiten Tempels (seit 515 v.Chr.) andererseits. So ist das Alte Testament, um es mit einem markanten Beispiel zu illustrieren, in seiner *jetzigen* Gestalt durch und durch monotheistisch geprägt, die israelitisch-

---

[118] Herbert NIEHR, Religionen in Israels Umwelt. Einführung in die nordwestsemitischen Religionen Syrien-Palästinas, NEB.AT E 5, Würzburg 1998, 239.

judäische Religionsgeschichte aber, die zu den *Voraussetzungen* des Alten Testaments gehört, aber gerade nicht.[119]

Die Aufgabe, die Religion(en) Israels und Judas sowie den Neuanfang im Judentum des Zweiten Tempels im jeweiligen religionsgeschichtlichen Kontext zu verstehen, konnte erst im 19. Jahrhundert einsetzen, als man den Alten Orient durch zahlreiche Ausgrabungen und Entzifferungen gleichsam »entdeckte«. Hier hat die bereits mehrfach genannte Religionsgeschichtliche Schule eine entscheidende katalytische Rolle gespielt (→ B 4.2 und 6.2), und wiederum ist der Name Hermann GUNKELS an erster Stelle zu nennen.

> In seinem berühmt gewordenen Buch *Schöpfung und Chaos in Urzeit und Endzeit* (1895) beschäftigt er sich vor allem mit dem Stoff der priesterschriftlichen Schöpfungsgeschichte Gen 1,1–2,4a. Während man früher davon ausging, daß der Autor seinen Stoff im wesentlichen frei erfunden habe, zeigt Gunkel akribisch die mannigfachen Beziehungen zwischen dem priesterschriftlichen Bericht und dem babylonischen Schöpfungsmythos *Enūma elisch* (nach den Anfangsworten »als droben«) auf, den man erst 1873 in Ninive entdeckt hatte.[120] Bei allen Unterschieden zwischen beiden Schöpfungsüberlieferungen zeigen sich frappierende Ähnlichkeiten. Zwar redet Gen 1 nicht mehr von einem Götterkampf, doch in beiden Texten ist vom Meer als dem chaotischen Urstoff die Rede. Gunkels Folgerung liegt auf der Hand: Im Grunde geben beide Texte denselben Mythos wieder, nur eben in zwei verschiedenen Fassungen (»Rezensionen«). Dabei ist die babylonische Rezension der biblischen an Alter weit überlegen. Der Ursprung des Mythos liegt, so Gunkel, in Babylonien. Seine Rezeption im alten Israel setzt eine lange mündliche Tradition voraus, die mit einer umfassenden Transformation einherging (z.B. im Blick auf das Gottesbild, das in der Bibel streng monotheistisch gedacht ist).

Das zitierte Beispiel zeigt zweierlei: Erstens hat man mit einer breiten Kenntnis altorientalischer Stoffe bei den alttestamentlichen Autoren und Redaktoren zu rechnen, die offenbar weniger auf direkten literarischen Vorlagen als vielmehr auf guter »Schulbildung« beruhen. Zweitens lassen die biblischen Texte einen umfassenden Prozeß der Transformation und Adaption er-

---

[119] Vgl. Uwe BECKER, Von der Staatsreligion zum Monotheismus. Ein Kapitel israelitisch-jüdischer Religionsgeschichte, ZThK 102 (2005), 1–16.
[120] Text: TUAT III/4, 565–602.

kennen. Dabei kommen als Referenzrahmen nicht nur die großen Religionen Ägyptens, Mesopotamiens und Griechenlands in Betracht, sondern – und sogar in erster Linie – die Religionen der unmittelbaren Umwelt des antiken Israel und Juda. Ein besonders berühmtes Beispiel ist die Religion der syrischen Hafenstadt *Ugarit*, über die wir aus zahlreichen Textfunden (v.a. Epen) gut unterrichtet sind. Drei markante Bereiche eines *religiösen Kulturkontakts* seien exemplarisch genannt:

1. Das antike Israel partizipiert breit an altorientalischen Schöpfungsvorstellungen. Neben dem schon genannten Schöpfungsmythos *Enūma elisch* ist vor allem das *Gilgamesch-Epos* zu nennen,[121] das auf seiner XI. Tafel sogar eine ausführliche Sintfluterzählung enthält, die gerade auch im Detail frappierende Ähnlichkeiten mit Gen 6–9 aufweist.
2. Aus dem ägyptischen Bereich ist auf Weisheitstexte und -überlieferungen zu verweisen, die auf die biblische Literatur eingewirkt haben. Markanteste Beispiele sind zum einen die ägyptische Weisheitslehre des Amenemope (vgl. Prv 22,17–24,22) sowie der Sonnenhymnus des Pharao Echnaton (vgl. Ps 104).[122]
3. Die spätbiblischen Weisheitsbücher Jesus Sirach und Weisheit Salomos setzen sich auf je unterschiedliche Weise (in Aufnahme wie Widerspruch) mit dem hellenistischen »Zeitgeist« und der hellenistischen Philosophie auseinander. Ohne Kenntnis dieser Zusammenhänge wird man die Bücher nicht verstehen können.

Ein religionsgeschichtlicher Vergleich wird also nicht nur die *Stoffe* und ihren Charakter herausarbeiten, sondern auch die *Art der Rezeption* näher beschreiben müssen: Werden die Stoffe einfach *übernommen*? Werden sie *umgebildet*? Und in welcher Weise? Oder werden sie polemisch *abgestoßen*? Dieser Arbeitsgang hat nicht die Funktion, die Überlegenheit der israelitisch-jüdischen Religionsgeschichte gleichsam historisch zu erweisen, wohl aber, ihr *Spezifikum* klar herauszuarbeiten.[123]

---

[121] Text: Das Gilgamesch-Epos. Neu übersetzt und kommentiert von Stefan M. MAUL, München 2005. Dazu sehr erhellend und allgemeinverständlich Walther SALLABERGER, Das Gilgamesch-Epos. Mythos, Werk und Tradition, C.H. Beck Wissen 2443, München 2008.

[122] Texte: TUAT III/2, 222–250 (Amenemope) und TUAT II/6, 848–853 (Echnaton-Hymnus).

[123] Formale Kategorien, die das Verhältnis der biblischen Texte zu den Umwelttexten im Rahmen eines gemeinsamen vorderorientalischen Kul-

## 7.5. Sozialgeschichtliche Auslegung

**Literatur:** Max WEBER, Die Wirtschaftsethik der Weltreligionen. Das Antike Judentum. Schriften und Reden 1911–1920, Max Weber-Gesamtausgabe I/21,2, hg.v. Eckart OTTO, Tübingen 2005. – Wolfgang SCHLUCHTER (Hg.), Max Webers Studie über das antike Judentum. Interpretation und Kritik, stw 340, Frankfurt a.M. 1981. – Siegfried KREUZER, Soziologische und sozialgeschichtliche Auslegung, in: DERS. u.a., Proseminar I. Altes Testament. Ein Arbeitsbuch, Stuttgart ²2005, 147–172. – Eckart OTTO, Max Webers Studien des Antiken Judentums. Historische Grundlegung einer Theorie der Moderne, Tübingen 2002. – Rainer KESSLER, Sozialgeschichte des alten Israel. Eine Einführung, Darmstadt 2006 (neuer Gesamtentwurf).

Ein vor allem seit den 70er Jahren des 20. Jahrhunderts gewachsener Zweig der Forschung, der zeitweise einen beträchtlichen Einfluß auf die Auslegung des Alten Testaments gewonnen hat, läßt sich mit dem Schlagwort der *sozialgeschichtlichen Bibelauslegung* umschreiben (vgl. die Übersicht von S. KREUZER). Es handelt sich nicht eigentlich um eine neue Auslegungsmethode, sondern eher um eine – teils sehr engagiert vollzogene – neue Sichtweise auf die alttestamentlichen Texte, die sich pointiert der sozialen Situation der Verfasser bzw. den sozialen Umständen, aus denen heraus die alttestamentlichen Schriften entstanden sind, zuwendet. Die hermeneutischen Voraussetzungen und Motivationen können dabei sehr unterschiedlich sein. Eine wichtige Rolle kam und kommt der Rezeption des Soziologen Max WEBER zu, der in seinen religionssoziologischen Studien zum Antiken Judentum (1921) einen Blick »von außen« auf die alttestamentlichen Texte warf und der Forschung neue Impulse gab (vgl. W. SCHLUCHTER und E. OTTO). Vor allem in der Beschreibung der »vorstaatlichen« Zeit Israels sind soziologische Kategorien zum Tragen gekommen.

Nun finden sich sozialgeschichtliche Fragestellungen nicht erst in jüngerer Zeit. Denn schon die formgeschichtliche Rekonstruktion des »Sitzes im Leben«, wie ihn H. Gunkel verstand (→ B 6.2), war ein genuin »sozialgeschichtliches« Unterfangen. Heute

---

turraums beschreiben, finden sich (aus neutestamentlicher Perspektive) in: Klaus BERGER / Carsten COLPE (Hgg.), Religionsgeschichtliches Textbuch zum Neuen Testament, NTD Textreihe 1, Göttingen 1987, 18–26.

wird man diese Fragestellung eher in den Methodenbereich der Traditionsgeschichte einordnen, die sich um die Erhellung der *geistigen*, aber eben damit auch *sozialen* Welt hinter einem Text bemüht. Eine gewisse Problematik heutiger Studien, die sich explizit der sozialgeschichtlichen Auslegung zuordnen, liegt indes darin, daß literarkritische und redaktionsgeschichtliche Aspekte nur eine untergeordnete oder gar keine Rolle spielen. Besonders deutlich ist dies z.b. in der Analyse der prophetischen Überlieferung zu spüren, die nicht selten unkritisch gelesen und sozialgeschichtlich und -kritisch ausgewertet wird. Doch auch hier gilt: Wer sich nicht zuvor um die literarischen Verhältnisse in einem Text bemüht hat, zwischen früheren und späteren Schichten und Zeitstufen unterscheidet, wird ihm schwerlich sozialgeschichtlich valide »Daten« entnehmen können.

## 7.6. Archäologie

**Literatur:** Frank CRÜSEMANN, Alttestamentliche Exegese und Archäologie, ZAW 91 (1979), 177–193. – Christian FREVEL, »Dies ist der Ort, von dem geschrieben steht…« Zum Verhältnis von Bibelwissenschaft und Palästinaarchäologie, BN 47 (1989), 35–90. – Erasmus GASS, Historisch-topographische Forschung als theologischer Methodenschritt, MThZ 61 (2010), 68–84. – Vgl. die Literatur → D 11.

Einen wichtigen Beitrag zur Erhellung der geistigen und sozialen Welt, aus der ein Text bzw. seine Autoren oder Redaktoren stammen, leistet die Archäologie. Exegetische und archäologische Erkenntnisse sind aber jeweils zunächst für sich zu gewinnen, bevor sie in Beziehung zueinander gesetzt werden können.[124] Diese Unterscheidung, die man früher nicht immer eingehalten hat, wird dem besonderen Charakter des Alten Testaments gerecht, denn bei ihm handelt es sich gerade nicht um Alltagsliteratur, sondern um religiöse Überlieferungsliteratur. Das Alte Testament spie-

---

[124] Vorbildlich am Beispiel Jerichos und der Überlieferung in Jos 1–6 aufgezeigt von Klaus BIEBERSTEIN, Josua – Jordan – Jericho. Archäologie, Geschichte und Theologie der Landnahmeerzählungen Josua 1–6, OBO 143, Fribourg; Göttingen 1995.

gelt also keine *Alltagskultur* wider, wie sie die Archäologie ans Tageslicht fördert, sondern entwirft in weiten Teilen eine vielfältig gefilterte, programmatisch-normative Perspektive, die sich oft gerade *gegen* die herrschende Alltagskultur richtet. Nichtsdestoweniger kann man eine erstaunliche Entwicklung feststellen: Die neueren *literargeschichtlichen* Erkenntnisse über das Alte Testament stimmen mit den *archäologischen* Neuentwicklungen der vergangenen 25–30 Jahre in erstaunlicher Weise zusammen, obwohl sie völlig unabhängig voneinander gewonnen wurden. Als Beispiel sei die Beurteilung des sogenannten davidisch-salomonischen Großreiches genannt, das es weder vom alttestamentlichen Quellenbefund noch von den archäologischen Daten her in der im Alten Testament beschriebenen Weise gegeben haben kann[125].

## 7.7. Ikonographie

**Literatur:** Othmar Keel, Die Welt der altorientalischen Bildsymbolik und das Alte Testament. Am Beispiel der Psalmen, Zürich u.a. 1971; Göttingen ⁵1996 (Pionierwerk, das vor allem die starke Durchdringung der Psalmen von altorientalischer Motivik eindrucksvoll herausarbeitet). – Silvia Schroer, In Israel gab es Bilder. Nachrichten von darstellender Kunst im Alten Testament, OBO 74, Fribourg; Göttingen 1987 (Inbeziehungsetzung von alttestamentlichen Nachrichten über Bildkunst mit Funden aus Israel und dem Alten Orient). – Othmar Keel / Christoph Uehlinger, Göttinnen, Götter und Gottessymbole. Neue Erkenntnisse zur Religionsgeschichte Kanaans und Israels aufgrund bislang unerschlossener ikonographischer Quellen, QD 134, Freiburg i.Br. 1992; ⁵2001 (eine inzwischen zum Standardwerk gewordene innovative Religionsgeschichte Israels auf der Basis ikonographischer Quellen). – Silvia Schroer / Othmar Keel, Die Ikonographie Palästinas / Israels und der Alte Orient. Eine Religionsgeschichte in Bildern. Band 1: Vom ausgehenden Mesolithikum bis zur Frühbronzezeit, Fribourg 2005 (erster Band einer umfassenden, der Religionsgeschichte Palästinas / Israels nachgehenden Sammlung von Katalogstücken mit einer ausführlichen Einführung). – Friedhelm Hartenstein, Altorientalische Ikonographie und Exegese des Alten Testaments, in: Siegfried Kreuzer u.a., Proseminar I Altes Testament. Ein Arbeitsbuch, Stuttgart ²2005, 173–186 (skizziert die

---

[125] Vgl. Israel Finkelstein / Neil Asher Silberman, Keine Posaunen vor Jericho, München 2002; Dies., David und Salomo, München 2006.

Bedeutung der Ikonographie für die Exegese und nennt weitere einschlägige Literatur).

In den vergangenen Jahrzehnten hat sich die *Ikonographie* (wörtlich »Bildbeschreibung / Bilddeutung«) zu einem ebenso interessanten wie wichtigen Teilgebiet der alttestamentlichen Wissenschaft herausgebildet. Hier hat Othmar KEEL mit seiner Schule (v.a. Christoph UEHLINGER) in Fribourg (Schweiz) seit den 1970er Jahren Pionierarbeit geleistet. Es geht dabei um die Auswertung so unterschiedlicher bildlicher Darstellungen wie Fels- und Wandreliefs, Stelen, Graffitis, Wandmalereien, Abdrücke von Stempel- und Rollsiegeln, Skarabäen (als Amulett oder Siegel benutzte Nachbildung einer in Ägypten als heilig geltenden Käferart) sowie halbplastischen Statuen oder Figurinen, die aus Metall, Ton oder Stein gefertigt sein können. Seit der Perserzeit treten auch Münzen hinzu. Das ikonographische Material liefert dabei nicht nur wertvolle Informationen über die alltägliche Lebens- und Vorstellungswelt der Menschen in ihren kulturellen Bezügen, sondern stellt zugleich eine herausragende Quelle für die Rekonstruktion der Religionsgeschichte Palästinas / Israels dar. Dies ist insofern von besonderem Interesse für die Exegese, als das Alte Testament nicht einfach die faktische Religionsgeschichte Israels widerspiegelt, sondern in eher normativer Absicht und aus der Perspektive kleiner, orthodoxer Kreise verfaßt ist. Die innovative Religionsgeschichte von O. KEEL und C. UEHLINGER (Göttinnen), die die alttestamentlichen Texte bewußt (weitgehend) ausklammert, zeigt den Unterschied beider Perspektiven sehr deutlich: Trotz des alttestamentlichen Bilderverbots gab es reichlich bildliche Darstellungen im alten Israel (vgl. S. SCHROER). Aber auch für die Auslegung einzelner Texte ist die Ikonographie inzwischen zu einem unschätzbaren Arbeitsinstrument geworden (vgl. am Beispiel der Psalmen O. KEEL, Welt, oder am Beispiel der Gottesreden des Ijob-Buches DERS., Jahwes Entgegnung an Ijob. Eine Deutung von Ijob 38–41 vor dem Hintergrund der zeitgenössischen Bildkunst, FRLANT 121, Göttingen 1978). Hier wird die tiefe Verwurzelung des Alten Testaments in der vorderorientalischen Kultur und Religion besonders anschaulich.

## 7.8. Sach- und Begriffsexegese

Gelegentlich wird in Methodenbüchern ein mit *Sach- und Begriffsexegese* (auch *Einzelexegese*) überschriebener Arbeitsgang angeboten, der den Text nicht mehr unter einer einzelnen methodischen Frageperspektive behandelt, sondern ihn noch einmal insgesamt in den Blick nimmt, dabei aber – wie in einem Kommentar – *am Text entlanggeht*. Gewöhnlich werden dabei gewichtige theologische Begriffe und Motive sowie Realien erläutert. In der Regel wird man vieles bereits in anderen Arbeitsschritten (vor allem in der Traditionsgeschichte) behandelt haben; dies gilt etwa für archäologische, sozial- oder kultgeschichtliche Erwägungen. Gleichwohl *kann* es bei bestimmten Texten zweckmäßig sein, einen eigenen Abschnitt anzufügen, in dem der Text noch einmal verseweise durchschritten und erläutert wird. Um einen eigenen Methodenschritt handelt es sich nicht.

## 7.9. Beispiele in der Literatur

### a) Biblisches und altorientalisches Weltbild

– Das biblische Weltbild und seine altorientalischen Kontexte, hg.v. Bernd JANOWSKI und Beate EGO, FAT 32, Tübingen 2001; Paperback-Ausgabe 2004 (behandelt alle Facetten des altorientalischen Weltbildes, an dem auch das antike Israel partizipiert)

### b) Schöpfung

– Werner H. SCHMIDT, Die Schöpfungsgeschichte der Priesterschrift. Zur Überlieferungsgeschichte von Genesis 1,1–2,4a und 2,4b-3,24, WMANT 17, Neukirchen-Vluyn 1964; ³1973 (die beiden Schöpfungsberichte vor dem Hintergrund des altorientalischen Mythos)
– Othmar KEEL / Silvia SCHROER, Schöpfung. Biblische Theologien im Kontext altorientalischer Religionen, Fribourg / Göttingen 2002 (Überblick über Schöpfungsvorstellungen im Alten Testament und im Alten Orient)

## 7. Traditionsgeschichte

### c) Jerusalemer Kulttradition / Zionstradition

- Odil Hannes STECK, Friedensvorstellungen im alten Jerusalem. Psalmen – Jesaja – Deuterojesaja, ThSt(B) 111, Zürich 1972 (zur Jerusalemer Kulttheologie)
- Bernd JANOWSKI, Keruben und Zion. Thesen zur Entstehung der Zionstradition [1991], in: DERS., Gottes Gegenwart in Israel. Beiträge zur Theologie des Alten Testaments, Neukirchen-Vluyn 1993, 247–280 (eine These zur Entstehung der Jerusalemer Kulttradition)
- Friedhelm HARTENSTEIN, Die Unzugänglichkeit Gottes im Heiligtum. Jesaja 6 und der Wohnort JHWHs in der Jerusalemer Kulttradition, WMANT 75, Neukirchen-Vluyn 1997 (zum ikonographischen und theologischen Hintergrund der Gottesvision Jes 6)

### d) Psalmen in ihrem religionsgeschichtlichen Kontext

- Othmar KEEL, Die Welt der altorientalischen Bildsymbolik und das Alte Testament. Am Beispiel der Psalmen, Zürich / Neukirchen-Vluyn 1972; Göttingen ⁵1996 (ein Klassiker, der den traditionsgeschichtlichen und ikonographischen Hintergrund – nicht nur – der Psalmen »abbildet«)
- Jörg JEREMIAS, Das Königtum Gottes in den Psalmen. Israels Begegnung mit dem kanaanäischen Mythos in den Jahwe-König-Psalmen, FRLANT 141, Göttingen 1987 (einige Psalmen vor dem Hintergrund des kanaanäisch-ugaritischen Mythos)
- Bernd JANOWSKI, Das Königtum Gottes in den Psalmen. Bemerkungen zu einem neuen Gesamtentwurf, ZThK 86 (1989), 389–454 = DERS., Gottes Gegenwart in Israel. Beiträge zur Theologie des Alten Testaments, Neukirchen-Vluyn 1993, 148–213 (Rezensionsaufsatz zu dem Buch von J. Jeremias)
- Reinhard G. KRATZ, Reste hebräischen Heidentums am Beispiel der Psalmen, NAWG.PH 2004/2, Göttingen 2004 (zeigt die starke Verwurzelung einiger Psalmen im ugaritischen Mythos auf)
- Hermann SPIECKERMANN, Heilsgegenwart. Eine Theologie der Psalmen, FRLANT 148, Göttingen 1989 (grundlegende Studie, die den tempel- und präsenztheologischen Charakter der älteren Psalmen und Psalmenteile herausarbeitet)

### e) Prophetie

- Hans Walter WOLFF, Hoseas geistige Heimat [1958], in: DERS., Gesammelte Studien zum Alten Testament, TB 22, München ²1973, 232–250 (klassischer Versuch, die »geistige Heimat« des Propheten Hosea zu bestimmen; geht dabei von einem Maximalbestand an Hosea-Worten aus)

- Hans Heinrich SCHMID, Amos. Zur Frage nach der ›geistigen Heimat‹ des Propheten [1969], in: DERS., Altorientalische Welt in der alttestamentlichen Theologie. Sechs Aufsätze, Zürich 1974, 121–144 (Kritik an diesem Versuch)
- Manfred WEIPPERT, »Ich bin Jahwe« – »Ich bin Ištar von Arbela«. Deuterojesaja im Lichte der neuassyrischen Prophetie, in: Beat HUWYLER u.a. (Hgg.), Prophetie und Psalmen. FS Klaus Seybold, AOAT 280, Münster 2001, 31–59 (Auswertung wichtiger neuassyrischer Prophetentexte für die Prophetie Deuterojesajas)

## f) Deuteronomismus

- Norbert LOHFINK, Gab es eine deuteronomistische Bewegung?, in: DERS., Studien zum Deuteronomium und zur deuteronomistischen Literatur III, SBAB 20, Stuttgart 1995, 65–142 (zu den geistesgeschichtlichen und sozialen Hintergründen einer der wichtigsten theologischen Richtungen innerhalb des Alten Testaments)

## g) Recht

- Herbert NIEHR, Rechtsprechung in Israel. Untersuchungen zur Geschichte der Gerichtsorganisation im Alten Testament, SBS 130, Stuttgart 1987 (zum institutionellen Hintergrund der altisraelitischen Rechtspraxis)
- Eckart OTTO, Theologische Ethik des Alten Testaments, ThW 3/2, Stuttgart 1994 (Geschichte des alttestamentlichen Rechts unter breiter Einbeziehung altorientalischer Rechtsüberlieferungen)
- Matthias KÖCKERT, Leben in Gottes Gegenwart. Studien zum Verständnis des Gesetzes im Alten Testament, FAT 43, Tübingen 2004 (wichtige Studien zu Entwicklung und Verständnis des Gesetzes – vor allem des Dekalogs – im Alten Testament)

## h) Königtum

- Werner H. SCHMIDT, Kritik am Königtum [1971], in: DERS., Vielfalt und Einheit alttestamentlichen Glaubens. Band 1, Neukirchen-Vluyn 1995, 171–192 (zu den Wurzeln der Königskritik im Alten Testament)
- Walter DIETRICH, Gott als König. Zur Frage nach der theologischen und politischen Legitimität religiöser Begriffsbildung, ZThK 77 (1980), 251–268 = DERS., Theopolitik. Studien zur Theologie und Ethik des Alten Testaments, Neukirchen-Vluyn, 2002, 58–70 (zur Vorstellung vom Königtum Gottes)

- Rudolf SMEND, Der Ort des Staates im Alten Testament, ZThK 80 (1983), 245–261 = DERS., Die Mitte des Alten Testaments. Exegetische Aufsätze, Tübingen 2002, 174–187 (hebt die positiven Aspekte von Königtum und Staat für die Geschichte Israels und Judas heraus)
- Reinhard MÜLLER, Königtum und Gottesherrschaft. Untersuchungen zur alttestamentlichen Monarchiekritik, FAT II/3, Tübingen 2004 (zeichnet ein sehr differenziertes literargeschichtliches Bild von den königskritischen Texten und bettet diese jeweils in einen theologiegeschichtlichen Gesamtrahmen ein)

## i) Weisheit

- Bernd JANOWSKI, Die Tat kehrt zum Täter zurück. Offene Fragen im Umkreis des »Tun-Ergehen-Zusammenhangs«, ZThK 91 (1994), 247–271 = DERS., Die rettende Gerechtigkeit. Beiträge zur Theologie des Alten Testaments 2, Neukirchen-Vluyn 1999, 167–191 (zur Weltsicht des sogenannten Tun-Ergehen-Zusammenhangs).
- John J. COLLINS, Jewish Wisdom in the Hellenistic Age, OTL, Louisville, KY 1997 (Gesamtdarstellung der späteren jüdischen Weisheit in ihrem geistesgeschichtlichen Kontext)
- Hartmut ENGEL, Das Buch der Weisheit, NSK.AT 16, Stuttgart 1998 (guter allgemeinverständlicher Kommentar, der sich besonders den griechischen Einflüssen auf das Buch der Weisheit Salomos widmet)
- Martina KEPPER, Hellenistische Bildung im Buch der Weisheit. Studien zur Sprachgestalt und Theologie der Sapientia Salomonis, BZAW 280, Berlin – New York 1999 (Studie über den großen hellenistischen Einfluß auf Weish)
- Ursel WICKE-REUTER, Göttliche Providenz und menschliche Verantwortung bei Ben Sira und in der Frühen Stoa, BZAW 298, Berlin – New York 2000 (stellt umfassend die Einflüsse der Stoa auf das Buch Jesus Sirach heraus)
- Otto KAISER, Anweisungen zum gelingenden, gesegneten und ewigen Leben. Eine Einführung in die spätbiblischen Weisheitsbücher, Forum ThLZ 9, Leipzig 2003 (Einführung in das Denken der spätbiblischen Weisheit)
- Otto KAISER, Zwischen Athen und Jerusalem. Studien zur griechischen und biblischen Theologie, ihrer Eigenart und ihrem Verhältnis, BZAW 320, Berlin – New York 2003 (wichtige Studien, die den beträchtlichen Einfluß des griechischen Denkens auf das Alte Testament veranschaulichen)
- Jan ASSMANN, Theologie und Weisheit im alten Ägypten, München 2005 (instruktive Studien zur ägyptischen Weisheit, die manches neue Licht auf das Alte Testament werfen)

## 8. Historische Aussageabsicht und Interpretation

»Der Text, der historisch verstanden wird, wird aus dem Anspruch, Wahres zu sagen, förmlich herausgedrängt.«
(Hans-Georg GADAMER)[126]

### 8.1. Aufgabe

Das Ziel einer exegetischen Proseminararbeit besteht zunächst darin, den untersuchten Text mit Hilfe des methodischen Instrumentariums in seinem historischen Umfeld besser verstehen zu können. Insoweit dürfte es unter pragmatischen Gesichtspunkten ausreichen, wenn die Arbeit mit einer knappen Zusammenfassung der erzielten Ergebnisse abgeschlossen wird: Was läßt sich – als nachvollziehbare Konsequenz der einzelnen Schritte – als Ergebnis der Arbeit festhalten? Etwas weiter gefaßt: Wie kann man die historische Aussageabsicht und den Sinn des Textes bzw. seiner einzelnen (Vor-)Stufen zusammenfassend beschreiben? Worin liegt der Skopos des Textes in seiner damaligen Welt? Welche Gottesaussagen werden gemacht? Was sagt der Text über das Verhältnis von Gott und Mensch aus? Inwieweit wurde das anfangs formulierte »Vorverständnis« (→ B 1) bestätigt, modifiziert oder korrigiert? Diese Fragen sind notwendig und unabdingbar, und jeder Textausleger sollte sich im Rahmen einer exegetischen Arbeit um ihre Beantwortung bemühen. Gleichwohl darf diese *vorläufige* Zielsetzung nicht darüber hinwegtäuschen, daß die Aufgabe des Textverstehens eine höchst anspruchsvolle ist und sich keinesfalls in den hier angedeuteten Fragen erschöpft. Im Gegenteil: Nun erst beginnt die eigentliche hermeneutische »Übersetzungsarbeit«, die im übrigen auf das Zusammenspiel der theologischen Disziplinen angewiesen ist. Im Rahmen dieser Einführung sollen im folgenden die vier Themenkreise, die hier zu bedenken sind, lediglich angedeutet werden. Mehr als eine *Problemanzeige* ist nicht beabsichtigt; die jeweils verzeichnete Li-

---

[126] Hans-Georg GADAMER, Wahrheit und Methode. Grundzüge einer philosophischen Hermeneutik, Tübingen ⁶1990, 287.

teratur hat durchweg einführenden Charakter und sei jedem Interessierten zur Weiterarbeit empfohlen.

An erster Stelle ist der Verstehensprozeß selbst zu nennen: Wie kann man überhaupt Texte – vor allem *alte* Texte – in der heutigen Welt verstehen? Hier meldet sich das Problem der *Hermeneutik* zu Wort (8.2). Sodann geht es speziell um das Verstehen *biblischer* Texte (8.3): Kann es eine Spezialhermeneutik der Bibel geben? In einem weiteren Schritt soll speziell das hermeneutische Problem des *Alten Testaments* in den Blick genommen werden (8.4). Am Schluß steht die *gesamtbiblische* Perspektive: das Alte Testament als Teil des *christlichen Kanons* (8.5).

## 8.2. Das Problem der Hermeneutik

**Literatur:** Rudolf Bultmann, Das Problem der Hermeneutik [1950], in: Ders., Glauben und Verstehen II, Tübingen [5]1968, 211–235 = Ders., Neues Testament und christliche Existenz. Theologische Aufsätze, hg.v. Andreas Lindemann, UTB 2316, Tübingen 2002, 223–247. – Gerhard Ebeling, Art. Hermeneutik, RGG[3] III, 1959, 242–262. – Hans-Georg Gadamer, Wahrheit und Methode. Grundzüge einer philosophischen Hermeneutik, Tübingen 1960; [6]1990. – Hans Weder, Neutestamentliche Hermeneutik, Zürcher Grundrisse zur Bibel, Zürich 1986; [2]1989 (11–152). – Jean Grondin, Einführung in die philosophische Hermeneutik, Darmstadt [2]2001. – Ulrich H.J. Körtner, Einführung in die theologische Hermeneutik, Darmstadt 2006.

Wie kann man vergangene Lebensäußerungen verstehen? Diese scheinbar schlichte Frage impliziert eine komplexe Aufgabe, die zumal die Geistesgeschichte der Neuzeit beschäftigt hat. Läßt sich unter Absehung der Person des Auslegers und der gegenwärtigen Erfahrungswelt über einen alten Text eine gleichsam objektive Aussage über dessen *damaligen* Sinn treffen? Kann sich der Ausleger überhaupt aus dem Verstehensprozeß heraushalten? Und wie verhält es sich mit dem *Anspruch* des Textes im Blick auf seine heutigen Leser? Inwiefern ist das, was historisch über einen Text ausgesagt werden kann, für die gegenwärtige Situation von Bedeutung? Kann der Text heute zur Anrede werden? Die hier angeschnittenen Fragen nach den *Bedingungen des Verste-*

*hens vergangener Lebensäußerungen*, zu denen selbstverständlich auch die biblischen Texte gehören, werden im Rahmen der Hermeneutik behandelt, die zugleich eine Brücke schlägt zur Systematischen Theologie und zur Praktischen Theologie und Religionspädagogik (Predigt und Unterricht).

*Hermeneutik* (von griech. *hermeneúein* = auslegen, übersetzen) ist die Kunst der Auslegung. Zunächst hat man diese Kunstlehre als ein vorwiegend technisches, d.h. philologisches Regelwerk verstanden, das der eigentlichen Interpretation vorarbeiten, sie *vorbereiten* sollte. In der Neuzeit ist sie dann aber zu einer umfassenden Lehre des Verstehens ausgebaut worden, die den Verstehensprozeß selbst in den Blick nahm (vgl. G. EBELING; J. GRONDIN). Eine bedeutende Rolle spielte dabei der Berliner Theologe Friedrich Daniel Ernst SCHLEIERMACHER (1768–1834). Er entwickelte die Hermeneutik zu einer »Kunstlehre des Verstehens«, die sich gerade nicht allein auf die grammatisch-philologische Erschließung eine Textes bezieht, sondern – als *psychologische* Auslegung – die Vorgänge bei der Entstehung eines Textes nachzuvollziehen sucht, sich also in den Schriftsteller und seine Motive »hineinfühlen« möchte.[127] Im 20. Jahrhundert erreichte die Hermeneutik in Gestalt des Heidelberger Philosophen Hans-Georg GADAMER (1900–2002) ihren Höhepunkt. In seinem berühmten Werk *Wahrheit und Methode* (1960), in dem er eine universale geisteswissenschaftliche Hermeneutik entwarf, fragte er nach den *Bedingungen der Möglichkeit des Verstehens*. Sein großartiger Versuch, die historische Distanz zwischen Text und Leser mit der Kategorie der *Wirkungsgeschichte* zu überbrücken, hat nicht zuletzt die theologische Hermeneutik und Exegese außerordentlich befruchtet (vgl. H. WEDER, Hermeneutik). Für Gadamer geschieht im Vollzug des Verstehens »eine wirkliche Horizontverschmelzung, die mit dem Entwurf des historischen Horizontes zugleich dessen Aufhebung vollbringt.«[128]

---

[127] F.D.E. SCHLEIERMACHER, Hermeneutik und Kritik, hg.v. Manfred FRANK, stw 211, Frankfurt a.M. 1977.
[128] H.-G. GADAMER, Wahrheit, 290.

## 8. Historische Aussageabsicht und Interpretation

Was aber sind die Grundbedingungen des (Text-)Verstehens? Worin besteht das »Problem der Hermeneutik«?[129] Verstehen vollzieht sich nie voraussetzungslos (→ B 1), sondern ist das Ergebnis eines lebendigen Kommunikationsprozesses zwischen Text und Leser bzw. Ausleger. Grundlegend für die *Möglichkeit* von Verstehen ist zunächst das *Woraufhin der Interpretation:*[130] Es hängt zu einem guten Teil vom Ausleger und seinen subjektiven Motiven ab, welche Fragen er an einen Text richtet – und welche Antworten er erwartet. Diese Fragen können dem Text angemessen sein, sie können aber auch an seiner Intention vorbeigehen. Aber *ohne* Fragen – seien sie auch noch so implizit – wird sich wohl niemand einem Text zuwenden; und ohne Fragen wird er auch keine Antworten erhalten. Sachgemäßes Verstehen hängt also von einer sachgemäßen Fragestellung ab; gleichwohl ist eine solche Fragestellung immer dem geschichtlichen Wandel unterworfen. Mit diesem Phänomen hängt es zusammen, daß das Verstehen nicht statisch bleiben kann, sondern immer zu neuen oder anderen Ergebnissen führt. Die neuere Rezeptionsästhetik nimmt eben diese Beobachtung auf (→ B 3.4).

Unter welchen *Bedingungen* aber ist eine Kommunikation zwischen Text und Leser möglich? Voraussetzung für jedes Textverstehen ist »*das Lebensverhältnis des Interpreten zu der Sache..., die im Text – direkt oder indirekt – zu Worte kommt*«[131]. Mit einem Beispiel gesagt: »Ich verstehe einen über Musik handelnden Text nur, wenn und soweit ich ein Verhältnis zur Musik habe (weswegen denn in *Thomas Manns* ›Doktor Faustus‹ manche Partien für manche Leser unverständlich sind)«[132]. Ohne eine Vergleichbarkeit oder eine prinzipielle Ähnlichkeit im »Lebensverhältnis« wird man einem Text – auch und gerade einem biblischen Text – schwerlich gerecht und ihn auch nicht wirklich verstehen können. Zu einem echten Verstehen kommt es, »wenn die Sache des Textes mir die Sache meines Lebens zu erschließen

---

[129] Vgl. den immer noch grundlegenden Beitrag von Rudolf BULTMANN über »Das Problem der Hermeneutik«.
[130] R. BULTMANN, Problem, 219–222 = 231–234.
[131] R. BULTMANN, Problem, 217 = 229.
[132] R. BULTMANN, Problem, 219 = 231.

beginnt.«[133] Eine ebenso eingehende wie elementare Darstellung des Verstehensvorgangs unter Aufnahme auch der neueren (philosophischen) Diskussion findet man bei H. WEDER, Hermeneutik, 108–136.

### 8.3. Zur Hermeneutik biblischer Texte

**Literatur:** Hans WEDER, Neutestamentliche Hermeneutik (s.o. unter 8.2). – Ulrich H. J. KÖRTNER, Der inspirierte Leser. Zentrale Aspekte biblischer Hermeneutik, Sammlung Vandenhoeck, Göttingen 1994. – Manfred OEMING, Biblische Hermeneutik. Eine Einführung, Darmstadt 1998; ²2007. – Timo VEIJOLA, Text, Wissenschaft und Glaube. Überlegungen eines Alttestamentlers zur Lösung des Grundproblems der biblischen Hermeneutik, in: Menschenwürde, JBTh 15 (2000), Neukirchen-Vluyn 2001, 313–339 = DERS., Offenbarung und Anfechtung. Hermeneutisch-theologische Studien zum Alten Testament, hg.v. W. DIETRICH, BThSt 89, Neukirchen-Vluyn 2007, 34–67.

Einen Sonderfall der allgemeinen Hermeneutik stellt das Verstehen *biblischer* Texte dar. Auf der einen Seite sind Auslegung und Verstehen biblischer Texte denselben Bedingungen unterworfen wie alle andere Literatur. Insoweit gibt es keine Spezialhermeneutik der Bibel. Auf der anderen Seite aber hat die Bibel als Glaubensurkunde der Christen (entsprechend die Hebräische Bibel als Heilige Schrift des Judentums) eine herausgehobene Stellung, die sich in ihrem besonderen *Anspruch* manifestiert: Die Bibel wird als Anrede verstanden; sie redet von der lebensverändernden Wirklichkeit Gottes, die gleichsam die Zeiten verbindet. Diese Einsicht war schon für die zahlreichen Fortschreiber und Redaktoren maßgebend, die ja durch ihre »Neulesungen« der traditionellen, überkommenen Texte stets deutlich machen wollten, daß diese Texte gerade nicht veraltet, antiquiert sind, sondern die je gegenwärtige Generation meinen, sie anreden. Hermeneutisch nicht unähnlich verfahren die heutigen Ausleger und Leser, wenn sie die biblischen Texte und ihren Anspruch »vergegenwärtigen« wollen. Die verschiedenen Versuche dieser »Vergegenwärtigung«

---

[133] H. WEDER, Hermeneutik, 116.

werden in den beiden Einführungen von U. H. J. Körtner und M. Oeming in leicht verständlicher Form dargestellt; sie orientieren über den Stand der Forschung und stellen auch alternative hermeneutische Modelle vor.

## 8.4. Zur Hermeneutik des Alten Testaments

**Literatur:** Claus Westermann (Hg.), Probleme alttestamentlicher Hermeneutik. Aufsätze zum Verstehen des Alten Testaments, TB 11, München 1960. – Antonius H.J. Gunneweg, Vom Verstehen des Alten Testaments. Eine Hermeneutik, GAT 5, Göttingen 1977; ²1988. – Ders., Religion oder Offenbarung. Zum hermeneutischen Problem des Alten Testaments, ZThK 74 (1977), 151–178 = Ders., Sola Scriptura [1], Göttingen 1983, 199–226. – Horst Dietrich Preuss, Das Alte Testament in christlicher Predigt, Stuttgart 1984. – Rudolf Smend (Hg.), Das Alte Testament im Protestantismus, Grundtexte zur Kirchen- und Theologiegeschichte 3, Neukirchen-Vluyn 1995. – Religionsgeschichte Israels oder Theologie des Alten Testaments?, JBTh 10, Neukirchen-Vluyn 1995. – Christoph Dohmen / Günter Stemberger, Hermeneutik der Jüdischen Bibel und des Alten Testaments, KStTh 1/2, Stuttgart 1996. – Josef Schreiner, Das Alte Testament verstehen, NEB.AT Ergänzungsband 4, Würzburg 1999. – Hermann Spieckermann, Die Verbindlichkeit des Alten Testaments. Unzeitgemäße Betrachtungen zu einem ungeliebten Thema, in: Biblische Hermeneutik, JBTh 12 (1997), Neukirchen-Vluyn 1998, 25–51 = Ders., Gottes Liebe zu Israel. Studien zur Theologie des Alten Testaments, FAT 33, Tübingen, 2001, 173–196. – Hans-Jürgen Hermisson, Alttestamentliche Theologie und Religionsgeschichte Israels, ThLZ Forum 3, Leipzig 2000.

Wer sich speziell den Texten des *Alten* Testaments zuwendet, sieht sich mit der Frage, ja mit dem Problem konfrontiert, inwiefern diese *vor*christliche Schriftensammlung, die zugleich die Heilige Schrift des Judentums ist, überhaupt christliche Relevanz besitzt. Inwiefern ist das Alte Testament ein christliches Buch? Man spricht hier vom *hermeneutischen Problem des Alten Testaments*, das die Geschichte der Kirche zu allen Zeiten begleitet und herausgefordert hat (vgl. die von R. Smend zusammengestellte Quellensammlung über »Das Alte Testament im Protestantismus«). Die *Lösungen* dieses Problems sind vielfältig. Sie müssen (erstens) die Vielgestaltigkeit des Alten Testaments ernst nehmen, das sich jeder vereinheitlichenden Zusammenschau entzieht. Die alttestamentlichen Texte müssen zunächst ihr eigenes Wort sagen können und dürfen nicht vorschnell christlich gelesen oder gar vereinnahmt werden. Dabei ist (zweitens) der »doppelte Ausgang des Alten Testamentes in Judentum und Christentum« im Blick zu behalten,[134] der unterschiedliche hermeneutische Zugänge einschließt (vgl. C. DOHMEN / G. STEMBERGER, Hermeneutik). Mögliche Lösungen des hermeneutischen Grundproblems müssen sich (drittens) aber auch der Tatsache bewußt sein, daß das Alte Testament nur im Zusammenschluß mit dem Neuen Testament einen für die christliche Kirche maßgeblichen Charakter hat und insofern immer nur »abgeleitete« Autorität besitzt. Dies schließt Sachkritik im einzelnen durchaus ein, ebenso die Einsicht, daß das Alte Testament nie *als Ganzes*, in der *Gesamtheit* seiner Texte christlich rezipiert worden ist. Und dennoch ist eine grundlegende »Wahlverwandtschaft« zwischen Altem und Neuem Testament kaum zu bestreiten: »Inhaltlich hat das Alte Testament, das kein direktes Christuszeugnis enthält, aus sich selbst heraus eine komplexe Kongenialität zum Neuen Testament.«[135] Mit dem hermeneutischen Problem des Alten Testaments ist damit zugleich das Problemfeld »Biblische Theologie« angesprochen.

## 8.5. Zur Biblischen Theologie und Kanonischen Schriftauslegung

**Literatur:** Henning GRAF REVENTLOW, Hauptprobleme der Biblischen Theologie im 20. Jahrhundert, EdF 203, Darmstadt 1983. – Zum Problem des biblischen Kanons, JBTh 3, Neukirchen-Vluyn 1988. – Hans HÜBNER, Vetus Testa-

---

[134] Klaus KOCH, Der doppelte Ausgang des Alten Testamentes in Judentum und Christentum [1991], in: DERS., Die aramäische Rezeption der Hebräischen Bibel. Studien zur Targumik und Apokalyptik. Gesammelte Aufsätze 4, hg.v. Martin RÖSEL u.a., Neukirchen-Vluyn 2003, 189–219; Walter GROSS, Der doppelte Ausgang der Bibel Israels und die doppelte Leseweise des christlichen Alten Testaments, in: DERS. (Hg.), Das Judentum – Eine bleibende Herausforderung christlicher Identität, Mainz 2001, 9–25.

[135] H. SPIECKERMANN, Verbindlichkeit, 194.

mentum in Novo receptum. Die Frage nach dem Kanon des Alten Testaments aus neutestamentlicher Sicht, in: ebd., 147–162. – Brevard S. CHILDS, Biblical Theology of the Old and New Testaments. Theological Reflection on the Christian Bible, Minneapolis 1993 (dt.: Die Theologie der einen Bibel, 2 Bände, Freiburg i.Br. 1994/95). – Christoph DOHMEN / Thomas SÖDING (Hgg.), Eine Bibel – zwei Testamente. Positionen Biblischer Theologie, UTB 1893, Paderborn 1995. – Manfred OEMING, Gesamtbiblische Theologien der Gegenwart. Das Verhältnis von AT und NT in der hermeneutischen Diskussion seit Gerhard von Rad, Stuttgart 1985; ²1987 = DERS., Das Alte Testament als Teil des christlichen Kanons? Studien zu gesamtbiblischen Theologien der Gegenwart, Zürich 2001, 41–243. – James BARR, The Concept of Biblical Theology. An Old Testament Perspective, London 1999. – Walter GROSS, Ist biblisch-theologische Auslegung ein integrierender Methodenschritt?, in: F.-L. HOSSFELD (Hg.), Wieviel Systematik erlaubt die Schrift? Auf der Suche nach einer gesamtbiblischen Theologie, QD 185, Freiburg i.Br. 2001, 110–149. – Georg STEINS, Der Bibelkanon als Denkmal und Text. Zu einigen methodologischen Aspekten kanonischer Schriftauslegung, in: Jean-Marie AUWERS / Henrik Jan DE JONGE (Hgg.), The Biblical Canons, BEThL 163, Leuven 2003, 177–198. – Bernd JANOWSKI, Kanonhermeneutik. Eine problemgeschichtliche Skizze, BThZ 22 (2005), 161–180. – Egbert BALLHORN / Georg STEINS (Hgg.), Der Bibelkanon in der Bibelauslegung. Methodenreflexionen und Beispielexegesen, Stuttgart 2007. – John BARTON, The Old Testament: Canon, Literature and Theology. Collected essays, Society for Old Testament Study Series, Aldershot 2007.

Unter *Biblischer Theologie* verstand man zunächst – in Abgrenzung zur Dogmatik – die in der Bibel *enthaltene* Theologie.[136] Heute wird unter diesem Begriff demgegenüber die Frage nach der *Einheit der Bibel* beider Testamente diskutiert: In welchem Verhältnis stehen Altes und Neues Testament zueinander? Und welcher alttestamentliche Kanon ist maßgebend: der im Neuen Testament rezipierte *griechische* Kanon (Septuaginta) oder der hebräisch-aramäische?[137] Gibt es eine einheitliche »gesamtbiblische« Theologie, eine Theologie des christlichen Kanons?[138] Wie

---

[136] Vgl. Gerhard EBELING, Was heißt »Biblische Theologie«? [1955], in: DERS., Wort und Glaube [1], Tübingen ³1967, 69–89; M. OEMING, Gesamtbiblische Theologien.

[137] Vgl. zu diesem Problem H. HÜBNER, Vetus Testamentum.

[138] Vgl. Eilert HERMS, Was haben wir an der Bibel? Versuch einer Theo-

ist der gesamtbiblische *Kanon* theologisch zu würdigen? Ist allein die kanonische, sozusagen kirchlich rezipierte Endgestalt das Maß aller Dinge, wie vor allem B.S. CHILDS meint? So wird neuerdings in produktiver Fortführung der Gedanken B.S. CHILDS' vornehmlich in der katholischen Exegese eine neue »kanonische Schriftauslegung« zum Programm erhoben, die den kirchlich rezipierten Bibelkanon theologisch ernst nimmt und zum Auslegungshorizont macht (vgl. G. STEINS). Im Grunde werden damit Gedanken der »Biblischen Theologie« wieder aufgenommen und kanontheologisch ausgebaut. Gelegentlich wird der kanontheologische Zugang auch mit einer dezidierten Kritik am »herkömmlichen« exegetischen Instrumentarium verbunden (vgl. die Diskussion bei W. GROSS, Biblisch-theologische Auslegung).

Die hier angesprochenen Fragen haben einerseits direkt mit dem hermeneutischen Problem des Alten Testaments zu tun, führen andererseits aber schon in gesamttheologische Fragen hinein: Welche Rolle spielt die Bibel in beiderlei Gestalt in der christlichen Theologie und Kirche? Wie verhalten sich Exegese und systematische bzw. dogmatische Theologie zueinander?[139] Die Antworten hierauf dürften je nach konfessionellem oder persönlichem Standort sehr vielfältig ausfallen. Sie mögen zu einem guten Teil dem vielfältigen Zeugnis der Bibel – zumal des Alten Testaments – selbst entsprechen, das sich jeder vorschnellen Harmonisierung entzieht. Wenn es der historisch-kritischen Exegese gelingt, dieses Zeugnis offenzulegen und zu vergegenwärtigen, hat sie ihr Ziel erreicht.

---

logie des christlichen Kanons, in: Biblische Hermeneutik, JBTh 12 (1997), Neukirchen-Vluyn 1998, 99–152.

[139] Vgl. Hans WEDER, Exegese und Dogmatik. Überlegungen zur Bedeutung der Dogmatik für die Arbeit des Exegeten, ZThK 84 (1987), 137–161 = DERS., Einblicke ins Evangelium. Exegetische Beiträge zur neutestamentlichen Hermeneutik, Göttingen 1992, 109–136. Jörg LAUSTER, Zwischen Entzauberung und Remythisierung. Zum Verhältnis von Bibel und Dogma, Forum ThLZ 21, Leipzig 2008. Vgl. auch die ökumenisch ausgerichtete Problemanzeige von Rochus LEONHARDT, Grundinformation Dogmatik, UTB 2214, Göttingen ³2008, 179–199 (§ 5: Die Heilige Schrift).

# C. Anleitung zur Anfertigung einer exegetischen Arbeit

Die folgenden Hinweise richten sich in erster Linie an Studierende, die eine alttestamentliche Proseminararbeit schreiben wollen und sich in die damit verbundenen formalen Anforderungen einarbeiten möchten. Darüber hinaus finden sich praktische Ratschläge zum Einstieg sowie Hinweise zur Literaturrecherche, die vielleicht auch für die Abfassung von Hauptseminar- oder Examensarbeiten von Nutzen sein können.

## 1. Die äußere Form einer wissenschaftlichen Hausarbeit

Bei der Gestaltung der äußeren Form einer Hausarbeit sollte man sich zunächst nach den Vorgaben richten, die man in der Lehrveranstaltung, in deren Rahmen eine Arbeit zu schreiben ist, kennengelernt hat. Gleichwohl entsprechen die folgenden Hinweise allgemein verbreiteten Gepflogenheiten.

### 1.1. Titelblatt

Auf dem Titelblatt stehen im oberen Drittel die Universität und die Fakultät und der Name der Lehrveranstaltung sowie des Dozenten oder der Dozentin, in der Mitte das Thema der Arbeit und im unteren Drittel Name und Adresse des Verfassers oder der Verfasserin (mit Angabe der Studienfächer und des Semesters).

## 1.2. Inhaltsverzeichnis

Hier werden alle Kapitelüberschriften aufgeführt (mit Seitenzahlen); das Titelblatt wird dabei nicht berücksichtigt.

## 1.3. Zum Umfang der Arbeit

Die eigentliche Abhandlung folgt mit laufender Seitenzählung. Die Arbeit sollte kurz und knapp sein und keinen überflüssigen Ballast enthalten. Nicht alles, was man sich im Vorfeld erarbeitet hat, gehört auch in die Arbeit. Als allgemeine Richtschnur kann für eine Proseminararbeit eine Länge von 15–20 Seiten gelten; eine Hauptseminararbeit hat ungefähr die doppelte Länge. Über den genauen Umfang sollte man sich in jedem Fall mit der Dozentin oder dem Dozenten absprechen. Als Grundregel gilt hier wie auch sonst: *non multa sed multum*. Anders gesagt: Es kommt stets auf die Qualität, nicht auf die bloße Anzahl der Seiten an. Um die Korrektur zu erleichtern, ist ein Zeilenabstand von 1,5 Zeilen von Vorteil. Die Anmerkungen können, sofern sie unten auf der Seite stehen, einzeilig geschrieben werden.

## 1.4. Seitengestaltung

Etwa ein Drittel der Seite sollte als Rand frei bleiben. Das erreicht man bei einer proportionalen Schrifttype (z.B. Times New Roman 12pt) mit etwa 60 Anschlägen pro Zeile. Die Anzahl der Zeilen pro Seite sollte 40 nicht überschreiten. Für den Haupttext sollte man eine 12pt-Schrift und für die Fußnoten eine 10pt-Schrift verwenden. Bitte keine kleineren Schrifttypen verwenden!

## 1.5. Anmerkungen

Sie sollten unten auf jeder Seite erscheinen (auch als Anhang möglich). Zeilenabstand: 1-zeilig; Schriftgröße möglichst 10pt. Jede Fußnote beginnt mit einem Großbuchstaben und endet mit einem Punkt.

## 1. Die äußere Form einer wissenschaftlichen Hausarbeit

### 1.6. Zitate

Wörtliche Zitate sollten generell sehr sparsam verwendet werden, und zwar nur bei wirklich markanten Schlüsselsätzen oder Wendungen. Sie müssen in jedem Fall ganz exakt – d.h. mit allen Hervorhebungen und sogar mit offensichtlichen Fehlern! – wiedergegeben werden. Auch Umstellungen des Satzes sind nicht zulässig, es sei denn, man markiert die entsprechende Änderung (etwa die Vorziehung eines Verbs o.ä.).

– Zitate werden mit Anführungszeichen markiert: »xyz«. Beim Satzende ist darauf zu achten, daß das Ausführungszeichen richtig, also vor oder hinter den Punkt, gesetzt wird. Zitate im Zitat sind mit einfachen Anführungszeichen kenntlich zu machen (›xyz‹).
– Offensichtliche orthographische oder sachliche Fehler werden durch den Hinweis »sic!« (= »so«, soll heißen: »liest tatsächlich so«), den man in Klammern hinter das betreffende Wort setzt, kenntlich gemacht.
– Auslassungen werden durch drei Punkte ... markiert (gewöhnlich ohne Klammern).
– Eigene Erläuterungen in einem Zitat sind in eckigen Klammern beizufügen, z.B. [im Original gesperrt] oder [Hervorhebung von mir / von xy]. Die Angabe »im Original gesperrt / hervorgehoben« ist in der Regel nicht notwendig, denn Zitate haben prinzipiell alle Hervorhebungen mit zu übernehmen. Gelegentlich kann aber ein expliziter Hinweis nützlich sein. Zur Erläuterung kann man auch (ebenfalls in eckigen Klammern) ein »sc.« oder »scil.« (scilicet = nämlich, d.h. ergänze) hinzusetzen, wenn etwa ein Zitat von Personen spricht, die in ihm selbst nicht eingeführt werden: Beispiel: »Und er [sc. Abraham] sprach zu Jahwe ...«

### 1.7. Zitation der Literatur in den Fußnoten

Alle direkten (d.h. wörtlichen) oder indirekten Bezugnahmen auf die Sekundärliteratur müssen in den Anmerkungen nachgewiesen werden. Das gilt auch dann, wenn man sich gegen einen Autor abgrenzen will oder eigene Modifikationen an dessen These vornimmt.

Der Hinweis auf Sekundärliteratur erfolgt am besten mit dem Verfassernamen + Kurztitel (meist erstes Substantiv des Titels) + Seitenzahl. Man kann dabei den Vornamen (abgekürzt oder in ausgeschriebener Form) hinzusetzen, vor allem dann, wenn es mehrere Autoren desselben Nachnamens gibt. Möglich, aber in einer kurzen Proseminararbeit nicht üblich, ist ein anderes Verfahren, das in vielen wissenschaftlichen Aufsätzen gebräuchlich ist: Die Ersterwähnung wird mit vollen bibliographischen Angaben versehen, alle weiteren Erwähnungen nur noch mit dem Kurztitel. Bei wörtlichen Zitaten wird der Fundort des Zitats in einer Fußnote ohne jedes einführende Wort angegeben:

[3] Gunkel, Genesis, 75.

Auch sinngemäße Entlehnungen von Gedanken oder Gedankengängen müssen nachgewiesen werden, in der Regel eingeleitet mit »Vgl. ...«:

[4] Vgl. Kaiser, Einleitung, 65–67.

Weitere Einleitungswörter sind möglich, je nach dem Verhältnis zur angegebenen Sekundärliteratur. Ein »Siehe« (oder einfach: »S.«) bzw. »Siehe auch« weist auf ein eher indirektes Verhältnis hin, ein »Mit« auf Zustimmung, ein »Gegen« oder »Anders« auf Widerspruch oder Modifikation. Wird mehrfach und fortlaufend aus demselben Werk zitiert, kann man nach der Ersterwähnung des genauen Fundorts (sei es als Kurztitel oder als Langtitel) eine verkürzte Zitierweise verwenden: »a.a.O.« (= am angegebenen Ort) bezieht sich auf dasselbe Werk, aber auf eine andere Seitenzahl als die eben genannte (z.B.: A.a.O., 128); »ebd.« (= ebenda) bezieht sich auf dasselbe Werk und dieselbe Seitenzahl (also einfach: Ebd.). Dennoch sei von dieser Zitierweise abgeraten: Erstens muß der Leser unter Umständen zurückblättern, um eine Angabe zu verifizieren. Zweitens entstehen leicht Verweisungsfehler, wenn man später eine Fußnote einfügt. Drittens besteht die Gefahr von Mißverständnissen, weil in der Literatur mit »a.a.O.« verschiedentlich auf ein zuvor (und nicht unbedingt in der letzten Fußnote!) genanntes Werk eines Autors Bezug genommen wird. Also: Am leser- und schreiberfreundlichsten ist – auch bei mehrfacher Zitierung eines Werkes – der Kurztitel in jeder Fußnote.

## 1.8. Literaturverzeichnis

Das Literaturverzeichnis sollte strukturiert sein. Dabei empfehlen sich zwei gleichsam natürliche Rubriken:

1. Textausgaben und Hilfsmittel
2. Sekundärliteratur (hier kann weiter untergliedert werden in »Kommentare« und »spezielle Literatur«).

Wie man die bibliographischen Angaben selbst formal gestaltet, wie man sogenannte selbständige oder unselbständige Veröffentlichungen zitiert, wird weiter unten zu erörtern sein (→ C 4).

## 1.9. Abkürzungen

Zu Beginn des Literaturverzeichnisses muß auf die verwendeten Abkürzungen (z.B. Zeitschriften und Monographien-Reihen) hingewiesen werden. Dies geschieht in der Regel durch einen Verweis auf: Siegfried M. Schwertner, Internationales Abkürzungsverzeichnis für Theologie und Grenzgebiete, Berlin – New York ²1992 (IATG²), oder: Abkürzungen Theologie und Religionswissenschaft nach RGG⁴, hg.v. der Redaktion der RGG⁴, UTB 2868, Tübingen 2007. Man sollte allerdings nachprüfen, ob die verwendeten Abkürzungen wirklich in diesen Referenzwerken verzeichnet sind; wenn nicht, müssen sie eigens genannt werden, am besten zu Beginn des Literaturverzeichnisses.

## 1.10. Zitieren von Bibelstellen

Die Abkürzungen der biblischen Bücher (und anderer außer- und nachkanonischer Schriften) sollte nach einheitlichem wissenschaftlichen Standard erfolgen (siehe die Übersicht über die Abkürzungen in IATG², S. XXII–XXVI). In der Regel kürzt man die biblischen Bücher wie folgt ab (in Klammern jeweils alternative, meist lateinische Abkürzungen):

Gen, Ex, Lev, Num, Dtn, Jos, Ri (Jdc), 1 Sam (I Sam), 2 Sam (II Sam), 1 Kön (I Reg), 2 Kön (II Reg), Jes, Jer, Ez, Hos, Joel, Am, Ob (Obd), Jon, Mi, Nah, Hab, Zeph (Zef), Hag, Sach, Mal, Ps, Hi (Ijob), Spr (Prv, Prov), Ruth (Rut), Hld (Cant), Pred (Koh), Klgl (Thr), Esth (Est), Dan, Esr, Neh, 1 Chr (I Chr), 2 Chr (II Chr). – *Deuterokanonische Schriften*: Jdt, Tob, 1 Makk (I Makk), 2 Makk (II Makk), Weish (SapSal), Sir, Bar, EpJer, ZusDan, ZusEst, OrMan.

Bei den Bibelstellen werden Kapitel- und Versangabe durch Komma abgetrennt (Jes 7,14 bzw. Jes 7,1–9). Mit der Abkürzung »f« oder »f.« bezeichnet man den nächsten Vers bzw. das nächste Kapitel: Jes 1,2f = Jes 1,2–3 oder Jes 30f = Jes 30–31. Mit der Abkürzung »ff« oder »ff.« wird auf die folgenden Verse bzw. Kapitel verwiesen: Jes 1,21ff meint den mit Jes 1,21 beginnenden Textabschnitt (in diesem Fall kann man 1,21–26 meinen, aber das ist nicht genau festgelegt). Es ist zu beachten, daß im englischen Sprachraum statt eines Kommas ein Punkt oder auch ein Doppelpunkt steht: Isa 7.1–9 bzw. Isa 7:1–9 meint also Jes 7,1–9. In wörtlichen Zitaten aus englischsprachigen Veröffentlichungen muß natürlich nach dem Original zitiert werden!

Zitiert man einzelne Verse innerhalb eines Kapitels, werden diese durch *Punkte* voneinander abgesetzt: Jes 7,2.4–7.9. Dasselbe gilt für Kapitel: Jes 14.17. Zu beachten ist, daß im englischen Sprachraum hierfür das *Komma* steht. Es verhält sich also genau umgekehrt als im Deutschen! Gelegentlich ist es um der Genauigkeit willen notwendig, Halb- oder Viertelverse zu zitieren. Halbverse werden im Hebräischen durch *Atnaḥ* (ב) voneinander getrennt (man spricht dann von den Versteilen a und b); Viertelverse innerhalb des jeweiligen Halbverses durch *Zaqef qaṭon* (ב). Daraus ergeben sich für einen einzigen Vers die vier Teile aα, aβ, bα und bβ. Demnach bezeichnet Jes 6,5aβ die zweite Hälfte des ersten Versteils von v.5. Leider läßt sich die Aufteilung in Halb- und Viertelverse am deutschen Text kaum nachvollziehen, denn sie richtet sich nicht immer nach klar abgrenzbaren Sinneinheiten. Mehrere Bibelstellen aus verschiedenen Kapiteln bzw. Büchern werden durch Semikola voneinander abgetrennt: Jes 1,2–4; 30,1–5; Am 5,4f.

## 1.11. Schreibung biblischer Eigennamen

In der Schreibung biblischer Eigennamen kann man sich nach der vertrauten Luther-Bibel richten. Jedoch hat man in den Jahren 1967–1970 in den sogenannten *Loccumer Richtlinien* eine einheitliche – und das heißt ökumenische – Schreibweise der Eigennamen erarbeitet, die konsequenter als zuvor der hebräischen bzw. griechischen Originalschreibung entspricht.[1] So schreibt man etwa »Usija« statt »Usia«, »Schinar« statt »Sinear« oder »Keïla« statt »Kegila«. Bei manchen Namen wie »Jesaja« oder »Jeremia« beläßt man es aber bei der traditionellen Schreibweise. Während die Einheitsübersetzung diese Umstellung konsequent übernommen hat, werden in der Luther-Bibel zahlreiche alte Schreibungen beibehalten, die in der evangelischen Frömmigkeit, aber auch in der deutschen Sprache einen festen Platz gefunden haben. Der Ort »Bet-El« heißt auch in den neuen Luther-Bibeln demnach immer noch »Bethel«, und König Beltschazzar aus dem Daniel-Buch darf weiterhin »Belsazar« genannt werden.

## 1.12. Zum sprachlichen Ausdruck

Ein guter sprachlicher Ausdruck gehört – zumal in einer Geisteswissenschaft – nicht zu den Nebensachen. Man sollte deshalb nicht nur auf Orthographie und Interpunktion, sondern auch auf klare, verständliche und schnörkellose Sprache achten. Wer an der Verbesserung seines Stils arbeiten möchte, findet verschiedene Hilfsmittel; ein etwas »angestaubtes«, allerdings immer noch ausgesprochen lesenswertes und lehrreiches Büchlein ist die *Stilfibel* von Ludwig REINERS, die zahlreiche Auflagen erlebt hat und auch als Taschenbuch erhältlich ist. Lassen Sie Ihre Arbeit vor der Abgabe noch einmal gründlich von einer anderen Person lesen und

---

[1] Ökumenisches Verzeichnis der biblischen Eigennamen nach den Loccumer Richtlinien, Stuttgart ²1981.

kritisch beurteilen. Dabei sollte nicht nur auf Tipp-Versehen, sondern vor allem auf Verständlichkeit und Klarheit geachtet werden.

## 2. Praktische Hinweise zum Einstieg

Für den Einstieg empfiehlt sich die folgende Reihenfolge, die strikt eingehalten werden sollte. Wer zu rasch in Spezialliteratur schaut, kommt nicht mehr so leicht davon los und verliert dadurch die nötige Souveränität.

- Text übersetzen; Hilfsmittel zunächst nur Wörterbuch, Grammatik und Konkordanz.
- Erste Beobachtungen festhalten; Fragen notieren; eigenes Vorverständnis formulieren. Am Ende sollte man diese Notizen mit den Ergebnissen der Arbeit vergleichen.
- Versuch einer Gliederung des Textes; vorläufige Erfassung des Gedankengangs.
- Bibelkundliche Erarbeitung des Kontextes bzw. des gesamten Buches (erleichtert die spätere Arbeit mit der Sekundärliteratur erheblich).
- Klärung von Einleitungsfragen anhand einer Einleitung in das Alte Testament.
- Einstieg in die methodischen Schritte: zunächst selbständige Versuche, dann unter Zuhilfenahme von Sekundärliteratur. Nehmen Sie zunächst allgemeine Literatur (etwa Kommentare) zur Hand und greifen Sie erst dann, d.h. bei hinreichendem Überblick über ein Problem, auf spezielle Arbeiten zurück. Die Proseminararbeit soll in erster Linie ein Beitrag zum Verständnis des Primärtextes sein!

## 3. Hinweise zur Literatursuche

Einen guten Überblick über bibliographische Hilfsmittel für den gesamten Bereich der Theologie bieten die folgenden Bücher:

- Albert RAFFELT, Theologie studieren: Einführung ins wissenschaftliche Arbeiten, Freiburg i.Br. [7]2008. Es handelt sich um ein sehr nützliches Arbeitsbuch für alle theologischen Disziplinen (und nicht nur für Proseminararbeiten), das in die Literatursuche und Zitierweise einführt, das Bibliothekswesen vorstellt und schließlich auch Hinweise zur Lesetechnik wie zur Gestaltung von Referaten und Manuskripten gibt.
- Gerhard SCHWINGE, Wie finde ich theologische Literatur?, Berlin [3]1994.
- Marco FRENSCHKOWSKI, Literaturführer Theologie und Religionswissenschaft. Bücher und Internetanschriften, UTB 2405, Paderborn 2004.

Für die Abfassung einer alttestamentlichen Proseminar-, Seminar- oder Examensarbeit sind speziell folgende bibliographische Hilfsmittel zu empfehlen. Sie haben freilich den Nachteil, daß sie *zu viele* Titel aufführen, die zu einem großen Teil für die eigene exegetische Arbeit nicht in Frage kommen oder gar wissenschaftlich unbrauchbar sind. Man sollte diese Hilfsmittel deshalb nur benutzen, wenn man bereits einen gewissen Überblick über einen Text oder ein exegetisches Problem gewonnen hat.

- *Elenchus of Biblical Bibliography* (EBB), Rom: Beiheft zur Zeitschrift »Biblica«; Erfassung von Aufsätzen und Monographien aus allen Bereichen der Exegese und verwandten Gebieten, geordnet nach biblischen Büchern bzw. Themen.
- *Ephemerides Theologicae Lovanienses. Elenchus Bibliographicus* (EThL), Leuven: ähnlich wie EBB systematisch geordnete Erfassung von Aufsätzen und Monographien.
- *Index Theologicus* (IxTheo): Der IxTheo wird von der Tübinger Universitätsbibliothek herausgegeben und steht seit 2007 ausschließlich online zur Verfügung (www.ixtheo.de). Er ist Nachfolger des seit 1975 bestehenden Zeitschrifteninhalts-

dienstes Theologie (ZID). Erfaßt wird theologische und religionswissenschaftliche Literatur aus aller Welt.
- *Internationale Zeitschriftenschau für Bibelwissenschaft und Grenzgebiete* (IZBG), Düsseldorf, ab 2001 Leiden (unter dem neuen Titel *International Review of Biblical Studies*): Aufsätze nach biblischen Büchern sortiert und mit knappen Zusammenfassungen versehen.
- *Old Testament Abstracts* (OTA): wie IZBG mit knappen Zusammenfassungen.
- *Religion Index One / Religion Index Two* (RI), Atlanta, GA: Verzeichnis von Zeitschriften- und Sammelwerkaufsätzen sowie Rezensionen auf CD-ROM; in vielen Universitätsbibliotheken ist ein Zugriff möglich.
- Nur online stehen zwei sehr hilfreiche Datenbanken der Universitäten Lausanne (Schweiz) und Innsbruck (Österreich) zur Verfügung: a) *Biblische Bibliographie Lausanne / Bibliographie biblique informatisée de Lausanne* (abgekürzt BiBIL), wwwd bunil.unil.ch/bibil; b) *Bibelwissenschaftliche Literaturdokumentation Innsbruck* (abgekürzt BILDI), www.uibk.ac.at/bildi.

Daneben gibt es Zeitschriften, die über einen guten Rezensionsteil verfügen. Die wichtigsten sind:

- Biblica, Rom (Bib.)
- Biblische Zeitschrift, Paderborn (BZ)
- Journal of Biblical Literature, Philadelphia (JBL)
- Journal of Theological Studies, Oxford (JThS)
- Revue Biblique, Paris (RB)
- Theologische Literaturzeitung, Leipzig (ThLZ)
- Theologische Revue, Münster (ThRv)
- Vetus Testamentum, Leiden (VT)
- Zeitschrift für die alttestamentliche Wissenschaft, Berlin (ZAW)

Sammelberichte über bestimmte Themen oder Bücher (z.B. Pentateuchforschung, Jesaja, Weisheit) findet man in:

- *Verkündigung und Forschung*, früher München, jetzt Gütersloh (VF): 2 Hefte pro Jahr (jeweils Themenhefte).
- *Theologische Rundschau*, Tübingen (ThR): Sammelberichte aus allen theologischen Disziplinen; 4 Hefte pro Jahr.
- *Erträge der Forschung*, Darmstadt, Wissenschaftliche Buchgesellschaft (EdF): Reihe von monographischen Sammelberichten über biblische Bücher (z.B. Walter DIETRICH / Thomas NAUMANN, Die Samuelbücher, EdF 287, Darmstadt 1995) oder Themen (z.B. Herbert HAAG, Der Gottesknecht bei Deuterojesaja, EdF 233, Darmstadt 1985; Werner H. SCHMIDT u.a., Die zehn Gebote im Rahmen alttestamentlicher Ethik, EdF 281, Darmstadt 1993). Die Reihe wird offenbar nicht fortgeführt; stattdessen erscheinen in demselben Verlag einzelne Bände mit forschungsgeschichtlichem Zuschnitt (z.B. Peter HÖFFKEN, Jesaja. Der Stand der theologischen Diskussion, Darmstadt 2004).
- *Currents in Biblical Research*, London 2003ff. (CBR), von 1993–2002 unter dem Titel: Currents in Research: Biblical Studies (CR.BS): Sammelberichte zu biblischen Büchern und Themen; 2 Hefte pro Jahr.

Wenn man Literatur zu einem speziellen Text sucht, sollte man freilich zunächst andere Wege einschlagen und erst in einer zweiten Phase auf die oben angegebenen Hilfsmittel zurückgreifen. Am besten geht man in folgenden Schritten vor:

1. Eine möglichst neue Einleitung in das Alte Testament (bzw. eine neue Auflage) bietet die wichtigste Literatur zu einem Buch und verschafft zugleich einen ersten Überblick über die exegetischen Probleme. Hier sind vor allem der 3-bändige »Grundriß der Einleitung« von Otto KAISER und die neueste Auflage der von Erich ZENGER herausgegeben Einleitung sowie die von Jan C. GERTZ herausgegebene Grundinformation Altes Testament zu nennen.

2. Mit Hilfe einer Einleitung lassen sich auch die neueren Kommentare zu einem biblischen Buch aufspüren (und natürlich auch durch das Entlanggehen an den entsprechenden Regalen in der Bibliothek). Kommentare sind die erste und allgemeinste Informationsquelle über einen biblischen Text; in der Regel findet man hier auch weiterführende Literatur.
3. Ein neuerer Artikel in einem Lexikon (z.B. TRE) kann ebenfalls weiterhelfen.
4. Ein Sammelbericht zu einem bestimmten biblischen Buch (etwa in ThR, VF oder in der Reihe EdF) kann helfen, Wichtiges von Unwichtigem zu trennen und auf neue Titel aufmerksam zu werden.
5. Um den Wert einer speziellen Monographie zu ermessen, kann man eine oder mehrere Rezensionen studieren. In jedem Fall sollte man sich eine Monographie zunächst genauer ansehen, um festzustellen, ob sie weiterführt (Inhaltsverzeichnis; Lektüre von Einleitung und Schluß). Auch Aufsätze sollten nicht wahllos gelesen werden, sondern nur, wenn es sich offensichtlich um einen wichtigen Beitrag handelt (z.B. wenn er mehrfach zitiert wird). Hier helfen auch die Zeitschriften weiter, die Abstracts anbieten (s.o.).
6. Eine pragmatische Grundregel lautet: *Was nichts bringt, wird weggelassen!*

## 4. Zur formalen Gestaltung der Literaturangaben

Man unterscheidet grundsätzlich zwischen selbständigen und unselbständigen Veröffentlichungen. Zu den *selbständigen* Veröffentlichungen zählen Monographien, die einen oder mehrere Autoren haben; zu den *unselbständigen* alle Aufsätze oder Artikel, die in Zeitschriften, Monographien, Sammelbänden oder Lexika enthalten sind. Bei der formalen Gestaltung gibt es neben der ein wenig (zu) komplizierten DIN-Norm ein geisteswissenschaftliches Zitierschema, das sich bewährt hat und nach wie vor in den weitaus meisten Fällen in Gebrauch ist. Es wird im folgenden zugrundegelegt.

Einige allgemeine Hinweise seien vorausgeschickt. Die *Vornamen* der Verfasser (hier ausgeschrieben) können auch abgekürzt werden, man sollte jedoch einheitlich verfahren. Dasselbe gilt für die Reihenfolge von Vor- und Nachname. Dabei bietet die Reihenfolge »Nachname, Vorname« den Vorzug der besseren Übersichtlichkeit. Mit einem Textverarbeitungsprogramm kann das Literaturverzeichnis dann auch leichter automatisch sortiert werden. Der *Verlagsname* wird in der Regel nicht genannt; er kann aber bei Monographien hinzugesetzt werden. Hilfreich ist er vor allem bei ausländischen bzw. unbekannteren Verlagen. Bei Zeitschriften werden Verlagsort und -name nicht angegeben. Die Abkürzungen richten sich nach dem von Siegfried M. Schwertner herausgegebenen *Internationalen Abkürzungsverzeichnis für Theologie und Grenzgebiete*, Berlin – New York ²1992 (IATG²) bzw. nach dem Verzeichnis der 4. Auflage der *Religion in Geschichte und Gegenwart* (Abkürzungen Theologie und Religionswissenschaft nach RGG⁴, UTB 2868, Tübingen 2007).

## 1. Selbständige Veröffentlichungen

### 1.1. Monographie außerhalb einer Reihe:

- Noth, Martin: Überlieferungsgeschichte des Pentateuch, Stuttgart 2. Aufl. 1960 [*oder*: ²1960]
- Gesenius, Wilhelm / Kautzsch, Emil: Hebräische Grammatik, Leipzig 28. Aufl. 1909; ND Hildesheim 1962, zusammen mit G. Bergsträßer, Hebräische Grammatik, 2 Bde., Leipzig 1918/29
- Kaiser, Otto: Einleitung in das Alte Testament. Eine Einführung in ihre Ergebnisse und Probleme, Gütersloh 5., grundlegend neubearb. Aufl. 1984 [*oder*: ⁵1984]
- Bultmann, Christoph / Dietrich, Walter / Levin, Christoph (Hgg.): Vergegenwärtigung des Alten Testaments. Beiträge zur biblischen Hermeneutik. Festschrift für Rudolf Smend zum 70. Geburtstag, Göttingen 2002 (bei *einem* Herausgeber setzt man »Hg.«, bei *mehreren* »Hgg.«; bei drei oder mehr als drei Herausgebern oder Verfassern wird meist nur noch der erste Name aufgeführt und »u.a.« hinzugesetzt)

## 1.2. Monographie in einer Reihe:

- Schmid, Konrad: Buchgestalten des Jeremiabuches. Untersuchungen zur Redaktions- und Rezeptionsgeschichte von Jer 30–33 im Kontext des Buches, WMANT 72, Neukirchen-Vluyn 1996
- Rogerson, John W.: W. M. L. de Wette, Founder of Modern Biblical Criticism. An Intellectual Biography, JSOT.S 126, Sheffield 1992

## 1.3. Kommentar:

- Fritz, Volkmar: Das Buch Josua, HAT I/7, Tübingen 1994
- Williamson, Hugh G. M.: Ezra, Nehemiah, WBC 16, Waco, TX 1985

## 1.4. Ungedruckte Dissertation:

- Rohland, Edzard: Die Bedeutung der Erwählungstraditionen Israels für die Eschatologie der alttestamentlichen Propheten, Diss. theol. Heidelberg 1956

## 2. Unselbständige Veröffentlichungen

### 2.1. Aufsatz in einer Zeitschrift:

- Becker, Uwe: Der Prophet als Fürbitter. Zum literarhistorischen Ort der Amos-Visionen, VT 51 (2001), 141–165 [*oder*: VT 51, 2001, 141–165]

### 2.2. Aufsatz in einem Sammelband oder in einer Festschrift:

- Noth, Martin: Samuel und Silo, VT 13 (1963), 390–400 = ders., Aufsätze zur biblischen Landes- und Altertumskunde Bd. 1, hg. v. H. W. Wolff, Neukirchen-Vluyn 1971, 148–156 (der Vorname des Herausgebers kann auch ausgeschrieben werden)
- *oder*: Noth, Martin: Samuel und Silo [1963], in: ders., Aufsätze zur biblischen Landes- und Altertumskunde Bd. 1, hg. v. H. W. Wolff, Neukirchen-Vluyn 1971, 148–156

- Veijola, Timo: Martin Noth's Überlieferungsgeschichtliche Studien and Old Testament Theology, in: The History of Israel's Traditions. The Heritage of Martin Noth, hg. v. S.L. McKenzie und M.P. Graham, JSOT.S 182, Sheffield 1994, 101–127
- Lemaire, André: Wisdom in Solomonic Historiography, in: Wisdom in Ancient Israel. Essays in honour of J.A. Emerton, hg. v. J. Day, R.P. Gordon und H.G.M. Williamson, Cambridge 1995, 106–118

## 2.3. Lexikonartikel:

- Waschke, Ernst-Joachim: Art. חוֹק, ThWAT VI, 1989, 1225–1234
- Zenger, Erich: Art. Herrschaft Gottes / Reich Gottes II. Altes Testament, TRE 15, 1986, 176–189

# D. Literatur zur Exegese des Alten Testaments

Die folgenden, jeweils knapp kommentierten Literaturhinweise sind als Orientierungshilfe für das gesamte Studium gedacht. Sie stellen eine Art alttestamentliche Bücherkunde dar, die nicht nur dem Anfänger, sondern auch dem Fortgeschrittenen von Nutzen sein soll. Neben wichtigen neueren Lehrbüchern werden grundlegende Hilfsmittel und Referenzwerke (Handbücher, Lexika, Quellenausgaben etc.) verzeichnet, die man für die exegetische Arbeit benötigt und die bei Proseminar-, Seminar- und Examensarbeiten gute Dienste leisten. Darüber hinaus findet man in ihnen sehr leicht weiterführende Literatur. Manches kann und sollte man sich im Laufe des Studiums anschaffen, um eine kleine exegetische Handbibliothek aufzubauen; anderes wird man – schon aufgrund des Preises – eher in der Bibliothek benutzen. Hin und wieder werden neben den aktuellen Lehr- und Handbüchern auch Klassiker der alttestamentlichen Exegese genannt, die keineswegs veraltet sind und deren Lektüre sich auch dann lohnt, wenn man inzwischen von ganz anderen literargeschichtlichen Grundvoraussetzungen ausgeht. Wer ab und zu einen Blick in solche klassischen Werke wirft – und hier darf beispielhaft schon einmal der Name Julius WELLHAUSEN (1844–1918) genannt werden – wird nicht nur sehen, daß nicht alles neu ist, was in der Gegenwart als neu »verkauft« wird, sondern er wird nicht selten die vielleicht unerwartete Entdeckung machen, wie stark auch die biblische Exegese von gesamttheologischen Entwicklungen mitgeprägt ist und sie selbst mitgeprägt hat.

Gelegentlich ist in der Charakterisierung eines Buches von »konventionell«, »konservativ« oder »traditionell« die Rede. Hierin spiegelt sich der Umbruch in der Forschung wider, der in den vergangenen Jahrzehnten – verstärkt seit den 70er Jahren des 20. Jahrhunderts – ein völlig neues Bild von der Literatur- und Religionsgeschichte der Staaten Israel und Juda und des frühen Judentums hervorgebracht hat. Dieses neue Bild gewinnt zwar allmählich deutlichere Konturen und hat bereits zu ersten Synthesen geführt, ist freilich noch nicht allseits anerkannt. Wenn man sich noch am Beginn des Studiums befindet und die ersten Gehversuche in der Exegese unternimmt, sollte man sich durch diese Umbruchsituation nicht irritieren lassen. Man sollte aber möglichst früh ein Gespür dafür bekommen, mit welchen literargeschichtlichen Prämissen die genannten (Lehr-)Bücher arbeiten, und sich bald ein begründetes eigenes Urteil bilden.

Der Schwerpunkt der Übersicht liegt zwar in der deutschsprachigen Literatur, jedoch finden sich – zumal bei Editionen von Quellentexten – auch englisch- oder französischsprachige Titel, auf die besonders hingewiesen werden soll. Diese Schwerpunktsetzung soll indes nicht darüber hinwegtäuschen, daß die biblische Exegese längst – und heute mehr denn je – in internationalem Maßstab betrieben wird, auch wenn sich länder- und kulturspezifische Schwerpunkte herausgebildet haben, die sich in methodischen Grundentscheidungen manifestieren. Daß im praktischen Vollzug der Exegese des Alten Testaments respektive der Hebräischen Bibel kaum mehr *grundsätzliche* Differenzen zwischen jüdischen und christlichen Wissenschaftlern wahrnehmbar sind, gehört zu den erfreulichen Kennzeichen der gegenwärtigen Wissenschaftskultur. Davon unberührt bleiben selbstverständlich und notwendigerweise die unterschiedlichen hermeneutischen Perspektiven, mit denen jüdische und christliche Exegeten »ihre« Texte im Kontext der jeweiligen Religion oder Religionsgemeinschaft lesen.

In der folgenden Zusammenstellung werden zunächst die gängigen deutschen Bibelübersetzungen sowie die Urtextausgaben nebst Hilfsmitteln vorgestellt. Im weiteren folgen – nach Sachgebieten aufgefächert – Lehr- und Handbücher zu allen Bereichen des Alten Testaments und seiner Umwelt. Dabei werden nicht nur die sogenannten deuterokanonischen Schriften, die »Apokryphen«, einbezogen, sondern auch etwa die Schriftrollen von Qumran, die für das Verständnis des Alten Testaments wie des frühen Judentums eine herausragende Bedeutung erlangt haben. Eine Übersicht über die wichtigsten Kommentarwerke zum Alten Testament schließt die Übersicht ab.

## 1. Deutsche Bibelübersetzungen und ihre Hilfsmittel

Die gegenwärtig verbreiteten Bibelübersetzungen sind von sehr unterschiedlicher Qualität und Zielsetzung. Wer Zugang zu den Ursprachen Hebräisch, Aramäisch und Griechisch hat, hat es insofern leichter, als er die Genauigkeit einer Übersetzung am Urtext überprüfen kann. Wer diesen Zugang nicht hat, ist umso mehr auf Informationen über den Charakter und die Genauigkeit der verschiedenen Übersetzungen angewiesen. Deshalb sollte man sich mindestens zwei unterschiedliche Ausgaben zulegen (am besten – sofern verfügbar – unter Einschluß der Apokryphen bzw. deuterokanonischen Schriften), um vergleichen zu können und nicht einer einzigen Übersetzung ausgeliefert zu sein. Denn jede Übersetzung ist zugleich eine *Deutung*. Darüber hinaus benötigt man auch für die Arbeit mit einer (deutschen) Übersetzung eine entsprechende Konkordanz.

### 1.1. Übersetzungen

– *Luther-Bibel:* Die klassische deutsche Bibelübersetzung in unvergleichlich schöner und einprägsamer Sprache, die freilich für wissenschaftliche Zwecke nur eingeschränkt brauchbar ist. Bei einer eingehenden Textanalyse sollte man eine weitere, genauere Übersetzung zur Hand nehmen. Wer sich eine Luther-Bibel kauft, sollte darauf achten, daß sie die »Apokryphen« enthält. Die letzte Revision des hebräisch-aramäischen Alten Testaments erfolgte 1964, der Apokryphen 1970 und des Neuen Testaments 1984.

- *Zürcher Bibel:* Eine auf den Zürcher Reformator Zwingli zurückgehende, in ihrer »alten Fassung« 1931 zuletzt revidierte Übersetzung, die großen Wert auf Genauigkeit legt. Für Studienzwecke war sie lange Zeit die einzige brauchbare Ausgabe. Sie hatte freilich zwei Nachteile: (1) Gelegentlich wurde (vor allem bei textlich schwierigen Stellen) nicht der hebräische, sondern der griechische Text wiedergegeben, ohne daß dies immer angegeben wurde. (2) Die Kapitel- und Verszählung vieler Abschnitte wich von der üblichen Zählung (etwa der Luther-Bibel, aber auch der hebräischen Textausgabe) ab. Diese »alte« Zürcher Bibel ist nun durch eine vollständige Neuübersetzung abgelöst worden: Die 2007 erschienene *Neue Zürcher Bibel* merzt die beiden genannten Nachteile aus; sie ist sprachlich schön, sehr genau und läßt die Fremdheit des Urtextes durchaus spüren. Sie ist deshalb für Studienzwecke hervorragend geeignet; zudem verzeichnet sie die biblischen Parallelstellen in der einspaltigen Ausgabe am Rande. Die Apokryphen sind (leider) nicht enthalten.
- *Einheitsübersetzung:* Zuerst 1980 erschienen. Eine katholische Übersetzung, die für die Psalmen und das Neue Testament ökumenisch autorisiert ist. Das Alte Testament ist aufs ganze gesehen durchaus gelungen; freilich sind die Übersetzungen hinsichtlich der Genauigkeit von unterschiedlicher Güte. Gelegentlich hat man um der Verständlichkeit willen etwas freier übersetzt. Hervorzuheben ist der Apparat unten auf der Seite: Er gibt meist die textlich schwierigen Stellen an und vermerkt, wenn etwa nicht nach dem hebräischen, sondern nach dem griechischen Text übersetzt wird.
- *Neue Jerusalemer Bibel:* Die alte, klassische Jerusalemer Bibel aus dem Jahr 1968 war eine eigenständige und sehr genaue katholische Übersetzung der Bibel, die für wissenschaftliche Zwecke außerordentlich nützlich war. Vor allem die Einleitungen zu den jeweiligen Büchern sowie der ausführliche Apparat auf jeder Seite, der nicht nur textkritische Fußnoten, sondern auch zahlreiche Erläuterungen und kleine Kommentare enthielt, haben dieser Bibelausgabe zu großem Ansehen verholfen. Sie heißt *Jerusalemer* Bibel, weil sie – zunächst in französischer

Sprache – an der renommierten *École Biblique et Archéologique Française de Jérusalem* erarbeitet wurde und rasch in weitere Sprachen übersetzt wurde. Die *Neue* Jerusalemer Bibel nun ist keine eigenständige Übersetzung mehr; vielmehr enthält sie (man muß sagen: leider) den Text der Einheitsübersetzung und einen stark revidierten Apparat von Anmerkungen. Gleichwohl ist diese Ausgabe uneingeschränkt als Arbeitsbibel zu empfehlen, weil sie aufgrund ihrer nützlichen Anmerkungen einen guten Eindruck vom hebräischen Text und seinen Schwierigkeiten vermittelt, auch wenn man der Ursprache nicht mächtig ist. Ein weiterer Vorzug besteht darin, daß diese Ausgabe am Rand des Textes die einschlägigen Parallelstellen vermerkt.

- *Die Gute Nachricht:* Eine sehr populäre Übersetzung der Bibel in die Alltags- und Umgangssprache. Diese Zielsetzung führt dazu, daß der Urtext nicht selten paraphrasiert wird. Für Studienzwecke kommt die Übersetzung deshalb nicht in Frage.
- *Elberfelder Bibel:* Eine erstmals 1871 vorgelegte, auf Wortgenauigkeit achtende Übersetzung aus der Tradition der evangelischen Gemeinschaft. In ihrer revidierten Gestalt (NT 1974, AT 1985) ist sie auch sprachlich besser geworden. Die Übersetzung bemüht sich um eine außerordentlich genaue, manchmal vielleicht *zu* genaue Wiedergabe, die indes für Studienzwecke sehr gute Dienste leistet. Knappe philologische Anmerkungen erläutern den Text zusätzlich.
- *Buber – Rosenzweig:* In den Jahren 1925–29 erschien die von Martin Buber und Franz Rosenzweig hergestellte *jüdische* Übersetzung, die sich durch ihre Sprachgewalt und ihr Nachempfinden des hebräischen Sprachduktus als ein dichterisches Meisterwerk *sui generis* erweist und außerordentlich großer Beliebtheit erfreut. Eine wissenschaftliche Übersetzung ersetzt diese Ausgabe nicht, aber man sollte sie hin und wieder zur Hand nehmen. Gerade wer keinen Zugang zur Ursprache hat, gewinnt durch diese Übersetzung einen kleinen Eindruck vom Charakter und von der Schönheit der hebräischen Sprache.

## 1.2. Konkordanzen zu deutschsprachigen Bibelausgaben

- Zu den Konkordanzen in elektronischer Form → D 5.
- Große Konkordanz zur Lutherbibel. Revidierte Neuauflage zur revidierten Lutherbibel 1984, Stuttgart ³1993.
- Zürcher Bibel-Konkordanz, hg.v. Karl HUBER und Hans Heinrich SCHMID, Zürich 1969–1971 (zur alten Zürcher Bibel).
- Neue Konkordanz zur Einheitsübersetzung der Bibel, hg.v. Winfried Bader und Franz-Joseph SCHIERSE, Düsseldorf 1996.

## 2. Die Biblia Hebraica und ihre Hilfsmittel

### 2.1. Textausgaben

- Biblia Hebraica. 3. Aufl., hg.v. Rudolf KITTEL, Stuttgart 1937 (BHK³). *Erstmals Abdruck des Codex Leningradensis / Petropolitanus (Codex L) aus dem Jahr 1008; der zweigeteilte Apparat ist oft besser als der in der BHS.*
- Biblia Hebraica Stuttgartensia. Hg.v. Karl ELLIGER und Wilhelm RUDOLPH, Stuttgart 1977 (BHS). *Nachfolgeausgabe der BHK³; ebenfalls Abdruck des Codex L.*
- Biblia Hebraica Quinta. Hg. v. Adrian Schenker u.a., Stuttgart 2004ff. (BHQ). *Eine in Einzellieferungen erscheinende neue Ausgabe der Biblia Hebraica, die ebenfalls auf dem Codex L beruht, allerdings gegenüber der BHS einen völlig anderen textkritischen Apparat hat. Er ist einerseits materialreicher (u.a. werden die Qumrantexte vollständig aufgenommen), andererseits enthält er Bewertungen der Herausgeber über das Zustandekommen bestimmter Varianten. Die Apparatsprache ist erstmals nicht mehr Lateinisch, sondern Englisch. Über die Konzeption der Neuausgabe informiert die »General Introduction« im 1. Faszikel (Megillot, 2004).*

- The Hebrew University Bible. Hg.v. Moshe GOSHEN-GOTTSTEIN u.a., Jerusalem 1995ff. (HUB). *Neue Ausgabe der Biblia Hebraica, die auf dem etwas älteren, aber nicht vollständig erhaltenen Codex von Aleppo beruht. Hervorzuheben ist der viergeteilte textkritische Apparat. Bisher erschienen: Jesaja (1995), Jeremia (1997) und Ezechiel (2004).*

## 2.2. Zur Masora der BHS

- Page H. KELLEY u.a., Die Masora der Biblia Hebraica Stuttgartensia. Einführung und kommentiertes Glossar. Übersetzung aus dem Englischen Martin Rösel, Stuttgart 2003. *Ausgezeichnete Einführung in die Masora der BHS (→ B 2.4) mit einer lexikonartigen Erklärung aller masoretischen Zeichen.*

## 2.3. Zum Text des Alten Testaments

- Alexander Achilles FISCHER, Der Text des Alten Testaments. Neubearbeitung der Einführung in die Biblia Hebraica von Ernst Würthwein, Stuttgart 2009. *Völlige Neufassung des bewährten Arbeitsbuches von Ernst Würthwein. Die anschauliche, durch zahlreiche kommentierte Bildtafeln ergänzte Einführung ist für die textkritische Arbeit grundlegend.*
- Emanuel TOV, Der Text der Hebräischen Bibel. Handbuch der Textkritik, Stuttgart 1997. *Neueres Standardwerk, das ausführlich auf die rezenten Forschungen zur Septuaginta und zu den Qumran-Texten eingeht und vor allem für den schon etwas fortgeschrittenen Studenten mit Gewinn herangezogen werden kann.*
- Weitere Literatur findet sich im Abschnitt über »Textkritik« (→ B 2).

## 2.4. Wörterbücher

- Wilhelm GESENIUS / Frants BUHL, Hebräisches und aramäisches Handwörterbuch über das Alte Testament. Unveränderter ND der 17. Aufl. (1915), Berlin – Göttingen – Heidelberg 1962. *Für den Hausgebrauch ausreichend, obwohl die wichtigen Textfunde des 20. Jahrhunderts (z.B. Texte von Ugarit und vom Toten Meer [Qumran]) noch nicht berücksichtigt sind. Für eine wissenschaftliche Arbeit sollte unbedingt ein größeres neues Wörterbuch (Koehler-Baumgartner oder Gesenius 18. Aufl.) herangezogen werden.*
- Wilhelm GESENIUS / Rudolf MEYER / Herbert DONNER, Hebräisches und aramäisches Handwörterbuch. 18. Auflage, Berlin 1987–2010. *Umfassende Neubearbeitung des alten »Gesenius«.*
- Ludwig KOEHLER / Walter BAUMGARTNER, Hebräisches und Aramäisches Lexikon zum Alten Testament, 5 Bände, Leiden 1967–95 (handliche 2-bändige Ausgabe 2004). *Bestes vollständiges hebräisches Lexikon, das man in allen Zweifelsfällen konsultieren sollte. Es liegt darüber hinaus in englischer Übersetzung vor, von der es auch eine elektronische Fassung gibt.*
- David J. A. CLINES (Hg.), The Dictionary of Classical Hebrew, Sheffield 1993ff. *Noch nicht abgeschlossen, auf acht Bände projektiert; das Wörterbuch umfaßt das klassische Hebräisch bis in das 2. Jh. n.Chr.; berücksichtigt werden vor allem die hebräischen Inschriften und die Qumran-Texte.*
- Georg FOHRER u.a., Hebräisches und aramäisches Wörterbuch zum Alten Testament, de Gruyter Studienbuch, Berlin–New York 1971; ³1997. *Gutes Taschenwörterbuch, das sich für den täglichen Gebrauch eignet; es deckt den gesamten Wortschatz des Alten Testaments ab.*
- Frank MATHEUS, PONS Kompaktwörterbuch Althebräisch. Althebräisch – Deutsch, Stuttgart 2006. *Ein übersichtlich gedrucktes Taschenwörterbuch, das wie der »Fohrer« ebenfalls den gesamten Wortschatz des Alten Testaments enthält, darüber hinaus aber auch zahlreiche Formen und Belegstellen bietet.*

## 2.5. Hebräisch-Grammatiken

- Wilhelm GESENIUS / Emil KAUTZSCH, Hebräische Grammatik. Zusammen mit der Hebräischen Grammatik von Gotthelf BERGSTRÄSSER (Leipzig 1918). Unveränderter ND der 28. Aufl. (Leipzig 1909), Hildesheim 1962. *In der Vergangenheit die klassische wissenschaftliche Standardgrammatik, nach der immer noch gelegentlich zitiert wird. Gleichwohl sollte man – zumal für syntaktische Fragen – über »G-K« hinaus eine moderne Grammatik (etwa Joüon-Muraoka) zu Rate ziehen.*
- Hans BAUER / Pontus LEANDER, Historische Grammatik der hebräischen Sprache des Alten Testaments. Erster Band: Einleitung. Schriftlehre. Laut- und Formenlehre, Halle 1922; ND Hildesheim 1968. *Die zweite umfassende klassische Grammatik, die von der vergleichenden Sprachwissenschaft herkommt und insofern einen anderen Schwerpunkt hat als Gesenius-Kautzsch.*
- Rudolf MEYER, Hebräische Grammatik, Berlin ³1966–1972; Neuausgabe mit einem bibliographischen Nachwort von Udo RÜTERSWÖRDEN, Berlin – New York 1992. *Sprachgeschichtlich fundierte und knapp gehaltene Grammatik.*
- Paul JOÜON / Takamitsu MURAOKA, A Grammar of Biblical Hebrew, Subsidia Biblica 27, Rom 2006. *Neufassung der 1923 erschienenen französischen Grammatik von P. Joüon durch T. Muraoka; die erste englischsprachige Ausgabe kam in 2 Bänden 1991 heraus. Die nun vorliegende vollständige Neubearbeitung gehört wohl zu den besten hebräischen Grammatiken der Gegenwart. Sie kann und sollte für wissenschaftliche Zwecke konsultiert werden.*
- Hans-Peter STÄHLI, Hebräisch-Kurzgrammatik, Göttingen 1984; ⁴2004. *Sehr knapper, aber ausgezeichneter Überblick über die wichtigsten Elemente der hebräischen Grammatik zum Nachschlagen, der freilich keine ausführliche Grammatik ersetzt.*
- Jan P. LETTINGA, Grammatik des Biblischen Hebräisch (mit Hilfsbuch), Basel 1992. *Bereits seit vielen Jahren in niederländischer und französischer Sprache vorliegende, systematisch aufgebaute Grammatik, die sich sowohl für Hebräisch-Kurse*

*als auch zum Nachschlagen eignet. Die Grammatik enthält reiche sprachgeschichtliche Ableitungen und ist wissenschaftlich zitierfähig. Das Hilfsbuch enthält Übungen, Lesestücke, Vokabularien sowie Verbalparadigmen.*

- Ernst JENNI, Lehrbuch der hebräischen Sprache des Alten Testaments, Basel 1977; ²1981. *Bewährtes, für den Schulunterricht konzipiertes Lehrbuch, das nach Lektionen vorgeht; trotz ausführlicher Indizes zum Nachschlagen weniger geeignet.*
- Wolfgang SCHNEIDER, Grammatik des biblischen Hebräisch. Ein Lehrbuch, München 2004; DERS., Debarim. Ein Übungsbuch für den Hebräischunterricht, München ²2002. *Neubearbeitung eines erfolgreichen Lehrbuches, das sich stärker als andere den syntaktischen Fragen des Bibelhebräischen widmet; das Übungsbuch »Debarim« ist auf das Lehrbuch zugeschnitten.*
- Rüdiger BARTELMUS, Einführung in das Biblische Hebräisch; ausgehend von der grammatischen und (text-)syntaktischen Interpretation des althebräischen Konsonantentextes des Alten Testaments durch die tiberische Masoreten-Schule des Ben Ascher; mit einem Anhang Biblisches Aramäisch für Kenner und Könner des biblischen Hebräisch, Zürich 1994; ²2009. *Eine vor allem für syntaktische Fragen hilfreiche Grammatik; für Anfänger ein wenig gewöhnungsbedürftig.*
- Heinz-Dieter NEEF, Arbeitsbuch Hebräisch. Materialien, Beispiele und Übungen zum Biblischen-Hebräisch, UTB 2429, Tübingen 2003; ⁴2010. *Eine nach Lektionen aufgebaute, aufgrund der ausführlichen Register aber auch zum Nachschlagen sehr gut geeignete Grammatik für Hebräischkurse.*
- Martin KRAUSE, Hebräisch. Biblisch-hebräische Unterrichtsgrammatik. Herausgegeben von Michael PIETSCH und Martin RÖSEL, de Gruyter Studienbuch, Berlin – New York ²2010. *Eine aus langjähriger Unterrichtstätigkeit erwachsene, systematisch aufgebaute Grammatik, die zu jedem Abschnitt Übungsaufgaben (mit Lösungen) und im Anhang gut ausgewählte Übungstexte, differenzierte Vokabularien, übersichtliche Tabellen und ein Glossar grammatischer Begriffe bietet.*
- Alexander B. ERNST, Kurze Grammatik des Biblischen Hebräisch, Neukirchen-Vluyn 2008. *Klassisch aufgebaute, re-*

*lativ kurze Grammatik, die sich zum Nachschlagen sehr gut eignet.*

## 2.6. Hebräisch-Vokabularien

- Hans-Peter STÄHLI, Hebräisch-Vokabular. Grundwortschatz, Formen, Formenanalyse, Göttingen ³2002. *Nach Themenfeldern angeordneter Grundwortschatz des Althebräischen.*
- Samuel ARNET, Wortschatz der Hebräischen Bibel. Zweieinhalbtausend Vokabeln alphabetisch und thematisch geordnet, Zürich 2006. *Sowohl alphabetisch als auch nach Sachgruppen sortierter Wortschatz mit statistischen Angaben und gelegentlich auch mit biblischen Belegstellen.*
- Juni HOPPE / Josef TROPPER, Hebräisch Lernvokabular, Hebraica et Semitica Didactica 1, Kamen 2009. *Ein nach 60 »täglichen Lerneinheiten« angeordnetes, thematisch sortiertes Vokabular, mit deutsch-hebräischem und hebräisch-deutschem Glossar im Anhang.*

## 2.7. Zur hebräischen Syntax

- Carl BROCKELMANN, Hebräische Syntax, Neukirchen 1956; ND 2004. *Knappe und bewährte traditionelle Gesamtdarstellung der hebräischen Syntax.*
- Diethelm MICHEL, Grundlegung einer hebräischen Syntax. Band 1: Sprachwissenschaftliche Methodik. Genus und Numerus des Nomens, Neukirchen-Vluyn 1977; ²2004; Band 2: Der hebräische Nominalsatz, hg.v. Achim BEHRENS u.a., Neukirchen-Vluyn 2004. *Sprachwissenschaftlich orientierte Darstellung der hebräischen Syntax; der 2. Band erschien postum.*
- Bruce K. WALTKE / Michael P. O'CONNOR, An Introduction to Biblical Hebrew Syntax, Winona Lake, IN 1990. *Eine im englischen Sprachraum inzwischen zum Standardreferenzwerk avancierte ausführliche Einführung in die hebräische Syntax; zum Nachschlagen gut geeignet.*
- Walter GROSS u.a., Die Satzteilfolge im Verbalsatz alttestamentlicher Prosa, FAT 17, Tübingen 1996. *Kein Lehrbuch,*

*gleichwohl eine wichtige und beispielhafte Studie zum althebräischen Verbalsatz, die aus der Schule Wolfgang Richters stammt und sich kritisch mit neueren Grammatiken auseinandersetzt. Sie zeigt zudem, daß die althebräische Syntax zu den Stiefkindern der hebräischen Grammatik gehört. Groß legt seinen Studien die von W. Richter herausgegebene »Biblia Hebraica transcripta« (St. Ottilien 1991–1993) zugrunde, die den alttestamentlichen Bibeltext nicht nach Versen, sondern nach Satzgrenzen anordnet und damit zu einem klareren Verständnis der althebräischen Syntax beiträgt.*

## 2.8. Grammatiken des Biblisch-Aramäischen

- Franz ROSENTHAL, A Grammar of Biblical Aramaic, PLO N.S. 5, Wiesbaden 1961; ⁷2006. *Bewährte Kurzgrammatik für die aramäischen Stücke im AT.*
- Stanislav SEGERT, Altaramäische Grammatik mit Bibliographie, Chrestomathie und Glossar, Leipzig 1975; ⁴1990. *Sehr detaillierte, eher zum Nachschlagen geeignete Grammatik, die das Biblische Aramäisch im Rahmen des Reichsaramäischen beschreibt.*
- Frederick E. GREENSPAHN, An Introduction to Aramaic, SBL Resources for Biblical Study 46, Atlanta, GA ²2003. *Eine für Kurse oder das Selbststudium konzipierte, didaktisch gelungene Grammatik.*
- Heinz-Dieter NEEF, Arbeitsbuch Biblisch-Aramäisch. Materialien, Beispiele und Übungen zum Biblisch-Aramäisch, Tübingen 2006; ²2009. *Gute Kursgrammatik, die nach Lektionen aufgebaut ist und auch ohne Vorkenntnisse des Hebräischen oder einer anderen semitischen Sprache benutzt werden kann.*

## 2.9. Konkordanzen

- Zu den Konkordanzen in elektronischer Form → D 5.
- Gerhard LISOWSKY: Konkordanz zum Hebräischen Alten Testament. 3., verb. Aufl. besorgt von Hans Peter RÜGER, Stuttgart 1993. *Handgeschriebene (!), gleichwohl gut lesbare*

*Konkordanz, in der alle Fundstellen eines Wortes nach Bibelstellen sortiert sind: Nomina nach grammatischer Position (Subjekt oder Objekt), Verben nach Stämmen.*
- Salomon MANDELKERN, Veteris Testamenti Concordantiae Hebraicae atque Chaldaicae, Berlin 1937; ND Graz 1955; Jerusalem 1971. *Alle Fundstellen sind nach grammatischen Formen sortiert; durch Even-Shoshan in gewisser Weise überholt.*
- Abraham EVEN-SHOSHAN, A New Concordance of the Bible, Jerusalem ²1990. *Die Fundstellen sind nach grammatischen Formen sortiert; am Kopf eines jeden Artikels Verzeichnis wichtiger Wortverbindungen.*

## 3. Die Septuaginta und ihre Hilfsmittel

### 3.1. Textausgaben und Übersetzungen

- Septuaginta. Id est Vetus Testamentum graece iuxta LXX interpretes, hg.v. Alfred RAHLFS, Stuttgart 1935; 2., durchgesehene und verbesserte Auflage, hg. v. Robert HANHART 2006 (»Editio altera«). *Die Handausgabe der Septuaginta; für das Studium des Alten und Neuen Testaments unentbehrlich.*
- Septuaginta. Vetus Testamentum Graecum. Auctoritate Academiae Scientiarum Gottingensis editum, Göttingen, 1931ff. *Die wissenschaftliche, kritische Ausgabe der LXX, die vom Göttinger Septuaginta-Unternehmen herausgegeben wird; erscheint in Einzellieferungen; noch nicht abgeschlossen. In separaten Bänden erscheinen ergänzend textgeschichtliche Abhandlungen, u.a. von Josef Ziegler und Robert Hanhart.*
- A New English Translation of the Septuagint (NETS), hg. v. Albert PIETERSMA und Benjamin G. WRIGHT, New York; Oxford 2007. *Eine auf der New Revised Standard Version (NRSV) von 1989 basierende Neuübersetzung der Septuaginta in ihren besten zugänglichen Ausgaben. Die Übersetzung ist »as literal as possible, as free as necessary« (preface); sie stellt ein außerordentlich nützliches Arbeitsinstrument dar.*

- La Bible d'Alexandrie. Traduction et annotation des livres de la Septante, hg.v. Marguerite HARL, Paris 1986ff. *Eine mit vorzüglichen Beigaben wie Einführungen, ausführlichen Fußnoten und Registern versehene, mehrbändige Übersetzung der LXX ins Französische.*
- Le Pentateuque d'Alexandrie. Texte grec et traduction, hg. v. Cécile DOGNIEZ und Marguerite HARL, Paris 2001. *Mit ausführlicher Einleitung versehene griechisch-französische Teilausgabe des eben genannten Werkes.*
- Septuaginta Deutsch. Das griechische Alte Testament in Übersetzung, hg.v. Wolfgang KRAUS und Martin KARRER, Stuttgart 2009. *Neue Übersetzung der Septuaginta ins Deutsche; zum Konzept vgl. die drei Bände »Im Brennpunkt: Septuaginta«* → *3.4).*

## 3.2. Wörterbücher

- Henry George LIDDELL / Robert SCOTT, A Greek-English Lexicon. Revised and augmented by Henry Stuart JONES, Oxford ⁹1940; with a revised supplement 1996. *Das beste Wörterbuch (nicht nur) zur Septuaginta, in dem man alles findet.*
- Walter BAUER, Griechisch-deutsches Wörterbuch zu den Schriften des Neuen Testaments und der frühchristlichen Literatur. 6., völlig neu bearb. Aufl., hg.v. Barbara ALAND und Kurt ALAND, Berlin – New York 1988. *Standardwörterbuch zum Neuen Testament; für die Septuaginta meist ausreichend.*
- Friedrich REHKOPF, Septuaginta-Vokabular, Göttingen 1989. *Sehr knappes Handwörterbuch, das leider nicht immer befriedigt.*
- Johan LUST / Erik EYNIKEL / Katrin HAUSPIE, Greek-English Lexicon of the Septuagint. Revised Edition, Stuttgart 2003. *Neues Handlexikon mit statistischen Angaben zur Häufigkeit des Vorkommens in verschiedenen Textbereichen.*
- Takamitsu MURAOKA, A Greek-English Lexicon of the Septuagint, Leuven 2009. *Umfassendes wissenschaftliches Lexikon zur Septuaginta, das nicht nur einfache Übersetzungsäquivalente, sondern Defintionen bietet; sehr zu empfehlen.*

## 3. Die Septuaginta und ihre Hilfsmittel 173

## 3.3. Konkordanzen

- Zu den Konkordanzen in elektronischer Form → D 5.
- Edwin HATCH / Henry A. REDPATH, A Concordance to the Septuagint and the other greek versions of the Old Testament (including the Apocryphal Books). 3 vols.; reprinted in 2 vols. from 1879 edition, Grand Rapids, MI 1991. *Die Konkordanz zur Septuaginta.*
- Takamitsu MURAOKA, A Greek-Hebrew/Aramaic two-way index to the Septuagint, Louvain 2010. *Verzeichnis der griechisch-hebräischen und hebräisch-griechischen (sowie aramäischen) Äquivalente; ungemein wichtiges lexikographisches Hilfsmittel zum Studium der Septuaginta, das auf die Konkordanz von Hatch-Redpath abgestimmt ist.*

## 3.4. Einführungen in die Septuaginta

- Marguerite HARL / Gilles DORIVAL / Olivier MUNNICH (Hgg.), La Bible grecque des Septante. Du judaïsme hellénistique au christianisme ancien, Paris 1988; ²1994. *Umfassende Einführung in die Septuaginta.*
- Emanuel TOV, The Text-Critical Use of the Septuagint in Biblical Research, Jerusalem Biblical Studies 8, Jerusalem ²1997. *Grundlegendes Werk des Jerusalemer Septuaginta- und Qumran-Spezialisten zur Bedeutung der LXX für die Textkritik; teilweise in das Lehrbuch »Der Text der Hebräischen Bibel« (Stuttgart 1997) eingegangen.*
- Karen H. JOBES / Moisés SILVA, Invitation to the Septuagint, Grand Rapids, MI 2000 (Paperback-Ausgabe 2005). *Einführung, die weithin auch ohne griechische und hebräische Sprachkenntnisse lesbar ist; eigentümlich ist in textkritischer Hinsicht die nahezu durchgehende Bevorzugung des masoretischen Textes gegenüber der LXX.*
- Natalio FERNÁNDEZ MARCOS, The Septuagint in Context. Introduction to the Greek Versions of the Bible, Leiden 2000 (Paperback-Ausgabe 2001). *Sehr gute Einführung in die Septuaginta und ihre Probleme.*

- Folker SIEGERT, Zwischen Hebräischer Bibel und Altem Testament. Eine Einführung in die Septuaginta, Münsteraner Judaistische Studien 9, Münster 2001; DERS., Register zur »Einführung in die Septuaginta«. Mit einem Kapitel zur Wirkungsgeschichte, Münsteraner Judaistische Studien 13, Münster 2003. *Handbuch zur Einführung in die Septuaginta-Forschung mit reichen Literaturangaben.*
- Jennifer M. DINES, The Septuagint, London 2004. *Didaktisch außergewöhnlich gelungene Einführung, die auch die Forschungsdiskussion verhalten einbezieht.*
- Michael TILLY, Einführung in die Septuaginta, Darmstadt 2005. *Grundinformationen über die Septuaginta.*
- Martin HENGEL / Anna Maria SCHWEMER (Hgg.), Die Septuaginta zwischen Judentum und Christentum, WUNT 72, Tübingen 1994. *Sammlung grundlegender Beiträge.*
- Robert HANHART, Studien zur Septuaginta und zum hellenistischen Judentum, hg.v. Reinhard G. KRATZ, FAT 24, Tübingen 1999. *Die wichtigsten Studien des langjährigen Leiters des Göttinger Septuaginta-Unternehmens.*
- Heinz-Josef FABRY / Ulrich OFFERHAUS (Hgg.), Im Brennpunkt: Die Septuaginta. Studien zur Entstehung und Bedeutung der Griechischen Bibel [Band 1], BWANT 153, Stuttgart 2001; Siegfried KREUZER und Jürgen Peter LESCH (Hgg.), Im Brennpunkt: Die Septuaginta. Studien zur Entstehung und Bedeutung der Griechischen Bibel. Band 2, BWANT 161, 2004; Heinz-Josef FABRY und Dieter BÖHLER (Hgg.), Im Brennpunkt: Die Septuaginta. Band 3: Studien zur Theologie, Anthropologie, Ekklesiologie und Liturgie der Griechischen Bibel, BWANT 174, 2007. *Drei Begleitbände des Übersetzungsprojektes »Septuaginta Deutsch« mit wichtigen Beiträgen zu Entstehung, Hintergrund und Theologie der Septuaginta.*
- Martin KARRER (Hg.), Die Septuaginta – Texte, Kontexte, Lebenswelten, WUNT 219, Tübingen 2008. *Tagungsband zum Abschluß der »Septuaginta Deutsch« mit ausführlicher forschungsgeschichtlicher Einleitung von Martin Karrer und Wolfgang Kraus sowie einer aktuellen Bibliographie.*

# 4. Weitere antike Übersetzungen

Über weitere antike Übersetzungen der alttestamentlichen Schriften informieren ausführlich die Handbücher zum Text des Alten Testaments (→ D 2.3).

## 4.1. Die lateinische Übersetzung: Vulgata

- Biblia sacra iuxta Vulgatam versionem, hg.v. Robert WEBER, Bonifatius FISCHER u.a. Stuttgart ³1983. *Die Handausgabe der Vulgata.*

## 4.2. Die aramäischen Übersetzungen: Targume

- The Bible in Aramaic. Based on Old Manuscripts and printed Texts. 4 vols., hg.v. Alexander SPERBER, Leiden 1959; Neuausgabe in einem Band 2004. *Die Standardausgabe der Targume.*
- The Aramaic Bible. The Targums, hg.v. Martin MCNAMARA, Edinburgh 1988ff. *Gesamtübersetzung der Targume ins Englische, die durch das Schriftbild die Abweichungen vom hebräischen Text hervorhebt und insofern ein außerordentlich nützliches Hilfsmittel ist.*

## 4.3. Die syrische Übersetzung: Peschitta

- The Old Testament in Syriac According to the Peshitta Version, hg. v. Peschitta-Institut Leiden, Leiden 1966ff. *Die wissenschaftliche Ausgabe der syrischen Übersetzung der Bibel; erscheint in Faszikeln.*

# 5. Elektronische Hilfsmittel zum Studium der Bibel

Es gibt inzwischen sehr ausgereifte elektronische Hilfsmittel zur Erschließung der Bibel in ihren Ursprachen und Übersetzungen. Die entsprechenden Programme bieten zum einen die Textausgaben der BHS, der Septuaginta, des Novum Testamentum Graece und darüber hinaus eine Fülle weiterer alter und neuer

Übersetzungen (auch mehrere deutsche). Zum andern aber – und darin liegt ihr eigentlicher Nutzen – enthalten sie leistungsstarke Suchfunktionen und ersetzen insoweit gedruckte Konkordanzen. So lassen sich die Urtextausgaben nach Wortverbindungen durchsuchen, wobei die Worte jeweils mit grammatischen *tags* (Markierungen) wie Person, Konjugation oder Stamm genauer bestimmt werden können. Die Arbeitserleichterung gegenüber einer gedruckten Konkordanz kann erheblich sein. Gelegentlich sind auch Module für die Qumrantexte und teilweise auch für nordwestsemitische Inschriften erhältlich. Die Texte selbst – auch die hebräischen und griechischen – lassen sich in der Regel in gängige Textverarbeitungen (auch im Unicode-Standard) übernehmen; die mitgelieferten fremdsprachigen Zeichensätze kann man auch für eigene Texte wie Seminararbeiten o.ä. verwenden. Wissenschaftlichem Standard entsprechen vor allem die folgenden Programme, von denen nur das an letzter Stelle genannte eine deutsche Benutzeroberfläche hat. Zusätzliche Informationen über Versionen und Bezugsmöglichkeiten sind leicht im Internet zu erhalten.

- Accordance (Mac OS)
- BibleWorks (Windows)
- Logos Bible Software (Windows)
- Stuttgarter Elektronische Studienbibel (Windows)
- Quadro-Bibel (Windows; enthält die wichtigsten deutschen Bibelübersetzungen)

## 6. Bibelkunde

- Martin Rösel, Bibelkunde des Alten Testaments. Die kanonischen und apokryphen Schriften. Mit Lernübersichten von Dirk Schwiderski, Neukirchen-Vluyn ⁷2011. *Das Buch leistet gute Hilfe bei der bibelkundlichen Erschließung des Alten Testaments; mit knappen Themenkapiteln und nützlichen Lernübersichten; auch als CD erhältlich.*

- Horst Dietrich PREUSS, Bibelkunde des Alten und Neuen Testaments 1: Altes Testament, UTB 887, Tübingen ⁷2003. *Ebenfalls detaillierter als das Buch von M. Rösel.*
- Matthias AUGUSTIN / Jürgen KEGLER, Bibelkunde des Alten Testaments. Ein Arbeitsbuch, Gütersloh ²2000. *Etwas ausführlicher als das Buch von M. Rösel; mit bibelkundlichen Fragen und zahlreichen Tabellen und Übersichten.*

# 7. Einleitungen und Einführungen in das Alte Testament

## 7.1. Klassische Einleitungen

- Otto EISSFELDT, Einleitung in das Alte Testament unter Einschluß der Apokryphen und Pseudepigraphen sowie der apokryphen- und pseudepigraphenartigen Qumran-Schriften. Entstehungsgeschichte des Alten Testaments, Tübingen ³1964 = ⁴1976. *Der voluminöse Klassiker der Einleitungen, der weit über das hebräische Alte Testament hinausgeht; vor allem für forschungsgeschichtliche Fragen immer noch eine Fundgrube.*
- Werner H. SCHMIDT, Einführung in das Alte Testament, de Gruyter Lehrbuch, Berlin – New York 1979; ⁵1995. *Didaktisch gute, in den Grundpositionen konservative Einführung in das Alte Testament mit einigen Abschnitten zur Hermeneutik. Neuere Forschungstendenzen kommen kaum oder gar nicht zur Sprache.*
- Otto KAISER, Einleitung in das Alte Testament. Eine Einführung in ihre Ergebnisse und Probleme, Gütersloh 1969; ⁵1984 (grundlegend neubearbeitete Auflage). *Sehr gute, immer wieder auf den neuesten Forschungsstand gebrachte Einleitung.*
- Otto KAISER, Grundriß der Einleitung in die kanonischen und deuterokanonischen Schriften des Alten Testaments, 3 Bände, Gütersloh 1992–1994. *Grundlegende Neufassung des eben genannten Werkes, nun unter Einschluß der sog. Apokryphen bzw. deuterokanonischen Schriften; auch hier eingehende*

*Darstellung der neueren Forschung; für eine Proseminararbeit unentbehrlich.*

- Rolf RENDTORFF, Das Alte Testament. Eine Einführung, Neukirchen-Vluyn 1983; ⁷2007. *Knapper Überblick über die Geschichte Israels, die alttestamentliche Literatur und die biblischen Bücher; von einem kanonorientierten Ansatz her konzipiert; manchmal zu oberflächlich.*
- Rudolf SMEND, Die Entstehung des Alten Testaments, ThW 1, Stuttgart 1978; ⁴1989. *Außerordentlich gut lesbare Einleitung, die vom Kanon des Alten Testaments zurückfragt über die verwendeten Quellen (v.a. beim Pentateuch und den erzählenden Büchern); steht, was die Darstellung der neueren Forschung angeht, etwa zwischen den Einleitungen von W.H. Schmidt und O. Kaiser.*
- Erich ZENGER u.a., Einleitung in das Alte Testament, KStTh 1/1, Stuttgart 1995; ⁷2008. *Von katholischen Exegeten verfaßte Einleitung unter Einbeziehung der deuterokanonischen Schriften; jede Auflage ist an die veränderte Forschungssituation angepaßt worden. In der neuen Auflage auch mit einem Grundriß der Geschichte Israels von Christian Frevel.*
- Otto KAISER, Die alttestamentlichen Apokryphen. Eine Einleitung in Grundzügen, Gütersloh 2000. *Sehr gut orientierende Einleitung in die sogenannten Apokryphen bzw. deuterokanonischen Schriften.*
- Thomas RÖMER / Jean-Daniel MACCHI / Christophe NIHAN (Hgg.), Introduction à l'Ancien Testament, MoBi 49, Genf 2004; ²2009. *Französischsprachige, überwiegend von Schweizer Alttestamentlern verfaßte Einleitung, die in elementarer Form gut in die (kanonischen wie deuterokanonischen) Bücher des Alten Testaments und die neuere Forschung einführt.*
- Hans-Christoph SCHMITT, Arbeitsbuch zum Alten Testament. Grundzüge der Geschichte Israels und der alttestamentlichen Schriften, UTB 2146, Göttingen 2005; ²2007. *Ein eher traditionell orientiertes, in die Geschichte Israels und die alttestamentlichen Bücher einführendes Arbeitsbuch mit Hinweisen zu eigener Weiterarbeit.*

- Jan Christian GERTZ (Hg.), Grundinformation Altes Testament. Eine Einführung in Literatur, Religion und Geschichte des Alten Testaments. In Zusammenarbeit mit Angelika BERLEJUNG, Konrad SCHMID und Markus WITTE, UTB 2745, Göttingen 2006; ⁴2010. *Didaktisch sehr gelungene Einführung. Sie enthält neben einem Grundriß der Geschichte und Religionsgeschichte Israels auf der Basis der neueren Forschung vor allem eine gute, jeweils von exegetischen Grundbeobachtungen ausgehende und die neuere Diskussion einbeziehende Vorstellung der Literaturwerke und Bücher des Alten Testaments. Einbezogen werden auch Fragen der alttestamentlichen Theologie; seit der 3. Auflage sind auch die deuterokanonischen Schriften berücksichtigt.*

## 7.2. Einführungen und Arbeitsbücher

- Hans Jochen BOECKER u.a., Altes Testament, Neukirchener Arbeitsbücher, Neukirchen-Vluyn 1983; ⁵1996. *Erschließung des Alten Testaments durch themenorientierte Längsschnitte mit Hinweisen zu eigener Weiterarbeit; forschungsgeschichtlich in einigen Teilen etwas veraltet.*
- Friedrich JOHANNSEN, Alttestamentliches Arbeitsbuch für Religionspädagogen, UB 468, Stuttgart ⁴2010. *Arbeitsbuch, das sich speziell an Lehramtsstudierende richtet und sich an zentralen Themen orientiert. Forschungsgeschichtlich gesehen spiegelt das Buch allerdings einen älteren Stand wider.*
- Christoph LEVIN, Das Alte Testament, C.H. Beck Wissen 2160, München 2001; ⁴2010. *Literaturgeschichtlich angelegte, ebenso knappe wie luzide Einführung, die sich an breite Leserkreise richtet und ein neues Gesamtbild von der Entstehung des Alten Testaments zeichnet.*
- Matthias ALBANI / Martin RÖSEL, Theologie kompakt: Altes Testament, calwer taschenbibliothek 92, Stuttgart 2002. *Sehr geraffter Überblick über die Geschichte Israels, die alttestamentlichen Bücher, die Forschungsgeschichte, einen Kurzabriß der exegetischen Methoden, Schwerpunktthemen des AT und*

*einige Überlegungen zur Hermeneutik. Auch hier ist primär an Lehramtsstudierende gedacht, und auch hier spiegelt das Buch einen älteren forschungsgeschichtlichen Stand wider (z.B. in der Geschichte Israels).*

- John W. ROGERSON / Judith M. LIEU (Hgg.), The Oxford Handbook of Biblical Studies, Oxford 2006. *Ebenso umfangreiches wie informatives Handbuch zum Studium des Alten und Neuen Testaments aus der Feder zahlreicher (auch deutscher) Gelehrter, die jeweils in knappen Essays einen Überblick über ihren Gegenstand geben. Behandelt werden: Wissenschaftsgeschichte, biblische Nachbardisziplinen (z.B. Archäologie, Vorderer Orient, Qumran), Philologie, Geschichte und Sozialgeschichte, Institutionen, Gattungen, Entstehung der Bibel, Methoden der Bibelkritik und Bibelautorität.*
- Konrad SCHMID, Literaturgeschichte des Alten Testaments. Eine Einführung, Darmstadt 2008. *Ein neuer Versuch einer nach Epochen gegliederten alttestamentlichen Literaturgeschichte, in der das Phänomen der innerbiblischen Fortschreibung gebührend berücksichtigt wird; mit reichen Literaturangaben.*

## 8. Geschichte Israels

### 8.1. Gesamtdarstellungen

- Martin NOTH, Geschichte Israels, Göttingen 1950; $^{10}$1986. *Klassische Darstellung, immer noch lesenswert. Sie basiert allerdings vor allem in der Frühgeschichte auf Hypothesen, die heute nicht mehr zu halten sind (vgl. etwa die Amphiktyonie-Hypothese).*
- Martin METZGER, Grundriß der Geschichte Israels, Neukirchener Studienbücher 2, Neukirchen-Vluyn 1963; $^{12}$2007. *Eine bis in die letzte Auflage hinein sehr traditionell orientierte, knappe Gesamtdarstellung.*

## 8. Geschichte Israels

- Antonius H.J. GUNNEWEG, Geschichte Israels. Von den Anfängen bis Bar Kochba und von Theodor Herzl bis zur Gegenwart, ThW 2, Stuttgart (1972) ⁶1989. *Knapp, zumeist (vor allem in der Frühzeit) traditionell orientiert; bis zum Ende der neutestamentlichen Zeit, mit einem Ausblick auf die Vorgeschichte und Geschichte des modernen Staates Israel seit dem Ende des 19. Jahrhunderts.*
- Siegfried HERRMANN, Geschichte Israels in alttestamentlicher Zeit, München 1973; ²1980. *Ausführlicher als M. Metzger und A.H.J. Gunneweg; sehr traditionell orientiert.*
- Herbert DONNER, Geschichte des Volkes Israel und seiner Nachbarn in Grundzügen, 2 Bände, GAT 4/1–2, Göttingen 1984/86; ⁴2007/2008. *Aktuellste deutschsprachige Gesamtdarstellung; sehr flüssig geschrieben.*
- J. Maxwell MILLER / John H. HAYES, A History of Ancient Israel and Judah, Philadelphia, PA 1986; Neubearbeitung Louisville, KY 2006. *Eine didaktisch wie inhaltlich gelungene, mit H. Donners Darstellung vergleichbare Geschichte Israels; enthält zudem wichtige Quellentexte, einige Photos sowie übersichtliche Tabellen.*
- J. Alberto SOGGIN, Einführung in die Geschichte Israels und Judas. Von den Ursprüngen bis zum Aufstand Bar Kochbas, Darmstadt 1991. *Eine eher skizzenhafte Einführung in die Geschichte Israels und ihre Probleme, die nur neben einer ausführlicheren Darstellung gelesen werden sollte.*
- Dirk KINET, Geschichte Israels, NEB Ergänzungsband 2, Würzburg 2001. *Knapper Grundriß der Geschichte Israels unter moderater Einbeziehung der neueren Erkenntnisse; über weite Strecken als Kurzfassung der Darstellung H. Donners zu lesen.*
- Israel FINKELSTEIN / Neil Asher SILBERMAN, Keine Posaunen vor Jericho. Die archäologische Wahrheit über die Bibel, München 2002; ⁵2003; Taschenbuchausgabe 2004. *Eine frisch geschriebene und allgemeinverständliche Gesamtdarstellung mit einer völlig neuen Sicht der Geschichte Israels und Judas auf der Basis der neuesten Erkenntnisse der Palästina-Archäologie, die mit den literargeschichtlichen Einsichten der Bibelwissen-*

*schaft in ein fruchtbares Gespräch gebracht werden. Irritierend ist allein der Titel (im Original besser ›The Bible Unearthed‹). I. Finkelstein gehört zur jüngeren Generation israelischer Archäologen und ist einer ihrer profiliertesten Vertreter.*

- Manfred CLAUSS: Geschichte des Alten Israel, Oldenbourg Grundriss der Geschichte 37, München 2009. *Ein von einem Althistoriker verfaßter Grundriß, der sich der Reihe entsprechend in Darstellung, Forschungstendenzen und Quellen/Literatur aufgliedert. Das Buch umfaßt nur die Zeit bis zum Ende des Königtums 587 v. Chr. und entspricht (zumal in der Frühzeit) leider nicht dem aktuellen Stand der Forschung.*

Die folgenden Bände gehören zu einer »Biblische Enzyklopädie« (BE) genannten Reihe von Epochendarstellungen, die sich explizit mit dem Verhältnis von biblischer Darstellung und rekonstruierter Geschichte beschäftigen, dabei aber durchaus unterschiedliche Ansätze und Sichtweisen vertreten. Gelegentlich bleiben die Darstellungen immer noch sehr deutlich am biblischen Geschichtsbild orientiert. Besonders hinzuweisen ist auf den Band von V. Fritz, der eine ausgezeichnete Darstellung der Frühgeschichte bietet, die sich auf die neuere, auch israelische Archäologie stützt.

- Niels Peter LEMCHE, Die Vorgeschichte Israels. Von den Anfängen bis zum Ausgang des 13. Jahrhunderts v.Chr., Biblische Enzyklopädie (BE) 1, Stuttgart 1996
- Volkmar FRITZ, Die Entstehung Israels im 12. und 11. Jahrhundert v.Chr., BE 2, Stuttgart 1996
- Walter DIETRICH, Die frühe Königszeit in Israel. 10. Jahrhundert v.Chr., BE 3, Stuttgart 1997
- Antoon SCHOORS, Die Königreiche Israel und Juda im 8. und 7. Jahrhundert v.Chr., BE 5, Stuttgart 1998
- Rainer ALBERTZ, Die Exilszeit. 6. Jahrhundert v.Chr., BE 7, Stuttgart 2001
- Erhard S. GERSTENBERGER, Israel in der Perserzeit. 5. und 4. Jahrhundert v.Chr., BE 8, Stuttgart 2005

- Ernst HAAG, Das hellenistische Zeitalter. Israel und die Bibel im 4. bis 1. Jahrhundert v.Chr., BE 9, Stuttgart 2003

## 8.2. Zeit des Zweiten Tempels

Die Zeit des Zweiten Tempels (seit 515 v.Chr.) stößt in der gegenwärtigen Forschung auf immer größeres Interesse. Zum einen haben die meisten alttestamentlichen Schriften, auch wenn sie ältere Überlieferungen voraussetzen, in dieser Zeit ihre entscheidende formative Phase erlebt. Zum andern ist die gegenwärtige Forschung dabei, ein neues und sehr differenzierteres Bild vom Judentum des Zweiten Tempels zu gewinnen. Darüber hinaus ist ein nahtloser Übergang zu den sogenannten »zwischentestamentlichen« Schriften und zur Qumran-Literatur gegeben.

- Emil SCHÜRER, The History of the Jewish People in the Age of Jesus Christ (175 B.C. – A.D. 135). A New English Version revised and edited by Geza VERMES, Fergus MILLAR, Matthew BLACK and Martin GOODMAN, 3 Bände, Edinburgh 1973–1987. *Komplett revidierte und erweiterte Übersetzung des deutschen Klassikers von Emil Schürer (3./4. Ausgabe aus den Jahren 1901–1909); in der jetzigen Gestalt ein außerordentlich wichtiges Referenzwerk mit reichen Angaben zu Quellen und Literatur.*
- Martin HENGEL, Judentum und Hellenismus. Studien zu ihrer Begegnung unter besonderer Berücksichtigung Palästinas bis zur Mitte des 2. Jh.s v. Chr., WUNT 10, Tübingen 1969; ³1988. *Das wichtigste Standardwerk zur politischen und geistigen Geschichte des Judentums in hellenistischer Zeit; erfüllt zugleich den Charakter eines Handbuches.*
- Peter SCHÄFER, Geschichte der Juden in der Antike. Die Juden Palästinas von Alexander dem Großen bis zur arabischen Eroberung, Neukirchen-Vluyn; Stuttgart 1983; Neuausgabe: UTB 3366, Tübingen 2010. *Knappe und kompetente Darstellung der Geschichte der Juden seit der Zeit Alexanders des Großen.*

- Johann MAIER, Zwischen den Testamenten. Geschichte und Religion in der Zeit des zweiten Tempels, NEB.AT.E 3, Würzburg 1990. *Unentbehrliches Hilfsmittel, das knapp über Geschichte und Religion in der sogenannten zwischentestamentlichen Zeit informiert; gute Übersicht über die Quellen; wer sich für die Geschichte des Judentums in spät- und nachalttestamentlicher Zeit interessiert, sollte dieses Buch besitzen.*
- Lester L. GRABBE, Judaism from Cyrus to Hadrian, 2 Bände, Minneapolis, MN 1992; einbändige Ausgabe London 1994. *Darstellung der Geschichte Israels seit der persischen Zeit; breite Diskussion der Quellenlage; gut lesbares und sehr informatives Lehrbuch.*
- Lester L. GRABBE, A History of the Jews and Judaism in the Second Temple Period. Volume 1. Yehud: A History of the Persian Province of Judah, Library of Second Temple Studies 47, London 2004; Volume 2. The Coming of the Greeks: The Early Hellenistic Period (335–175 BCE), Library of Second Temple Studies 68, London; New York 2008. *Die ersten beiden Bände einer umfassenden Gesamtdarstellung; weit ausführlicher als das zuvor genannte Werk.*
- Markus SASSE, Geschichte Israels in der Zeit des Zeiten Tempels. Historische Ereignisse – Archäologie – Sozialgeschichte – Religions- und Geistesgeschichte, Neukirchen-Vluyn 2004. *Gesamtdarstellung der Zeit des Zweiten Tempels, die den derzeitigen Forschungsstand zusammenfaßt.*
- Klaus Bringmann, Geschichte der Juden im Altertum. Vom babylonischen Exil bis zur arabischen Eroberung, Stuttgart 2005. *Eine aus der Perspektive eines Althistorikers verfaßte allgemeinverständliche Gesamtdarstellung, die die Geschichte der Juden konsequent als Teil der antiken Welt betrachtet und besonders die geistigen Strömungen und Triebkräfte herausarbeitet.*

## 8.3. Bibelatlanten

Die meisten im Handel befindlichen Bibelatlanten sind insofern problematisch, als sie die Bibeltexte vergleichsweise unkritisch lesen und unmittelbar in die Kartographie umsetzen (z.b. die vermeintliche Route des Exodus). Gleichwohl können auch solche Karten hilfreich sein, wenn man sie nicht vordergründig historisch, sondern als geographische Umsetzung von Erzählungen liest. Die folgenden Atlanten sind (mit der eben genannten Einschränkung) wissenschaftlich brauchbar.

- Herders Großer Bibelatlas. Hg. v. James B. PRITCHARD. Deutsche Ausgabe hg. und bearb. von Othmar KEEL und Max KÜCHLER, Freiburg i.Br. 1989 (weitere Nachauflagen). *Ein ansprechend gestalteter großformatiger Atlas, der neben den üblichen Karten eine Fülle historischen und archäologischen Materials bietet; gewöhnungsbedürftig ist freilich die an der Kugelgestalt der Erde orientierte Kartendarstellung.*
- Stuttgarter Bibelatlas. Historische Karten der Biblischen Welt. Hg. John STRANGE, Stuttgart ³1998. *Studienatlas mit historischen und bibelhistorischen Karten, die freilich nicht sehr detailliert gezeichnet sind.*
- Calwer Bibelatlas. Von Wolfgang ZWICKEL, Stuttgart 2000. *Auf dem neuesten Stand der Forschung konzipierter und mit ansprechenden Karten ausgestatteter Atlas im A4–Format; sehr nützlich ist das Register mit einer Synopse der biblischen und heutigen Ortsnamen.*
- Thomas STAUBLI, Biblische Welten. Ein Bildatlas. Unter Mitarbeit von Othmar KEEL, Max KÜCHLER und Christoph UEHLINGER, Stuttgart 2000. *Eine ausgesprochen gelungene Kombination aus Karten und hervorragend ausgewähltem Bildmaterial zu jeder Epoche.*
- Tübinger Bibelatlas. Auf der Grundlage des Tübinger Atlas des Vorderen Orients (TAVO) hg.v. Siegfried MITTMANN und Götz SCHMITT, Stuttgart 2001. *Hervorragender, großformatiger Atlas mit ausklappbaren Karten, die fast sämtlich aus dem renommierten »Tübinger Atlas des Vorderen Orients« (TAVO)*

*stammen. Für wissenschaftliche Zwecke unentbehrlich; vergleichsweise preiswert.*
- The Carta Bible Atlas. 4th edition. Von Yohanan AHARONI und Michael AVI-YONAH, Jerusalem 2002. *Guter Atlas im A4-Format, der zahlreiche (einfarbige) Karten speziell zu einzelnen biblischen Ereignissen und Geschichten bietet; wie auch in Herders Großem Bibelatlas breite Einbeziehung der hellenistisch-römischen Zeit.*
- Oxford Bible Atlas. Fourth Edition, edited by Adrian CURTIS, Oxford 2007. *Ein in graphischer Hinsicht sehr ansprechend gestalteter, neuere bibelwissenschaftliche und archäologische Erkenntnisse einbeziehender Atlas. Der Band enthält zudem konzise, mit vorzüglichen Photos ergänzte Textbeiträge zur Geschichte Israels, Landeskunde und Archäologie Palästinas im Kontext des alten Vorderen Orients.*

## 9. Die Umwelt des Alten Testaments

Die folgende Aufstellung enthält zum einen wichtige religionsgeschichtliche Referenzwerke und Textsammlungen, zum andern eher allgemeinverständliche Einführungen in die Geschichte und Kultur der Nachbarvölker, die einem von der Bibelexegese herkommenden Studenten erste solide Informationen bieten sollen. Wer weiterführende Informationen und Literatur sucht, wird in den hier aufgeführten Werken fündig.

### 9.1. Überblicke

- Ernst Axel KNAUF, Die Umwelt des Alten Testaments, NSK. AT 29, Stuttgart 1994. *Neuer, ebenso allgemeinverständlich wie frisch geschriebener Überblick über die altorientalische Umwelt; stellt manches Gewohnte in ein neues Licht.*
- Klaas R. VEENHOF, Geschichte des Alten Orients bis zur Zeit Alexanders des Großen. Übersetzt von Helga WEIPPERT, GAT 11, Göttingen 2001. *Eine allgemeinverständliche, gut geschriebene Gesamtdarstellung der Geschichte Ägyptens, Mesopota-*

*mien, Kleinasiens, Syriens und Palästinas vom 3. Jahrtausend bis zum Ende der persischen Zeit (etwa 330 v.Chr.).*

## 9.2. Religionsgeschichtlicher Kontext

- Othmar KEEL, Die Welt der altorientalischen Bildsymbolik und das Alte Testament. Am Beispiel der Psalmen, Zürich u.a. 1971; Göttingen ⁵1996. *Der Band bietet reiches Bildmaterial aus der altorientalischen Umwelt Israels zu Themen wie Schöpfung, Tempel, Königtum.*
- Klaas A.D. SMELIK, Historische Dokumente aus dem alten Israel, KVR 1528, Göttingen 1987. *Für einen breiteren Leserkreis eingerichtete Präsentation neuerer Textfunde aus Israel und Jordanien, die für die Geschichte Israels von einiger Bedeutung sind; mit eingehenden Interpretationen.*
- Othmar KEEL / Christoph UEHLINGER, Göttinnen, Götter und Gottessymbole. Neue Erkenntnisse zur Religionsgeschichte Kanaans und Israels aufgrund bislang unerschlossener ikonographischer Quellen, QD 134, Freiburg i.Br. 1992; ⁵2001. *Bahnbrechende Religionsgeschichte Israels aufgrund ikonographischer Quellen.*
- Manfred HUTTER, Religionen in der Umwelt des Alten Testaments I. Babylonier, Syrer, Perser, KStTh 4/1, Stuttgart 1996. *Neuere Darstellung der Religionen in der Umwelt Israels, die den Versuch einer systematischen Synthese wagt.*
- Herbert NIEHR, Religionen in Israels Umwelt. Einführung in die nordwestsemitischen Religionen Syrien-Palästinas, NEB. AT.E 5, Würzburg 1998. *Ausgezeichnete Einführung in die Religionen des unmittelbaren religionsgeschichtlichen Umfelds Israels.*

## 9.3. Quellen zur Geschichte und Religionsgeschichte

### a) in deutscher bzw. englischer Übersetzung:

- Walter BEYERLIN (Hg.), Religionsgeschichtliches Textbuch zum Alten Testament, GAT 1, Göttingen 1975; ²1985 (RTAT). *Gute Auswahl religionsgeschichtlicher Vergleichstexte aus dem Alten Orient.*
- Kurt GALLING (Hg.), Textbuch zur Geschichte Israels, Tübingen ³1979 (TGI). *Knappe Zusammenstellung der wichtigsten außerbiblischen Dokumente, die mehr oder weniger direkt mit der Geschichte Israels zu tun haben.*
- James B. PRITCHARD (Hg.), Ancient Near Eastern Texts Relating to the Old Testament, Princeton ³1969 (ANET). *Klassische, vielbenutzte englischsprachige Textsammlung; vgl. jetzt W.W. Hallo / K.L. Younger, The Context of Scripture.*
- Charles Kingsley BARRETT (Hg.), Texte zur Umwelt des Neuen Testaments. 2., erweiterte deutsche Ausgabe, hg.v. Claus-Jürgen THORNTON, UTB 1591, Tübingen 1991. *Trotz des Titels enthält der Band zahlreiche Quellentexte, die auch für das Alte Testament – zumal die Zeit des Zweiten Tempels – von Bedeutung sind (z.B. Qumran, Philo, Josephus, griechische Philosophie, Apokalyptik).*
- Otto KAISER (Hg.), Texte aus der Umwelt des Alten Testaments, 3 Bände und eine Ergänzungslieferung, Gütersloh 1981–2001 (TUAT). *Umfangreichste Sammlung von historischen und religionsgeschichtlichen Texten aus der Umwelt des Alten Testaments in deutscher Übersetzung; unentbehrliches Referenzwerk.*
- Bernd JANOWSKI / Gernot WILHELM (Hgg.), Texte aus der Umwelt des Alten Tesaments. Neue Folge, Gütersloh 2004ff. (TUAT.NF). *Neue Folge von TUAT, die sich als Ergänzung und Erweiterung der Vorgängerausgabe versteht.*
- Manfred WEIPPERT, Historisches Textbuch zum Alten Testament, GAT 10, Göttingen 2010 (HTAT). *Ein über 650 Seiten umfassendes Handbuch mit einer exzellenten Auswahl altorientalischer Texte in deutscher Übersetzung, die in Beziehung*

*zur Geschichte Israels bis in das 4. Jh. stehen. Neues Standardwerk, das in jedem Fall das TGI ersetzt.*
- William W. HALLO / K. Lawson YOUNGER (Hgg.), The Context of Scripture. Canonical Compositions, Monumental Inscriptions, and Archival Documents from the Biblical World, 3 Bände, Leiden 1997–2002. *Neue umfängliche englischsprachige Textsammlung, die im Prinzip ANET ersetzt.*
- Arthur A. LONG / David N. SEDLEY, Die hellenistischen Philosophen. Texte und Kommentare. Übersetzt von Karlheinz Hülser, Stuttgart-Weimar 2000. *Eine handliche, durch Indizes vorzüglich erschlossene Auswahl von zentralen Texten der hellenistischen Philosophen in deutscher Übersetzung und mit kurzen Kommentaren. Vgl. auch den 2. Band der englischen Ausgabe, der die griechischen und lateinischen Originaltexte enthält: The Hellenistic Philosophers. Vol. 2: Greek and Latin Texts with Notes and Bibliography, Cambridge 1987.*

## b) in den Ursprachen (teilweise mit Übersetzungen):

- Herbert DONNER / Wolfgang RÖLLIG, Kanaanäische und aramäische Inschriften, 2 Bände, Wiesbaden ²1966/68 (KAI). DIES., Kanaanäische und aramäische Inschriften. Band 1, Wiesbaden ⁵2002 (KAI⁵). *Ältere, sehr praktische Sammlung der wichtigsten Texte in den Ursprachen; der erste Band liegt inzwischen in erweiterter und überarbeiteter Neuauflage vor. Es gibt gewisse Überschneidungen mit dem neuen Standardwerk von J. Renz / W. Röllig (s.u.).*
- Dirk SCHWIDERSKI (Hg.), Die alt- und reichsaramäischen Inschriften. The Old and Imperial Aramaic Inscriptions. Band 2: Texte und Bibliographie, Fontes et Subsidia ad Bibliam pertinentes 2, Berlin – New York 2004. *Die Edition bietet die bislang publizierten alt- und reichsaramäischen Inschriften des 10.–3. Jahrhunderts v.Chr.; der Band ist als Referenzwerk zu einer geplanten Konkordanz konzipiert.*
- John C.L. GIBSON, Canaanite Myths and Legends, Edinburgh ²1978. *Die wichtigsten Texte aus Ugarit in Umschrift und englischer Übersetzung.*

- Johannes Renz / Wolfgang Röllig, Handbuch der althebräischen Epigraphik, 3 Bände, Darmstadt 1995–2001 (HAE). *Das unentbehrliche Handbuch verzeichnet nahezu alle althebräischen Inschriften vom 10. bis zum 6. Jahrhundert mit deutscher Übersetzung verzeichnet; eingehende Diskussion der grammatischen, epigraphischen und paläographischen Probleme.*
- Writings from the Ancient World, hg.v. Theodore J. Lewis, Atlanta, GA. *Eine neue Sammlung handlicher Bände, die jeweils eine repräsentative Auswahl wichtiger Texte zu bestimmten Themen bieten, in Transkription, teilweise auch in hebräischer Quadratschrift und englischer Übersetzung (vgl. z.B. Prophets and Prophecy in the Ancient Near East, hg.v. Martti Nissinen, 2003).*
- Shmuel Aḥituv, Echoes from the Past. Hebrew and Cognate Inscriptions from the Biblical Period, Jerusalem 2008. *Handbuch der hebräischen und verwandten Inschriften aus der Zeit des Ersten Tempels mit Photos, Übersetzungen und Kommentaren; gut geeignet als ergänzendes Korrespondenzwerk zu J. Renz / J. Röllig, HAE.*
- Geoffrey S. Kirk / John E. Raven / Malcolm Schofield, Die vorsokratischen Philosophen. Einführung, Texte und Kommentare, Stuttgart–Weimar 1994. *Leicht benutzbare griechisch-deutsche Textausgabe der Fragmente der Vorsokratiker mit knappen Kommentaren; Übersetzung eines englischsprachigen Standardwerkes.*

### c) Hilfsmittel zur Erschließung der Quellentexte:

- Kenton L. Sparks, Ancient Texts for the Study of the Hebrew Bible. A Guide to the Background Literature, Peabody, MA 2005. *Dieses nützliche Buch, eine Art »reference guide«, bietet eine nach Gattungen geordnete Übersicht über die wichtigste altorientalische Literatur aus der Umwelt des Alten Testaments (Syrien-Palästina, Mesopotamien, Ägypten, Anatolien, Persien) mit knapper Inhaltsangabe der Texte und reichhaltigen Literaturhinweisen.*

- Craig A. Evans, Ancient Texts for New Testament Studies. A Guide to the Background Literature, Peabody, MA 2005. *Das neutestamentliche Gegenstück zu K.L. Sparks, das indes in weiten Teilen auch für den Alttestamentler von Interesse ist. Das Buch stellt u.a. die wichtigste Qumran-Literatur, die Werke des Philo und des Josephus sowie die Targume vor.*

## 9.4. Mesopotamien

- Amélie Kuhrt, The Ancient Near East c. 3000–330 BC. 2 vols., Routledge History of the Ancient World, London; New York 1995. *Neue und gut lesbare Gesamtdarstellung der Geschichte des Alten Vorderen Orients.*
- Hans J. Nissen, Geschichte Altvorderasiens, Oldenbourg-Grundriß der Geschichte 25, München 1998. *Abriß über die Geschichte der altorientalischen Reiche; mit zahlreichen Literaturangaben.*
- Dietz Otto Edzard, Geschichte Mesopotamiens. Von den Sumerern bis zu Alexander dem Großen, Becks Historische Bibliothek, München 2004. *Vorzügliche Gesamtdarstellung der Geschichte des Zweistromlandes.*
- Wolfram von Soden, Einführung in die Altorientalistik, Orientalistische Einführungen, Darmstadt 1985; Neuausgabe unter dem Titel: Der Alte Orient. Ein Einführung. Hg. und mit einer Einführung versehen von Michael P. Streck, Darmstadt 2006. *Knappe Einführung in Geschichte und Kultur des Alten Orients, von einem Altmeister des Faches geschrieben.*
- Piotr Bienkowski / Alan Millard (Hgg.), Dictionary of the Ancient Near East, Philadelphia, PA 2000. *Knappes, zur Erstinformation gut geeignetes Lexikon.*
- Reallexikon der Assyriologie und der vorderasiatischen Archäologie (RLA), Berlin 1928ff. *Von Erich Ebeling und Bruno Meissner begründetes, später von Wolfram von Soden und Dietz Otto Edzard, seit 2004 von Michael P. Streck herausgegebenes umfassendes Nachschlagewerk zu Sprache, Literatur, Archäologie und Kultur des Alten Orients mit ausgezeichneten Überblicks- und Spezialartikeln.*

## 9.5. Ägypten

- Erik HORNUNG, Grundzüge der ägyptischen Geschichte, Darmstadt 1965; ⁴1992. *Knappe und gut lesbare Gesamtdarstellung der ägyptischen Geschichte.*
- Klaus KOCH, Geschichte der ägyptischen Religion. Von den Pyramiden bis zu den Mysterien der Isis, Stuttgart 1993. *Von einem Alttestamentler verfaßte Geschichte der ägyptischen Religion.*
- Manfred GÖRG, Religionen in der Umwelt des Alten Testaments III. Ägyptische Religion. Wurzeln – Wege – Wirkungen, KStTh 4/3, Stuttgart 2007. *Knappe, historisch angelegte Darstellung der ägyptischen Religion bis in die hellenistisch-römische Zeit, verbunden mit systematischen, »synchronen« Charakterisierungen.*
- Thomas SCHNEIDER, Lexikon der Pharaonen. Bearb., aktualisierte Ausg., dtv 3365, München 1996. *Hervorragendes Lexikon aller Pharaonen.*
- Ian SHAW / Paul NICHOLSON, British Museum Dictionary of Ancient Egypt, London 1995. *Einbändiges Lexikon, das sich zur Erstinformation gut eignet.*
- Lexikon der Ägyptologie (LÄ), 7 Bände, hg.v. Wolfgang HELCK, Eberhard OTTO und Wolfhart WESTENDORF, Wiesbaden 1975–1988. *Umfassendes Referenzwerk.*

## 9.6. Griechenland

- Heinrich KREFELD (Hg.), Hellenika. Einführung in die Kultur der Hellenen. Neue Ausgabe, Berlin 2002. *Als Schulbuch konzipiert, bietet der Band in reich bebilderten Themenbeiträgen eine hervorragende, didaktisch unübertroffene Einführung in die griechisch-hellenistische Welt auf dem neuesten Stand der Forschung.*
- Hans-Joachim GEHRKE, Geschichte des Hellenismus, Oldenbourg-Grundrisse der Geschichte 1A, München 1990; ⁴2008. *Gutes Lehrbuch: knappe Darstellung mit reichlichen Literaturangaben und Diskussion von Forschungsproblemen.*

- Wolfgang SCHULLER, Griechische Geschichte, Oldenbourg-Grundrisse der Geschichte 1, München 1991; ⁶2008. *Siehe zu H.-J. Gehrke.*
- Detlef LOTZE, Griechische Geschichte. Von den Anfängen bis zum Hellenismus, C.H. Beck Wissen 2014, München ⁷2007. *Knapper, didaktisch ausgezeichneter Überblick.*
- Kai BRODERSEN / Bernhard ZIMMERMANN (Hgg.), Metzler-Lexikon Antike, Stuttgart; Weimar 2000; ²2006. *Einbändiges Lexikon, das in 4500 Artikeln schnell und zuverlässig erste Informationen zur griechisch-römischen Antike bietet.*
- Der Neue Pauly – Enzyklopädie der Antike, 16 Bände, hg.v. Hubert CANCIK und Helmuth SCHNEIDER, Stuttgart 1996–2003. *Umfassendes Referenzwerk, abgekürzt DNP.*

## 10. Die nordwestsemitischen Sprachen

Aufgeführt sind lediglich einige wichtige Hilfsmittel, die einen Überblick über die nordwestsemitischen Sprachen bieten.

- John KALTNER / Steven L. MCKENZIE (Hgg.), Beyond Babel. A Handbook for Biblical Hebrew and Related Languages, SBL Resources for Biblical Study 42, Atlanta, GA 2002. *Eine ungemein nützliche Einführung in die mit dem Hebräischen verwandten Sprachen des alten Vorderen Orients einschließlich Ägyptens. Wer Hebräisch gelernt hat, kann sich hier fast mühelos über die Strukturen der verwandten Sprachen informieren.*
- Michael P. STRECK (Hg.), Sprachen des Alten Orients, Darmstadt 2005; ³2007. *Beschreibung der wichtigsten Sprachen des alten Vorderen Orients.*
- Holger GZELLA (Hg.), Sprachen aus der Welt des Alten Testaments, Darmstadt 2009. *Kurze Charakterisierung der Sprachen aus dem Alten Testament und seinem unmittelbaren Umfeld (z.B. Ugaritisch, Phönizisch, Altpersisch, Griechisch); ansonsten ähnlich angelegt wie das Buch von M.P. Streck.*
- Jacob HOFTIJZER u.a. (Hgg.), Dictionary of the North-West Semitic Inscriptions. 2 Bände, HdO I/21,1–2, Leiden 1995. *Das*

*unentbehrliche Lexikon enthält das gesamte nordwestsemitische Material aus Inschriften, Papyri und Ostraka aus der Zeit von ca. 1000 v.Chr. bis 300 n.Chr.*

## 11. Landeskunde und Biblische Archäologie

- Yohanan AHARONI, Das Land der Bibel. Eine historische Geographie, Neukirchen-Vluyn 1984. *Standardwerk eines der bekanntesten israelischen Archäologen der älteren Generation; schon wegen der zahlreichen Karten empfehlenswert, auch wenn man in der Auswertung der biblischen Quellen heute weitaus vorsichtiger geworden ist.*
- Herbert DONNER, Einführung in die biblische Landes- und Altertumskunde, Darmstadt 1976; ²1988. *Sehr knappe, aber gut informierende Übersicht über Landeskunde und historische Geographie.*
- Volkmar FRITZ, Einführung in die biblische Archäologie, Darmstadt 1985. *Gute deutschsprachige Einführung in die biblische Archäologie.*
- Othmar KEEL / Max KÜCHLER / Christoph UEHLINGER, Orte und Landschaften der Bibel. Ein Handbuch und Studienreiseführer zum Heiligen Land, Band 1: Geographisch-geschichtliche Landeskunde, Zürich / Göttingen 1984; Band 2: Der Süden, 1982. *Ein zuverlässiger Studienreiseführer, der auch als Nachschlagewerk am Schreibtisch seinen Dienst tut; der 1. Band enthält wertvolle Informationen u.a. zur Geologie, zum Klima, zu Flora und Fauna sowie eine hilfreiche Übersicht über die Quellen zur Topographie und Geschichte; es fehlen noch die Bände über den Norden und Jerusalem.*
- Max KÜCHLER, Jerusalem. Ein Handbuch und Studienreiseführer zur Heiligen Stadt, Orte und Landschaften der Bibel IV/2, Göttingen 2007. *Umfängliche, fast 1300 Seiten umfassende Fortsetzung des eben genannten Studienreiseführers; eine kompendienartige Fundgrube zur Geschichte und Archäologie Jerusalems.*

- Dieter VIEWEGER, Archäologie der biblischen Welt, UTB 2394, Göttingen 2003; ²2006. *Neues ausführliches Handbuch.*
- Helga WEIPPERT, Palästina in vorhellenistischer Zeit, Handbuch der Archäologie Vorderasien II/1, München 1988. *Umfassende Gesamtdarstellung der Archäologie Palästinas von den Anfängen bis etwa 333 v.Chr.; sehr wichtiges, leider auch sehr teures Referenzbuch.*
- Wolfgang ZWICKEL, Die Welt des Alten und Neuen Testaments. Ein Sach- und Arbeitsbuch, Stuttgart 1997. *Gut aufbereitetes Sachbuch zur biblischen Geschichte und Alltagswelt; zahlreiche Abbildungen, Skizzen und Karten; reiches Material zur didaktischen Umsetzung.*
- Wolfgang ZWICKEL, Einführung in die biblische Landes- und Altertumskunde, Darmstadt 2002. *Neue zusammenfassende Darstellung der biblischen Archäologie, ihrer Methoden und Aufgaben.*
- The New Encyclopedia of Archaeological Excavations in the Holy Land, hg.v. Ephraim STERN, 4 Bände, Jerusalem 1993; Ergänzungsband 2008. (NEAEHL). *Wer sich über eine Ortslage oder Ausgrabungsstätte im Land der Bibel beiderseits des Jordans informieren möchte, muß dieses Standardwerk konsultieren.*
- The Oxford Encyclopedia of Archaeology in the Near East, hg. v. Eric M. MEYERS, 5 Bände, New York–Oxford 1997 (OEANE). *Ebenfalls sehr wichtiges Referenzwerk, das den gesamten alten Vorderen Orient (unter Einschluß Kleinasiens) umfaßt; anders als die NEAEHL finden sich auch Sach- und Personenartikel aus dem Bereich der vorderorientalischen Archäologie.*

## 12. Lexika und Wörterbücher

### 12.1. Zur Bibel und ihrer Umwelt

- Vgl. auch NEAEHL und OEANE (→ D 11)
- Reclams Bibel-Lexikon, hg.v. Klaus KOCH u.a., Stuttgart ⁷2004. *Allgemeinverständliches, sehr knappes Lexikon zur Bibel und ihrer Welt.*

## D. Literatur zur Exegese des Alten Testaments

- Biblisches Reallexikon, hg.v. Kurt GALLING, HAT I/1, Tübingen ²1977 (BRL²). *Knappes Lexikon zu den Realien der biblischen Welt und Umwelt mit breiter Berücksichtigung der Archäologie.*
- Biblisch-historisches Handwörterbuch. 4 Bände, hg.v. Bo REICKE und Leonhard ROST, Göttingen 1962–1979 (BHH). *Umfangreiches Nachschlagewerk, das inzwischen etwas veraltet ist; für archäologische und religionsgeschichtliche Fragen schlägt man besser in neueren Referenzwerken nach.*
- Calwer Bibellexikon. 2 Bände, hg.v. Otto BETZ u.a., Stuttgart 2003. *Sehr zuverlässiges und gut aufgemachtes neues Lexikon zur Bibel und ihrer Umwelt; in der Gesamtausrichtung (etwa in Fragen der Entstehung der biblischen Schriften oder im Blick auf die Neuentwicklungen in der Palästina-Archäologie) eher traditionell orientiert.*
- Neues Bibel-Lexikon. 3 Bände, hg.v. Manfred GÖRG und Bernhard LANG, Zürich 1991–2000 (NBL). *Aktuelles Lexikon, das im Umfang dem älteren BHH entspricht.*
- The Anchor Bible Dictionary. 6 Bände, hg.v. David N. FREEDMAN, New York 1992 (ABD). *Umfassendes aktuelles Referenzwerk, vor allem für ›facts and figures‹ aus der Umwelt der Bibel; breite Berücksichtigung neuer archäologischer und religionsgeschichtlicher Erkenntnisse.*
- Lexikon der biblischen Eigennamen. Hg.v. Olivier ODELAIN und Raymond SÉGUINEAU. Übersetzt und für die Einheitsübersetzung der Heiligen Schrift bearbeitet von Franz Josef SCHIERSE, Düsseldorf / Neukirchen-Vluyn 1981. *Sehr nützliches Verzeichnis sämtlicher Eigennamen der Bibel mit Umschrift und Übersetzung der Namen aus dem Hebräischen und Griechischen, statistischen Angaben und knapper Beschreibung sowie zahlreichen Tabellen und Karten im Anhang.*
- Dictionary of Deities and Demons in the Bible. Hg.v. Karel VAN DER TOORN u.a., Leiden / Grand Rapids, MI ²1998 (DDD). *Unverzichtbares Nachschlagewerk zu den Göttern und Gottesnamen der Bibel und ihrer Umwelt; breite Aufnahme neuer religionsgeschichtlicher Erkenntnisse.*

- Handbuch theologischer Grundbegriffe zum Alten und Neuen Testament, hg. v. Angelika BERLEJUNG und Christian FREVEL, Darmstadt 2006. *Nachschlagewerk, das aus theologisch fundamentalen Dachartikeln (z.B. Anthropologie, Gottesvorstellungen, Kult) und kleineren Begriffsartikeln zur Bibel und ihrer Welt und Umwelt besteht; umfassende Einbeziehung der neueren Erkenntnisse der Altertumswissenschaften, der Philologie, Archäologie und Ikonographie.*
- Das Wissenschaftliche Bibellexikon im Internet (WiBiLex), hg. v. Michaela BAUKS und Klaus KOENEN. *Von der Deutschen Bibelgesellschaft in Stuttgart betreutes umfassendes und wissenschaftlich zuverlässiges Internet-Lexikon zur Bibel und ihrer Welt (www.wibilex.de).*

## 12.2. Theologische Wörterbücher

- Theologisches Handwörterbuch zum Alten Testament, hg. v. Ernst JENNI und Claus WESTERMANN, 2 Bände, München / Zürich 1971/76; Darmstadt ⁶2004 (THAT). *Knappes Wörterbuch, das neben der sprachgeschichtlichen Ableitung und hilfreichen statistischen Übersichten die profanen und theologischen Bedeutungen wichtiger alttestamentlicher Begriffe erschließt; auch ohne Hebräisch-Kenntnisse benutzbar.*
- Theologisches Wörterbuch zum Alten Testament, hg.v. G. Johannes BOTTERWECK, Helmer RINGGREN und (ab Bd. 4) Heinz-Josef FABRY, 9 Bände, Stuttgart 1973–1996 (ThWAT). *Der große Bruder des THAT und das alttestamentliche Gegenstück zum Theologischen Wörterbuch zum Neuen Testament (ThWNT).*

## 13. Theologien des Alten Testaments

- Gerhard von Rad, Theologie des Alten Testaments, 2 Bände, München 1957/60; ¹⁰1992/93. *Die klassische Darstellung, die – obwohl heute in ihren wesentlichen literargeschichtlichen Voraussetzungen überholt – nach wie vor mit großem Gewinn gelesen werden kann.*
- Werner H. Schmidt, Alttestamentlicher Glaube, Neukirchen-Vluyn 1968; ¹⁰2007. *Von einem sehr konservativen Ansatz her entwickelte Geschichte israelitischer Glaubensvorstellungen; Neubearbeitung.*
- Walther Zimmerli, Grundriß der alttestamentlichen Theologie, ThW 3, Stuttgart 1972; ⁷1999. *Sehr knappe Darstellung theologischer Grundgedanken des Alten Testaments, orientiert am »Namen Jahwes«.*
- Horst Dietrich Preuss, Theologie des Alten Testaments, 2 Bände, Stuttgart 1991/92. *Eingehende Darstellung der theologischen Grundgedanken des Alten Testaments mit reichlichen Literaturhinweisen, doch die Lesbarkeit wird durch die bisweilen lexikographische Präsentation des Materials erheblich erschwert.*
- Rainer Albertz, Religionsgeschichte Israels in alttestamentlicher Zeit, 2 Bände, GAT 8/1+2, Göttingen 1992; ²1996/97. *Sozialgeschichtlich ansetzende Darstellung der Religionsgeschichte Israels; recht konservativer Umgang mit den alttestamentlichen Quellen.*
- Antonius H.J. Gunneweg, Biblische Theologie des Alten Testaments. Eine Religionsgeschichte Israels in biblisch-theologischer Sicht, Stuttgart 1993. *Postum herausgegebene, insofern in manchem skizzenhaft gebliebene Geschichte altisraelitischer Glaubensvorstellungen, von einer pointiert christlich-theologischen Position aus geschrieben; in der Ausrichtung insgesamt sehr traditionell orientiert.*
- Otto Kaiser, Der Gott des Alten Testaments. Theologie des Alten Testaments, 3 Bände, UTB 1747 / 2024 / 2392, Göttingen 1993–2003. *Eine auf der Basis neuerer literarhistorischer Ergebnisse entwickelte Darstellung der Glaubens- und Literatur-*

*geschichte Israels; bietet sehr lesenswerte thematische Längsschnitte.*
- Eckart OTTO, Theologische Ethik des Alten Testaments, ThW 3/2, Stuttgart 1994. *Eine Ethik des Alten Testaments, die fast ausschließlich als Rechtsgeschichte konzipiert ist.*
- Rolf RENDTORFF, Theologie des Alten Testaments. Ein kanonischer Entwurf, 2 Bände, Neukirchen-Vluyn 1999 / 2001. *Kanonorientierte Theologie, die freilich streckenweise nicht über eine ausgeführte Bibelkunde hinausgeht.*
- Erhard S. GERSTENBERGER, Theologien im Alten Testament. Pluralität und Synkretismus alttestamentlichen Gottesglaubens, Stuttgart 2001. *Der Titel ist Programm.*

## 14. Hermeneutik des Alten Testaments

- Antonius H.J. GUNNEWEG, Vom Verstehen des Alten Testaments. Eine Hermeneutik, GAT 5, Göttingen 1977; ²1988. *Lehrbuch, das sich in historischer und systematisch-theologischer Perspektive mit der Bedeutung des Alten Testaments für den christlichen Glauben beschäftigt.*
- Rudolf SMEND (Hg.), Das Alte Testament im Protestantismus, Grundtexte zur Kirchen- und Theologiegeschichte 3, Neukirchen-Vluyn 1995. *Vorzüglich ausgewählte Sammlung repräsentativer Texte zum christlichen Verständnis des Alten Testaments von Martin Luther bis zu Dietrich Bonhoeffer; als Ergänzung zu dem Buch von A.H.J. Gunneweg gut geeignet.*
- Manfred OEMING, Biblische Hermeneutik. Eine Einführung, Darmstadt 1998; ²2007. *Sehr hilfreicher Überblick über die gegenwärtigen Methoden der Bibelauslegung und ihrer (philosophischen) Prämissen.*

## 15. Zur Forschungsgeschichte

- Julius WELLHAUSEN, Prolegomena zur Geschichte Israels, Berlin ($^1$1878) $^6$1927; ND 2001. *Das wohl berühmteste Buch zum Alten Testament, ein Lesegenuß ersten Ranges; enthält im Paperback-Nachdruck erstmals ein Stellenregister.*
- Rudolf SMEND, Deutsche Alttestamentler in drei Jahrhunderten, Göttingen 1989. *Meisterhafte Kurzbiographien der bekanntesten deutschen Alttestamentler vom 18. bis zum 20. Jahrhundert.*
- Rudolf SMEND, From Astruc to Zimmerli. Old Testament Scholarship in three Centuries, Tübingen 2007. *Im Kern die englische Übersetzung des zuvor genannten Buches mit einer etwas anderen Auswahl.*
- Rudolf SMEND, Bibel und Wissenschaft. Historische Aufsätze, Tübingen 2004. *Zentrale forschungsgeschichtliche Beiträge zur Geschichte der Bibelkritik und zu einzelnen Alttestamentlern.*
- Henning Graf REVENTLOW, Epochen der Bibelauslegung, 4 Bände, München 1990–2001. *Umfassendes Werk zur Geschichte der Bibelkritik von den Anfängen bis zum 20. Jahrhundert.*
- Magne SÆBØ (Hg.), Hebrew Bible / Old Testament. The History of Its Interpretation I: From the Beginnings to the Middle Ages (Until 1300). Part 1: Antiquity, Göttingen 1996; Part 2: The Middle Ages, 2000; II: From the Renaissance to the Enlightenment, 2008. *Großangelegtes Referenzwerk, von jüdischen und christlichen Wissenschaftlern verfaßt.*
- John H. HAYES (Hg.), Dictionary of Biblical Interpretation. 2 vols., Nashville, TN 1999. *Ausgezeichnetes Nachschlagewerk zur Bibel und der Geschichte ihrer Auslegung; besonders nützlich sind die zahlreichen biographischen Artikel.*

## 16. Deuterokanonische und »pseudepigraphe« Schriften

Die »Apokryphen« bzw. deuterokanonischen Schriften sind nur in der Septuaginta überliefert. Sie finden sich auch in vielen Bibelausgaben (Lutherbibel mit Apokryphen und Einheitsübersetzung). Darüber hinaus gibt es wissenschaftliche Ausgaben, die eine weitere Gruppe von jüdischen Schriften aus der Zeit des Zweiten Tempels enthalten (»Pseudepigraphen«).

### 16.1. Übersetzungen

- Die Apokryphen und Pseudepigraphen des Alten Testaments. 2 Bände, hg.v. Emil KAUTZSCH, Tübingen 1900; ND Darmstadt 1994. *Klassische Ausgabe, überwiegend immer noch brauchbar, wenngleich die zugrundeliegenden Texte längst veraltet sind.*
- Jüdische Schriften aus hellenistisch-römischer Zeit, hg. v. Werner Georg KÜMMEL, jetzt Hermann LICHTENBERGER, Gütersloh 1973ff. (JSHRZ). *Mehrbändige, wissenschaftlich fundierte Übersetzung der wichtigsten Schriften; noch nicht abgeschlossen; unentbehrlich. Hinzuweisen ist insbesondere auf die 1999 erschienene, von Andreas LEHNARDT zusammengestellte Bibliographie zu den JSHRZ. Die Reihe wird mit einer Neuen Folge (JSHRZ.NF) fortgeführt.*
- The Old Testament Pseudepigrapha. 2 Bände, hg.v. James H. CHARLESWORTH, New York 1984–85. Dazu: Steve DELAMARTER, A Scripture Index to Charlesworth's The Old Testament Pseudepigrapha, London 2003. *Die amerikanische Standardausgabe; aufs Ganze gesehen gut brauchbar.*
- La Bible. Écrits Intertestamentaires, hg.v. Marc PHILONENKO und André DUPONT-SOMMER, Bibliothèque de la Pléiade, Paris 1987. *Französische Standardausgabe.*

## 16.2. Einführungen

Für die deuterokanonischen Schriften vgl. die unter 7.1 genannten Einleitungen von Otto EISSFELDT, Erich ZENGER und Otto KAISER.

- Albert-Marie DENIS, Introduction à la littérature religieuse judéo-hellénistique. 2 Tomes. Avec le concours de Jean-Claude HAELEWYCK, Turnhout 2000. *Umfassende Einleitung in die pseudepigraphe Literatur.*
- Einführung zu den Jüdischen Schriften aus hellenistisch-römischer Zeit, JSHRZ VI: Supplementa 1, Gütersloh 2000ff. *Einleitungswissenschaftlich angelegte ausführliche Einführungen.*

## 16.3. Hilfsmittel

- Sprachlicher Schlüssel zu den Deuterokanonischen Schriften (Apokryphen) des Alten Testaments, hg.v. Peter ARZT und Michael ERNST, Institut für Neutestamentliche Bibelwissenschaft Salzburg 1995ff. *Außerordentlich nützliches Hilfsmittel mit einer (vollständigen!) syntaktischen und morphologischen Analyse des griechischen Textes; der Text der Göttinger Septuaginta wird mit abgedruckt. Erschienen sind bisher: Sapientia Salomonis / Weisheit ($^2$1997) und Judit (1997).*

# 17. Qumran

## 17.1. Textausgaben und Übersetzungen

- Discoveries in the Judaean Desert, seit 1955, zuletzt hg.v. Emanuel Tov. *Die wissenschaftliche Gesamtausgabe; abgekürzt DJD.*
- Eduard LOHSE (Hg.), Die Texte aus Qumran. Hebräisch und Deutsch, München 1964; Darmstadt $^3$1981. *Ausgezeichnete hebräisch-deutsche Ausgabe der wichtigsten Texte. Der hebräische Text ist punktiert und daher leicht lesbar.*

- Annette STEUDEL (Hg.), Die Texte aus Qumran II. Hebräisch / Aramäisch und Deutsch. Mit masoretischer Punktation, Übersetzung, Einführung und Anmerkungen, Darmstadt 2001. *Fortsetzungsband zu der Ausgabe E. Lohses; die hier versammelten Texte stammen überwiegend aus den Höhlen 4 und 11 und sind zum größten Teil nur fragmentarisch erhalten.*
- Florentino GARCÍA MARTÍNEZ / Eibert J.C. TIGCHELAAR (Hgg.), The Dead Sea Scrolls Study Edition, 2 Bände, Leiden 1997/98 (Studienausgabe 1999/2000). *Eine sehr übersichtlich gestaltete hebräisch-englische Ausgabe (fast) aller Qumrantexte, die für Studienzwecke unentbehrlich ist.*
- Florentino GARCÍA MARTÍNEZ, The Dead Sea Scrolls Translated. The Qumran Texts in English, Leiden 1994. *Gute einbändige Handausgabe mit fast allen Qumrantexten.*
- James H. CHARLESWORTH (Hg.), The Dead Sea Scrolls: Hebrew, Aramaic, and Greek Texts with English Translation, Tübingen; Louisville, KY 1994ff. *Sehr übersichtlich gedruckte zweisprachige Ausgabe aller wichtigen Texte.*
- Johann MAIER, Die Qumran-Essener. Die Texte vom Toten Meer, 3 Bände, UTB 1862 / 1863 / 1916, München 1995–96. *Deutsche Übersetzung nahezu aller in Qumran gefundenen Texte und Textfragmente mit mehreren Registern.*
- Johann MAIER, Die Tempelrolle vom Toten Meer und das »Neue Jerusalem«, UTB 829, München ³1997. *Gut eingeführte und kommentierte Übersetzung einer wichtigen Einzelschrift aus Qumran, gewissermaßen als Ergänzung des 3-bändigen Werkes.*

## 17.2. Über Qumran

Verzeichnet sind nur einige wenige Überblickswerke, mit deren Hilfe man sich die umfassende Literatur zu Qumran aber gut erschließen kann.

- Hartmut STEGEMANN, Die Essener, Qumran, Johannes der Täufer und Jesus. Ein Sachbuch, Herder Spektrum 4128, Frei-

burg i.Br. ¹⁰2007. *Eine geradezu spannend zu lesende Einführung in die Ausgrabungen und die Texte.*
- James C. VANDERKAM, Einführung in die Qumranforschung. Geschichte und Bedeutung der Schriften vom Toten Meer, UTB 1998, Göttingen 1998 (Übersetzung von: The Dead Sea Scrolls Today, Grand Rapids, MI; London 1994). *Sehr gute Einführung in die Qumran-Texte und ihren Hintergrund.*
- James VANDERKAM / Peter FLINT, The Meaning of the Dead Sea Scrolls. Their Significance for Understanding the Bible, Judaism, Jesus, and Christianity, New York 2002. *Lehrbuchartige Einführung in die Qumran-Literatur und ihre Bedeutung.*
- Lawrence H. SCHIFFMAN / James C. VANDERKAM (Hgg.), Encyclopedia of the Dead Sea Scrolls, 2 Bände, Oxford 2000. *Umfassendes Nachschlagewerk zu allen Fragen, die die Qumran-Texte und ihre Bedeutung betreffen.*
- Armin LANGE, Handbuch der Textfunde vom Toten Meer, Band 1: Die Handschriften biblischer Bücher von Qumran und den anderen Fundorten, Tübingen 2009. *Neues umfassendes Standardwerk.*

## 18. Josephus

Josephus ist der wichtigste jüdische Historiker des Altertums. Sein Werk vermittelt nicht nur einen umfassenden Einblick in die Geschichte des neutestamentlichen Zeitalters, sondern ist für die gesamte Geschichte des Zweiten Tempels von außerordentlicher Bedeutung.

### 18.1. Textausgaben und Übersetzungen

- Flavii Iosephi Opera, 7 Bände, hg.v. Benedictus NIESE, Berlin 1888–1897; ND 1955. *Die grundlegende griechische Textausgabe; mit ihr wird auch eine Paragraphenzählung eingeführt, die sich inzwischen weitgehend durchgesetzt hat (daneben findet sich aber noch die Zitation nach Kapiteln).*

- FLAVIUS JOSEPHUS, De Bello Judaico. Der jüdische Krieg. Griechisch und Deutsch, 3 Bände in vier Teilbänden, hg.v. Otto MICHEL und Otto BAUERNFEIND, Darmstadt 1959–1969. *Bewährte griechisch-deutsche Ausgabe des »Jüdischen Krieges« mit Anmerkungen.*
- FLAVIUS JOSEPHUS, Translation and Commentary, hg.v. Steve MASON, Leiden 2000ff. *Englische Übersetzung mit ausführlichem Anmerkungsapparat und Kommentar.*
- FLAVIUS JOSEPHUS, Aus meinem Leben (Vita). Kritische Ausgabe, Übersetzung und Kommentar von Folker SIEGERT in Verbindung mit Heinz SCHRECKENBERG und Manuel VOGEL, Tübingen 2001. *Griechisch-deutsche Ausgabe mit Anmerkungen und kurzem Kommentar.*

## 18.2. Über Josephus

- Steve MASON, Flavius Josephus und das Neue Testament, UTB 2130, Tübingen – Basel 2000. *Elementare Einführung in Leben und Werk; trotz des Titels auch für das Studium des Alten Testaments von Interesse.*

## 19. Judaistik

Die Übergänge zwischen der alttestamentlichen Wissenschaft und der Judaistik sind fließend, zumal die hebräisch-aramäischen Bücher die (werdende) heilige Schrift des Judentums des Zweiten Tempels waren und zum weitaus größten Teil in persischer und hellenistischer Zeit entstanden sind. Im folgenden sind lediglich einige elementare Hilfsmittel und Referenzwerke angegeben, mit deren Hilfe man sich auch die nachbiblische Literatur des Judentums erschließen kann.

- Günter STEMBERGER, Einführung in die Judaistik, C.H. Beck Studium, München 2002. *Eine ebenso elementare wie inhaltsreiche Einführung in das Studium der Judaistik, das jedem am Alten Testament Interessierten dringend empfohlen sei; das Buch enthält reiche Literaturangaben.*
- Günter STEMBERGER, Einleitung in Talmud und Midrasch, Beck-Studium, München ⁸1992. *Vorzügliche knappe Einführung in die rabbinische Literatur. Vgl. dazu auch die kommentieren Auswahlsammlungen von dems., Der Talmud. Einführung – Texte – Erläuterungen, München ³1994; Midrasch. Vom Umgang der Rabbinen mit der Bibel. Einführung – Texte – Erläuterungen, München 1989.*
- Encyclopaedia Judaica, hg.v. Cecil ROTH u.a., 16 Bände (und Supplement), Jerusalem 1971. *Umfassendes Nachschlagewerk zur jüdischen Geschichte und zum Judentum, das regelmäßig durch Yearbooks auf den neuesten Stand gebracht wird.*
- Johann MAIER / Peter SCHÄFER, Kleines Lexikon des Judentums, Stuttgart 1981. *Ein zwar kleines und knappes, aber äußerst zuverlässiges Lexikon zu allen historischen und gegenwärtigen Fragen.*
- Johann MAIER, Judentum von A bis Z. Glauben, Geschichte, Kultur, Herder Spektrum 5169, Freiburg i.Br. 2001. *Ausgezeichnetes kleines Kompendium zur jüdischen Geschichte und Kultur.*

## 20. Wichtige Kommentarreihen zum Alten Testament

ATD  Das Alte Testament Deutsch, Göttingen 1949ff.; ab 2000 hg. v. Reinhard G. Kratz und Hermann Spieckermann. Ursprünglich als allgemeinverständliche Reihe konzipiert; die neueren Bände sind jedoch ausführlicher und wissenschaftlicher angelegt. – Wichtig: Gen (G. v. Rad), Ex, Lev, Num (M. Noth), 1–2 Kön (E. Würthwein), Jes 1–39 (O. Kaiser), Ez (K.-F. Pohlmann), Hos, Am, Joel, Ob, Jona, Mi (J. Jeremias), Nah, Hab, Zef (L. Perlitt).

ATD.A  Das Alte Testament Deutsch. Apokryphen, hg. v. Otto Kaiser und Lothar Perlitt, Göttingen 1998ff. Ergänzungsreihe zum

ATD mit Kommentierung der Apokryphen. – Bisherige Bände: Jesus Sirach (G. Sauer), Weisheit Salomons (H. Hübner), Baruch, Zusätze zu Ester und Daniel, Brief Jeremias (O.H. Steck, R.G. Kratz, I. Kottsieper).

BK  Biblischer Kommentar Altes Testament, Neukirchen-Vluyn 1955ff.; begründet von Martin Noth, jetzt hg. v. Arndt Meinhold, Werner H. Schmidt, Winfried Thiel. Wissenschaftliches und bei weitem ausführlichstes Kommentarwerk; erscheint in Einzellieferungen; viele Bände sind noch nicht vollständig. – Wichtig: Ex 1–6 (W.H. Schmidt), Sam (W. Dietrich), Jes 1–39 (H. Wildberger), Jes 40–55 (K. Elliger, H.-J. Hermisson), Ez (W. Zimmerli), Hos, Joel, Am, Jona, Mi (H.W. Wolff), Mal (A. Meinhold).

HAT  Handbuch zum Alten Testament, Tübingen 1934ff.; jetzt hg. v. Matthias Köckert und Jan Chr. Gertz; Neubearbeitungen seit 1994. Knapp und wissenschaftlich; etwa zwischen ATD und BK. – Wichtig: Lev (K. Elliger); Jos (M. Noth; V. Fritz), Pss (K. Seybold).

HK  Handkommentar zum Alten Testament, hg. v. W. Nowack, Göttingen 1892–1938. – Berühmt: Gen (H. Gunkel 1901); Jes (B. Duhm 1892).

HThK.AT  Herders Theologischer Kommentar. Altes Testament, hg. v. Erich Zenger, Freiburg i.Br. 1999ff. Neuer ökumenisch ausgerichteter wissenschaftlicher Kommentar. – Wichtig: Psalmen 51–100 (F.-L. Hossfeld / E. Zenger), Jes 1–39 (W.A.M. Beuken).

KAT  Kommentar zum Alten Testament, hg. v. Ernst Sellin, Leipzig 1913–1939; neu hg. v. Wilhelm Rudolph u.a., Gütersloh 1962–1998, inzwischen eingestellt. In Umfang und Anlage mit dem HAT vergleichbar. – Wichtig: Dtjes (K. Baltzer); Esr-Neh (A.H.J. Gunneweg).

KHC  Kurzer Hand-Commentar zum Alten Testament, hg. v. Karl Marti, Tübingen 1897–1922. – Berühmt: Jes (K. Marti 1900); Jer (B. Duhm 1901).

NEB.AT  Die Neue Echter Bibel. Kommentar zum Alten Testament mit der Einheitsübersetzung, hg. v. J.G. Plöger und J. Schreiner, Würzburg 1980ff. Sehr knapper, für breitere Kreise gedachter katholischer Kommentar zum Text der (mit abgedruckten) Einheitsübersetzung; nicht wissenschaftlich angelegt, aber von Fachleuten geschrieben; mit den Deuterokanonischen Schriften; fast vollständig. – Wichtig: Ps 1–50 (F.-L. Hossfeld, E. Zenger).

NSK.AT  Neuer Stuttgarter Kommentar. Altes Testament, hg. v. Christoph Dohmen, Stuttgart 1993ff. Allgemeinverständlich; etwas ausführlicher als die NEB.AT, ebenfalls nach dem Text der

## 208   D. Literatur zur Exegese des Alten Testaments

Einheitsübersetzung, die aber nicht abgedruckt ist; katholisch, auch evang. Autoren. – Wichtig: Jes (P. Höffken); Daniel (D. Bauer); Weisheit Salomos (H. Engel).

ZBK.AT  Zürcher Bibelkommentare. Altes Testament, hg. v. Hans Heinrich Schmid und Hans Weder, Zürich. Allgemeinverständlich, aber von Fachleuten verfaßt. – Wichtig: Jer (G. Wanke), Spr (A. Meinhold), Hld (O. Keel).

AncB  The Anchor Bible Commentary, hg. v. William F. Albright und David Noel Freedman, New York, 1964ff. Wissenschaftlich, z.T. sehr ausführlich; mit Apokryphen. – Wichtig: 2 Kön (M. Cogan / H. Tadmor 1988); 1 Chr (G.N. Knoppers 2003/04), 1–2 Makk (J.A. Goldstein 1976/83).

FOTL  The Forms of the Old Testament Literature, Grand Rapids, MI 1984ff. Primär formkritisch orientiert. Wichtig: Jes 1–39 (M.A. Sweeney 1996).

Hermeneia  Hermeneia. A Critical and Historical Commentary on the Bible, hg. v. F.M. Cross u.a., Philadelphia 1971ff. Ausführlich und historisch-kritisch orientiert; besteht teilweise aus Übersetzungen kontinentaleuropäischer Kommentare; unter Einschluß der deuterokanonischen und »pseudepigraphen« Schriften. Wichtig: Dan (J.J. Collins 1993); 1 Henoch (G.W.E. Nickelsburg 2001).

HCOT  Historical Commentary on the Old Testament, hg. v. C. Houtman u.a., zunächst Kampen, dann Leuven, 1993ff. Wissenschaftlicher Kommentar; einige Bände sind die englische Übersetzung der niederländischen Originalausgabe.

ICC  The International Critical Commentary, gegenwärtig hg. v. J.A. Emerton u.a., Edinburgh. Klassische Kommentarreihe mit gediegenen, historisch-philologisch orientierten Auslegungen. – Wichtig: Jer (W. McKane 1986/96), Jes 1–27 (H.G.M. Williamson 2006).

OTL  Old Testament Library, London. Allgemeinverständlich; Reihe enthält auch Übersetzungen. – Wichtig: Jos (R.D. Nelson), 1–2 Chr (S. Japhet), Esr-Neh (J. Blenkinsopp).

WBC  Word Biblical Commentary, Waco, TX. Wissenschaftlich angelegt, eher die »evangelical critical scholarship« repräsentierend, was freilich nicht für alle Bände gilt. – Wichtig: Esr-Neh (H.G.M. Williamson 1985), Hiob (D.J.A. Clines 1989/2007/08).

CAT  Commentaire de l'Ancien Testament, hg. v. R. Martin-Achard u.a., Neuchâtel / Paris / Genf 1963ff. – Wichtig: Sam (Caquot, de Robert).

## 21. Bibelkommentare in einem Band

In letzter Zeit sind einige empfehlenswerte *einbändige* und entsprechend umfangreiche Bibelkommentare erschienen, die sich – durchweg von Fachleuten verfaßt – um eine allgemeinverständliche Auslegung der Texte bemühen. Sie richten sich zwar primär an eine nichtwissenschaftliche Leserschaft, dürften aber auch für Studierende (zumal ohne Kenntnis der Ursprachen) von Interesse sein. Wer sich etwa grob über ein biblisches Buch informieren und es kursorisch lesen möchte, wird hier in der Regel die wichtigsten Informationen finden. Beigegeben sind den Kommentaren darüber hinaus verschiedene Einführungen oder Exkurse (etwa zur Entstehung der Bibel oder zur Qumran-Literatur) sowie Karten und Tabellen.

- Stuttgarter Erklärungsbibel. Lutherbibel mit Erklärungen und Apokryphen, Stuttgart 2005. *Mit knappen Erläuterungen, die in den fortlaufenden Luthertext integriert sind.*
- The Oxford Bible Commentary, hg.v. John BARTON und John MUDDIMAN, Oxford 2001. *Kurzkommentar unter Einschluß der deuterokanonischen Schriften und einem Essay zur nachbiblischen jüdischen Literatur.*
- Eerdmans Commentary on the Bible, hg.v. James D.G. DUNN und John W. ROGERSON, Grand Rapids, MI; Cambridge U.K. 2003. *Kurzkommentar unter Einschluß der deuterokanonischen Bücher; mit gelungenen thematischen Artikeln und einer Einführung in die Pseudepigraphen.*
- Stuttgarter Altes Testament. Einheitsübersetzung mit Kommentar und Lexikon, hg.v. Erich ZENGER, Stuttgart 2004. *Knapp 2000 Seiten; im Umfang ist die Kommentierung mit der Neuen Echter Bibel vergleichbar.*
- Erklärt. Der Kommentar zur Zürcher Bibel, hg.v. Matthias KRIEG und Konrad SCHMID, 3 Bände, Zürich 2010. *In drei großformatigen Bänden mit insgesamt über 2500 Seiten wird die Übersetzung der Zürcher Bibel nach Sinnabschnitten je-*

*weils mit einem etwa gleichlangen Kommentar abgedruckt; darüber hinaus findet man thematische Exkurse, Texte zur Wirkungsgeschichte und zahlreiche Abbildungen.*

# E. Tabellen und Übersichten

## 1. Abkürzungen im Apparat der Biblia Hebraica

Die textkritischen Apparate von BHK³ und BHS verwenden lateinische Abkürzungen, die hier in ihrer vollen Form und Übersetzung wiedergegeben werden.

| | | |
|---|---|---|
| acc | accentus | Akzent |
| add | additum; addit | hinzugefügt; fügen hinzu |
| aeg | Aegyptiacum | ägyptisch |
| aeth | Aethiopicum | äthiopisch |
| akk | Accadicum | akkadisch |
| al | alii | (die) andere(n) etc. |
| alit | aliter | anders |
| arab | Arabicum | arabisch |
| aram | Aramaicum | aramäisch |
| art | articulus | Artikel |
| ass | Assyricum | assyrisch |
| ast | asteriscus | Asteriskos: textkritisches Zeichen in der Hexapla des Origenes |
| bab | Babylonicum | babylonisch |
| c | cum | mit |
| cet | ceteri | (die) übrige(n) |
| cf | confer(endum) | vergleiche, zu vergleichen |
| cj | conjunge(ndum); conjungit | zu verbinden, verbindet |
| cod(d) | codex, -ices | Kodex, Kodizes: Handschrift(en) |
| conj | conjectura | Konjektur, Emendation |
| cop | copula | Kopula |
| crrp | corruptum | verdorben |
| dl | delendum | zu tilgen |

| | | |
|---|---|---|
| dttg | dittographice | Dittographie: Doppelschreibung |
| dub | dubium | zweifelhaft |
| dupl | dupliciter; duplum | doppelt |
| Ed(d) | Editio(nes) | Edition(en): Ausgabe(n) |
| etc | et cetera | und das übrige |
| exc | excidit, -erunt | ausgefallen |
| extr | extraordinarius | außerordentlich |
| fin | finis | Ende |
| frt | fortasse | vielleicht |
| gl | glossa(tum) | Glosse, Randbemerkung |
| hab | habet, -ent | hat, haben |
| hebr | Hebraicum | hebräisch |
| hemist | hemistichus | Hemistichos: Halbvers |
| homark | homoiarkton | Homoiarkton: gleicher Wortanfang |
| homtel | homoioteleuton | Homoioteleuton: gleiches Wortende |
| hpgr | haplographice | Haplographie: Einfachschreibung |
| hpleg | hapax legomenon | Hapaxlegomenon: Wort kommt nur einmal im AT vor |
| id | idem | derselbe etc. |
| inc | incertus | unsicher |
| incip | incipit, -iunt | beginnt, beginnen |
| init | initium | Anfang |
| ins | inserendum | einzufügen |
| interv | intervallum | Zwischenraum |
| invers | inverso ordine | in umgekehrter Reihenfolge |
| it | item | ebenso |
| jdaram | Iudaeo-aramaicum, -ce | judäo-aramäisch |
| kopt | Copticum | koptisch |
| l | lege(ndum) | zu lesen |
| lect | lectio | Lesart |
| leg | legit, -unt | liest, lesen |
| maj | major | größer |
| marg | marginalis, -e; in margine | Rand-, am Rande |
| m cs | metri causa | des Versmaßes wegen |
| min | minor | kleiner, weniger |
| mlt | multi | viele |
| mtr | metrum | Versmaß |
| neohb | Neohebraicum | Neuhebräisch |
| nom | nomen | Name |

# 1. Abkürzungen im Apparat der Biblia Hebraica

| | | |
|---|---|---|
| nonn | nonnulli | einige |
| ob | obelus | Obelos: textkritisches Zeichen in der Hexapla des Origenes |
| om | omittit, -unt | läßt, lassen aus |
| omn | omnes | alle |
| orig | originalis, -e; originaliter | ursprünglich |
| p | partim; pars | teilweise |
| par | parallelismus | Parallelismus |
| pc | pauci | wenige |
| plur | plures | mehrere |
| pr | praemitte(ndum); praemittit | vorauszuschicken, schickt voraus |
| prb | probabiliter | wahrscheinlich |
| prp | propositum; proponit | vorgeschlagen; schlägt vor |
| punct | punctum; punctatio | Punkt, Punktierung |
| pun | Punicum | punisch |
| raph | raphatum, non dagessatum | ohne Dagesch |
| rel | reliqui | (die) übrige(n) |
| scl | scilicet | das heißt |
| sec | secundum | gemäß, entsprechend |
| sim | similis | ähnlich |
| sol | solus | allein |
| sq(q) | sequens, -ntes | folgend(e) |
| stich | stichus | Stichos: Vers |
| syr | Syriacum | Syrisch |
| tot | totus | ganz |
| tr | transpone(ndum); transponit | umzustellen, stellt um |
| ug | Ugariticum | Ugaritisch |
| v | versus | Vers |
| var | varius; varia lectio | verschieden; andere Lesart |
| vb | verbum | Wort |
| verb | verbum | Wort (grammatisch) |
| vid | vide(n)tur | es scheint |
| V(e)rs | versiones | Versionen: Übersetzungen |
| + | addit, -unt | fügt, fügen hinzu |
| > | plus quam; deest in | fehlt in |
| * | | der Text oder die Form ist eine wahrscheinliche Konjektur |
| ( ) | secundum rem | der Sache nach, nicht wortwörtlich |

## Angaben zur quantitativen Bezeugung von Handschriften:

| | |
|---|---|
| pauci | wenige (3–10) |
| nonnulli | einige (11–20) |
| multi | viele (mehr als 20) |
| permulti | sehr viele (mehr als 60) |

## 2. Der Aufbau des Alten Testaments

| | Masoretischer Text (MT) | Septuaginta (LXX) | Vulgata, Luther |
|---|---|---|---|
| תּוֹרָה<br>*tôrāh* | 1) **Tora »Weisung«**<br>**(Pentateuch)**<br>Gen, Ex, Lev, Num, Dtn | 1) **Gesetzl. Bücher** | 1) **Geschichte**<br>(Vergangenheit) |
| נְבִיאִים<br>*nᵉbî'îm* | 2) **Propheten**<br>a) vordere Propheten:<br>Jos, Ri, 1–2 Sam, 1–2 Kön<br>b) hintere Propheten:<br>Jes, Jer, Ez,<br>Dodekapropheton<br>(12 Kleine Propheten):<br>Hos, Joel, Am,<br>Ob, Jona, Mi,<br>Nah, Hab, Zef,<br>Hag, Sach, Mal | 2) **Geschichtl. Bücher**<br>Jos, Ri, <u>Rut</u>, 1–4 Reg<br>(1–2 Sam + 1–2 Kön),<br>1–2 Chr,<br>*Esdr I (3 Esr),*<br>Esdr II (Esr-Neh),<br>Est (+ *Zusätze*), Jdt, Tob,<br>*1–4 Makk* | |
| כְּתוּבִים<br>*kᵉtûbîm* | 3) **Schriften**<br>a) Ps, Ijob, Spr<br>b) 5 Megillot = (Fest-)Rollen:<br>Rut *(Wochenfest),*<br>Hld *(Passa),*<br>Koh *(Laubhüttenfest),*<br>Klgl *(Tempelweihfest),*<br>Est *(Purimfest)*<br>c) Dan, Esr, Neh, 1–2 Chr | 3) **Poetische Bücher**<br>Ps, Spr, Koh,<br>Hld, Ijob,<br>*Weish, Sir, PsSal* | 2) **Lehre**<br>(Gegenwart) |
| | | 4) **Prophet. Bücher**<br>Hos, Am, Mi,<br>Joel, Ob, Jona,<br>Nah, Hab, Zef,<br>Hag, Sach, Mal,<br>Jes, Jer, Bar<br>Klgl, *EpJer*<br>Ez, Dan (+ *Zusätze*)<br>*kursiv: deuterokanonische<br>Schriften (Apokryphen)* | 3) **Prophetie**<br>(Zukunft) |

**Tanach** = Tôrāh, Nᵉbî'îm, Kᵉtûbîm

# 3. Grunddaten der Geschichte Israels

## Vor- und Frühgeschichte

| | |
|---|---|
| 1400–1200 | Spätbronzezeit II (biblisch »Landnahmezeit«) |
| 1200–1000 | Eisenzeit I (biblisch »Richterzeit«) |
| um 1000 | Saul / Übergang zum Königtum |

## Königszeit (um 1000–587)

ca. 1000–926 David und Salomo
926 Regierungsantritt Rehabeams (»Reichsteilung«)
926–722 Geschichte der getrennten Reiche

| Südreich Juda | Nordreich Israel |
|---|---|
| 926–910 Rehabeam | 926–907 Jerobeam I. |
| 868–851 Joschafat | 882–845 Omriden (Ahab, Elija) |
| | 845–747 Jehu-Dynastie |
| 773–735 Asarja/Usija | 787–747 Jerobeam II. |
| 742–726 Ahas | 746–737 Menahem |
| 734 assyrischer Vasall | 738 assyrischer Vasall |

745–727 Tiglatpileser III.
727–722 Salmanassar V.
722–705 Sargon II.
722/720 Eroberung Samarias

722–587 Restgeschichte Judas
734/3–622 assyrischer Vasallenstaat (734/3 Tribut des Ahas)
701 Belagerung Jerusalems durch Sanherib (705–681)
696–642 Manasse
640–609 Joschija (622 joschijanische Reform)
609–605 ägyptischer Vasallenstaat
605–587 babylonischer Vasallenstaat
598 1. Eroberung Jerusalems: 1. Exilierung
**587** 2. Eroberung Jerusalems: 2. Exilierung

## Babylonische Zeit, sog. Exilszeit (598/587–539)

| | |
|---|---|
| | Juda babylonische Provinz |
| 539 | Eroberung Babylons durch Kyros II. |

## Persische Zeit (539–332)

| | |
|---|---|
| | Juda persische Provinz |
| 520–515 | Bau des Zweiten Tempels |
| 445–433 | Nehemia als Statthalter; Mauerbau |
| 398 | Mission Esras (oder um 425?) |

## 3. Grunddaten der Geschichte Israels

### Hellenistische Zeit (332–63)

| | |
|---|---|
| 332 | Alexander erobert Tyros, Gaza und Ägypten |
| **301–200** | Palästina unter der Herrschaft der **Ptolemäer** (Hauptstadt: Alexandria) |
| 285–246 | Ptolemaios II. Philadelphos: Beginn der Übersetzung der LXX in Alexandrien |
| **200–129** | Palästina unter der Herrschaft der **Seleukiden** (Hauptstadt: Seleukia und Antiochia) |
| 167–164 | Aufstand der Makkabäer (Hasmonäer) gegen das Religionsedikt Antiochos' IV. |
| **164** | Tempelweihe (Hanukkah) |
| 161–142 | Jonatan (152 Jonatan Hoherpriester) |
| 129 | faktisches, 104 nominelles Königtum der Hasmonäer |
| 63 | Eroberung Jerusalems durch Pompeius |

### Römische Herrschaft (ab 63 v.Chr.)

| | |
|---|---|
| 37–4 v.Chr. | Herodes der Große |
| 4 v.–6 n.Chr. | Archelaos Ethnarch in Judäa, Idumäa und Samaria; ab 6 n.Chr.: römische Prokuratur (Caesarea) |
| 4 v.–39 n.Chr. | Herodes Antipas Tetrarch in Galiläa und Peräa (Tiberias) |
| 4 v.–34 n.Chr. | Philippos Tetrarch im nördlichen Ostjordanland (Caesarea Philippi) |
| 66–74 n.Chr. | 1. jüdischer Krieg; 70 Zerstörung des Jerusalemer Tempels |
| 132–135 | Aufstand Bar Kochbas |

# Register

## 1. Begriffe

Die *kursiv* gedruckten Seitenzahlen verweisen auf Definitionen oder nähere Erläuterungen.

aberratio oculi *18*
Abkürzungen *147*
Achikar 112
Ägypten 192f.
akītu-Fest *71*
Aktualisierung *84–87*, 90
Akzente 27
Aleppo-Kodex 22f.
Alexandrinisches Judentum 32f.
Alexandrinus, Codex 23
Alter Orient 104, 124f., 186–194
Altorientalische Literatur 85f., 130f.
Altorientalisches Recht 118
Amenemope 125
Annalen 117
apodiktisches Recht 115
Apokryphen siehe: Deuterokanonische Bücher
Aquila *32*, 34
Aramäisch 170
Aramäische Übersetzung siehe: Targume
Archäologie *127f.*, 194f.
Aristeasbrief *32f.*
Asteriskos *34*
Atrachasīs 86
Audition 113

Aufklärung 4, 42
Ausgangssprache 14
Aussagespruch 116
Autonomie des Textes *54f.*
Autor 52–55, 82, 84f.

Baal 74
babylonische Gola *95f.*
Bearbeitung *89*
Berufungsbericht 93f., 113
BHK siehe: Biblia Hebraica Kittel
BHQ siehe: Biblia Hebraica Quinta
BHS siehe: Biblia Hebraica Stuttgartensia
Bibelatlanten 184f.
Bibelkommentare 206–210
Bibelkunde 176f.
Bibellexika 195–197
Bibelstellen *147–149*
Bibelübersetzungen 161–163
Biblia Hebraica Kittel (BHK) 22, 23, 29, 164, 211–214
Biblia Hebraica Quinta (BHQ) 23, 25, 27, 164f.
Biblia Hebraica Stuttgartensia (BHS) 22, 23f., 25, 36f., 164f., 211–214

Bibliographische Hilfsmittel *151–154*
Biblisch-Aramäisch 170
Biblische Theologie *140–142*
Bildungsgehalte 120
Bombergiana *28f.*
Botenspruchformel *113*

Cairensis, Codex 22
canonical approach 50, 88, 142
Chronistisches Geschichtswerk *82f.*, 92, 98
Codex Alexandrinus 23
Codex Cairensis 22
Codex Leningradensis 22, 23, 164
Codex Petropolitanus 22, 23, 29
Codex Sinaiticus 23
Codex Vaticanus 23
Complutensis 29
crux *38*
cultic pattern *71*

Danklied 114
Deuterokanonische Bücher (»Apokryphen«) 25, *33f.*, 201f.
Deuteronomismus *122*, 132
Deuteronomistisches Geschichtswerk (DtrG) 64f., *82f.*, 92, 96, 98, 117
diachrone Analyse *44*, 56, 62
Dialektische Theologie 105
dicta probantia 5
diplomatisch 23
Dittographie *18*
Doppelüberlieferung *57*
Drohwort 113
DtrH *83*
DtrN *83*
DtrP *83*
Dublette *42*, 57

Echnaton-Hymnus 125
echt – unecht *83*

Eigenformulierung, redaktionelle 89, 93, *94f.*
Eigennamen, biblische 149
Einleitungen in das AT 177–179
Einschreibung 91
Einzelexegese *130*
eklektisch 23
Elohim 60
Elohist 81
Emendation *13, 38*
Endgestalt, -text 50, 87f.
Endredaktion *87f.*
Enkómion 116
Enūma elisch *124f.*
Erstverschriftung *89*, 94, 99
Erzählung *112f.*
Evangelien 86
Exegese *3f.*
Exodus-Tradition 122

Fabel 113
Fest 71
Festlied 115
Fluchsatz 115
Form – Inhalt *105f.*
Formeln 108, 113
Formgeschichte 9, *66–68*, 77, *100–118*
Forschungsgeschichte 200
Fortschreibung 27, 44, 80, *84–87*, 90
Fortschreibungskette *84*, 94
Fußnoten 144–147

Gattung(en) *101*, 111–118
Gattungsbestimmung *107–109*
Gattungsforschung 68, *102–105*
Gattungsgeschichte *68*
geistige Welt *120*
Geniza, Altkairoer 25
geprägte Sachgehalte 120
Gerichtsrede 115
Geschichte Israels 180–186
Geschichtserzählung 117

Register 221

Geschichtsschreibung 117
Geschichtswerk 117
Gilgamesch-Epos 80, 85, 125
Glosse 80, *89*
golaorientierte Redaktion *95f.*
Griechische Übersetzung siehe:
  Septuaginta
Gottesnamen 28, 42, 60
Grammatiken 111, 167–169
Griechenland 192f.
Grundtext *90*

Handschrift(en) 22–26
Hapaxlegomenon *61*
Haplographie *17f.*
Hebrew University Bible (HUB) 23, 25, 164f.
Heilsorakel 117
Heilswort 113
Hellenistische Philosophie 125
Hermeneutik 53, *135–140*
Hermeneutik des AT *139f.*, 199
Hexapla des Origenes *34*
Hexateuch 105
Hieroglyphen 104
Historisch-kritische Methode *2–6*
Hochzeitslied 115
Höhere Kritik *17*, 19
Homoioarkton *18*
Homoioteleuton *18*
HUB siehe: Hebrew University Bible
Hymnus 114

Idealgattung 108
impliziter Leser *54*
innerbiblische Exegese / Schriftauslegung 87, *90f.*
Interpretation *134–142*
Intertextualität 91
ipsissima verba *83*

Jahwespruchformel *113*
Jahwist 59f., 81, 93

Jerusalemer Kulttheologie 131
Jesaja-Handschrift (Qumran) 31
Judaistik 205f.
Judentum des Zweiten Tempels 123f., 183f.
jüdische Schriftauslegung 91f.

Kairoer Prophetenkodex 22
kanaanäische Religion 73f., 131
Kanon / Kanonisierung 18f., 50, 86, 141f.
Kanonformel 86
kasuistisches Recht 115
Keilschrift 104
Ketīb *28*
Klagelied 114
Klassische Philologie 26
kleine Einheiten 106
Kodex Hammurapi 118
Kodex von Aleppo 22
Kohärenz(störungen) *56*, 62
Kommentarreihen 206–210
Kommunikationsebenen *48*
Kompilation *89f.*
Komposition *89f.*
Königslied 115
Königtum 132f.
Königtum Gottes 71, 131, 132f.
Konjektur *13, 38*
Konkordanzen 122f., 161, 164, 170f., 173, 175f.
Konsonantentext 27
Kult 70f., 105
Kultdichtung 114f.
kultgeschichtlich *70f.*
Kulturkontakt 124f.

Landeskunde Palästinas 194f.
Lateinische Übersetzung siehe:
  Vetus Latina, Vulgata
lectio brevior potior *39*
lectio difficilior probabilior *39*
Leerstelle *54*
Legende 113

Lehrerzählung 51, 81, 99, 112, 116
Lehrgedicht 116
Lehrnovelle 116
Lehrrede 116
Lehrroman 116
Leichenlied 115
Leningradensis, Codex 22, 23
Linguistik 46, 102
Listen 117
Literarkritik 8, 20–22, *41–65*
Literarkritische Schule 43
Literaturgeschichte 63, *68*, 100, 103
Literaturrecherche, -suche *151–154*
Literaturverzeichnis 147, *154–157*
Literaturwissenschaft *44–55*, 102
liturgische Formeln 77
Loblied 114
Lógos protreptikós 116
Londoner Polyglotte 29
LXX siehe: Septuaginta

Mahnrede 116
Mahnspruch 116
Mahnwort 113
manuscripta ponderantur … 39
Märchen 113
Masada 25
Masora *17*, 165
Masora finalis (Schlußmasora) *28*
Masora magna (große M.) *28*
Masora parva (kleine M.) *28*
Masoreten *17*, 26–28
Masoretischer Text *17*, 20f., 27f., 31, 34, 36–40
Mesopotamien 191
Meturgeman *35*
Midrasch 79, 85, 91, *92*
Monotheismus 73f., 123f.
Mot-jumat-Satz 115
mündliche Überlieferung 44, 72–76, 101
Myth and ritual school *71f.*

Mythe 113
Mythos *71*, 124f., 130f.

nachendredaktionelle Erweiterungen 87
narrative Analyse *62*
Neujahrsfest 71
Neulesung siehe: relecture
Niedere Kritik *17*
Nordwestsemitische Sprachen 193f.
Novelle 112

Obelos *34*
OHB siehe: Oxford Hebrew Bible
Orakel 117
Oxford Hebrew Bible 23

Papyrus Nash *30*
Pentateuch 18, 21, 33
Pentateuchforschung, -kritik 42f., 64, 77f., 87
Pentateuchredaktor 87
Pescher, pl. Pescharim *92*
Peschitta *36*, 175
Petropolitanus, Codex 22, 23, 29
Phonemik *110*
Phonetik *110*
Poetik 111
Polyglotten 29
Pragmatik *47f., 62*
Priesterschrift 59f., 81, 87
Prohibitiv 115
Prophetenforschung 65, 82f., 100
Prophetie 72f., 78, 85, 96, 108, 113, 131f.
Protomasoretischer Text 20f., 35
Psalmen, Psalter 65, 77, 99, 105, 114f., 131
Pseudepigraphen 201f.
puncta extraordinaria *28*
Punktation 27

Q$^e$rê *28*
Qina 115

Quellen(scheidung) 42f., 57–60, 64, 81f., 90
Qumran(-Texte) 20f., 25, 30f., 36, 92, 201f.

Rabbinisches Judentum 21
Rabbinisches Schriftverständnis 27
Rätsel 116
Rechtsgeschichte 98
Rechtsüberlieferungen 78, 98, 115, 118, 132
Redaktion *89f.*
Redaktionsgeschichte 9, 43–45, 53, 63, 70, 73, 75f., *79–100*, 106f.
Redaktionsschicht *83*, 89
Redaktor *82*
Redaktorenliteratur 27, 44, 80
relecture *91f.*
Religionsgeschichte Israels 73–75, 103f., *123–125*, 160
Religionsgeschichte, israelitisch-judäische *123–125*, 160
Religionsgeschichtliche Schule 43, 67, 82, 100f., *103–105*, 124
religionsgeschichtlicher Vergleich 119, *123–125*
rewritten bible *92*
Rezension *124*
Rezeptionsästhetik *52–55*, 65, 137
Rezeptionsprozeß 51–55, 80, 125
rhetorische Analyse 109f.
Ritual 117

Sach- und Begriffsexegese *130*
sacra scriptura sui ipsius interpres 85
Sage 69, 104f.
sakrales Königtum 71
Samaritaner 21
Samaritanischer Pentateuch, Samaritanus *21*, 37
Scheltwort 113
Schichten 60, 96

Schlüsselbegriff 122
Schöpfung 120, 122, 124f., 130
Schriftauslegung, jüdische 91f.
Schriftkultur 75f.
Schulsprache 120
Selbständige Veröffentlichungen *154–156*
Semantik 46, *48*, *62*, *110*
Septuaginta (LXX) 20f., 23, 25, *31–34*, 36f., *171–174*
Siegeslied 115
Sinaiticus, Codex 23
Sitz im Buch *101*, 107, 108
Sitz im Leben 66, 76f., *101f.*, 105, 107, 108, 126
skandinavische Forschung 70f., 78, 105
Soferim 27
sozialgeschichtliche Auslegung 104, *126f.*
Soziologie 104, 126
Spannungen *58f.*
Spottlied 115
Sprachkonventionen 102, 120
sprachliche Analyse 61, 107f., *109–111*
Sprachwissenschaft 46
Sprechakttheorie 110
Sprichwort 116
Sprüche 116
stilistische Analyse 109f.
Stoffe *69*, 76, 120, 125
Symbolhandlung 113
Symmachus *32*, 34
synchrone Analyse *44*, 49, 56, 61, 62
Syntax 46, *48*, 61, 110, 169f.
Syrische Übersetzung siehe: Peschitta

Talionsrecht 115
Talmud 96
Targume 28f., *35*, 39f., 175
Tendenzkritik *60*, 65

terminus ad quem 96
terminus a quo 96
Textkritik 8, *16–40*
textpragmatisch *47*
Textsignale *48*, 108
Textüberlieferung 17–22, 26f.
Textur *48*
textus receptus *29*
Theodotion *32, 34*
Theologie des AT 122, 198f.
Theologiegeschichte 95f.
Theologisches Wörterbuch 122f., 197
Thronbesteigungsfest *71*
Thronbesteigungslieder 71, 105, 115
tob-Spruch 116
Tora, priesterliche 117
Totenbuch, ägyptisches 86
Tradition / traditio / traditum *66f.*, 121
Traditionsgeschichte 9, *66f.*, 69f., 77, 97, *119–133*
Tun-Ergehen-Zusammenhang 120, 133

Überlieferungsgeschichte 8, 63, *65–78*, 121
Übersetzung 12–15
Ugarit 125
Ugaritische Religion 131
Umwelt des AT 186f.

Unselbständige Veröffentlichungen 154, *156–157*
Urkunden(hypothese) *42*, 90
Urtext 22, 26f., 29, 38

Vaticanus, Codex 23
Verklammerung *57*
Verstehen, Verstehensprozeß 15
Vetus Latina *35*
Vision 113
Vokalzeichen 27
Vordere Propheten 18
Vorverständnis *15*, 134
Vulgata *35*, 175

Weisheit 116, 120, 133
Weisheitslehre 116
Weisheitsliteratur 65, 99, 116, 125, 133
Weisheitssprüche 77, 120
Weltbild, -sicht 120, 130
Widerspruch *57*
Wiederaufnahme *58*
Wirkungsästhetik 52
Wirkungsgeschichte 53, 136
Wörterbücher 166, 172
Wortereignisformel *113*
Wortverbindung 121f.

Zahlenspruch 116
Zielsprache 14
Zionstheologie, -tradition 122, 131
Zitate 145

## 2. Namen

Das Register enthält eine Auswahl von – in der Regel forschungsgeschichtlich wichtigen – Namen. Nicht berücksichtigt sind bloße Literaturangaben und die in Kapitel D verzeichneten Bücher.

Aqiba, Rabbi 16
Arnold, Heinz Ludwig 46, 52

Bachtin, Michail 91
Barton, John 46
Birkeland, Harris 70
Bousset, Wilhelm 104
Buber, Martin 163
Bultmann, Rudolf 15, 137

Childs, Brevard S. 50, 88, 142

Demetrius von Phaleron 33
Detering, Heinrich 46, 52
Duhm, Bernhard 5

Ebeling, Gerhard 136, 141
Egger, Wilhelm 46
Eichhorn, Albert 104
Elliger, Karl 22
Engnell, Ivan 70

Frey, Jörg 55

Gabler, Johann Philipp 4
Gadamer, Hans Georg 53, 134, 136
Groß, Walter 47
Gunkel, Hermann 12, 65, 67f., 100f., 102–106, 124, 126

Hardmeier, Christof 47–51
Hayes, John H. 46
Herder, Johann Gottfried 67, 102
Hertzberg, Hans Wilhelm 82
Hieronymus 35

Iser, Wolfgang 52–54

Jauß, Hans Robert 53
Jolles, André 111
Josephus 202f.

Kahle, Paul 22
Kaiser, Otto 119
Kennicott, Benjamin 29
Koch, Klaus 106
Kristeva, Julia 91

Levin, Christoph 72, 85
Lowth, Robert 114

Mowinckel, Siegmund 71, 105

Noth, Martin 70f., 82f.

Origenes 34
Otto, Eckart 126

Pedersen, Johannes 70
Ptolemaios II. Philadelphos 33

von Rad, Gerhard 105
Rahlfs, Alfred 23, 25, 33
Richter, Wolfgang 46f., 105f.
Ricœur, Paul 53
Riemer, Peter 111
Ritschl, Albrecht 104
Rosenzweig, Franz 163
de Rossi, Giovanni B. 29
Rudolph, Wilhelm 22

Schleiermacher, Friedrich 136
Seeligmann, Isac Leo 79
Smend, Rudolf 43, 71, 83, 88
Steck, Odil Hannes 7, 66

Tov, Emanuel 20f., 30
Troeltsch, Ernst 104

Walton, Brian 29
Weber, Max 126
Weder, Hans 5f., 136, 138

Wellhausen, Julius 43, 68, 100, 159
Wrede, William 104

Ximenes, Kardinal 29

Zimmerli, Walther 84f.

## 3. Bibelstellen

Genesis
1–3                 42, 113
1,1–2,4a            60, 124, 130
2,4b-3,24           58–60
2,9                 58
5                   117
6–9                 42, 57, 64, 89f., 125
6,5–8               93
6,17.19             57
7,2.4.8.10f.21f.    57
8,20–22             93
11,1–9              64
12,1–5              91
12,10–20            57
15,7–21             58
17,1                60
18,9                28
20                  57
22                  52, 91
26,1–11             57
32,23–33            74, 78
37–50               112

Exodus
1–14                97
3                   57, 90, 109
6,2–12              57, 60
13,17–14,31         57–59, 90
15,1–21             59
15,21               114
20                  30
20,2                122
20,14               118

21,12               115, 118
21,23–25            115, 118
21,28–32            115, 118

Levitikus
16                  117

Numeri
21,27–30            115

Deuteronomium
1–34                81
4,2                 87
5                   30
13                  94
13,1                87
18                  94
27,15–26            115, 118

Richter
3,12                122
6,11–24             109
8,21                116
9,8–15              113
14,12–18            116

1 Samuel
8,8                 122
9,1–10,16           113
9,9                 89, 109
18,7                115

## 1 Könige

| | |
|---|---|
| 10,2f. | 116 |
| 12,28 | 122 |
| 14,19f. | 117 |
| 17–19.21 | 73 |
| 18,17–40 | 74 |

## 2 Könige

| | |
|---|---|
| 16,1–4 | 95 |
| 17,1–2 | 95 |
| 18–20 | 113 |

## Jesaja

| | |
|---|---|
| 1–66 | 83 |
| 1–39 | 43, 59, 98 |
| 1,2–20 | 107 |
| 1,21–26 | 115 |
| 4,5f. | 18 |
| 5,9 | 113 |
| 6 | 109, 113, 131 |
| 7,1–9 | 51 |
| 7,8f.17 | 24 |
| 8,19 | 17f. |
| 19,25 | 39f. |
| 20 | 113 |
| 36–39 | 113 |
| 38,19.20 | 18 |
| 40–66 | 42, 59 |
| 40–55 | 59 |
| 41,1–5 | 115 |
| 41,8–13 | 117 |
| 43,1–7 | 113 |
| 43,22–28 | 115 |
| 44,28 | 59 |
| 45,1 | 59 |

## Jeremia

| | |
|---|---|
| 1–52 | 21, 50, 83, 85 |
| 1,4–10 | 93–95, 113 |
| 2–6 | 51 |
| 2,6 | 122 |
| 10,11 | 12 |
| 24 | 95 |
| 27–28 | 94 |
| 29 | 94f. |
| 38,1–6 | 95 |

## Ezechiel

| | |
|---|---|
| 1–48 | 83, 96 |
| 16,44 | 116 |

## Hosea

| | |
|---|---|
| 1–14 | 71, 99 |
| 2,17 | 122 |

## Amos

| | |
|---|---|
| 1–9 | 99 |
| 1,3–5 | 113 |
| 5,2 | 115 |
| 5,4–5 | 113 |

## Haggai

| | |
|---|---|
| 2,11–13 | 117 |

## Psalmen

| | |
|---|---|
| 1 | 99 |
| 2 | 115 |
| 22 | 114 |
| 24 | 115 |
| 34 | 114 |
| 47 | 115 |
| 93 | 115 |
| 93,1 | 71 |
| 96 | 115 |
| 97 | 115 |
| 97,1 | 71 |
| 99 | 115 |
| 104 | 125 |
| 110 | 115 |
| 132 | 115 |
| 137 | 114 |

## Ijob

| | |
|---|---|
| 1–2 | 116 |
| 3–27 | 116 |
| 42 | 116 |

*Proverbia*

| | |
|---|---|
| 1,8–19 | 116 |
| 3,5 | 116 |
| 15,16f. | 116 |
| 21,21ff. | 116 |
| 22,17–24,22 | 125 |
| 24,17 | 116 |
| 30,18f. | 116 |

*Rut*

| | |
|---|---|
| 1–4 | 81, 85 |

*Kohelet*

| | |
|---|---|
| 9,4 | 116 |

*Ester*

| | |
|---|---|
| 1–10 | 81, 85, 100 |

*Daniel*

| | |
|---|---|
| 2,4–7,28 | 12 |

*Esra*

| | |
|---|---|
| 1–10 | 97 |
| 4,8–6,16 | 12 |
| 7,12–26 | 12 |

*Nehemia*

| | |
|---|---|
| 1–13 | 97 |

*Judit*

| | |
|---|---|
| 1–16 | 25, 50, 81, 85 |

*Tobit*

| | |
|---|---|
| 1–14 | 25f., 50, 81, 85, 100 |

*1 Makkabäer*

| | |
|---|---|
| 1–16 | 12 |

*2 Makkabäer*

| | |
|---|---|
| 1–15 | 12, 64 |
| 2,19–32 | 81 |
| 15,37–39 | 81 |

*Weisheit*

| | |
|---|---|
| 1–19 | 12, 116, 125, 133 |
| 6,22–25 | 116 |

*Jesus Sirach*

| | |
|---|---|
| Vorwort | 81 |
| 1–52 | 12, 25f., 125, 133 |

*Johannes-Ev.*

| | |
|---|---|
| 1–21 | 86, 92 |

# Trinität
Herausgegeben von Volker H. Drecoll

Ist die Trinitätslehre eine Spekulation, die in der Bibel nur wenig Anhalt hat, vielleicht die Folge einer »Hellenisierung« des Christentums? Oder führt die Trinitätslehre ins Zentrum der christlichen Theologie, da sie die Identität des christlichen Gottes beschreibt? Die Autoren der hier gesammelten Aufsätze gehen den Wurzeln und Voraussetzungen der Trinitätslehre in der Bibel nach und verfolgen die Entwicklung der Trinitätslehre im Laufe der Theologiegeschichte bis in die Gegenwart. Neben diesem historischen Zugang wird die Frage aufgeworfen, welche theologische Aussage eine gegenwärtige Trinitätslehre besonders zu entfalten hat und wie sich dies in den verschiedenen Feldern kirchlicher Arbeit wiederfindet. Auch die Frage der religionswissenschaftlichen Einordnung unter besonderer Berücksichtigung des Islam wird gestellt. Ein reflektierender Abschnitt, der die Perspektiven der verschiedenen Fachdisziplinen zueinander in Beziehung setzt, schließt den Band ab.

**Mit Beiträgen von:**
*Jan Dochhorn, Volker Henning Drecoll, Andreas Feldtkeller, David Käbisch, Christiane Tietz*

2011. VIII, 279 Seiten
(UTB S 3432; Themen der Theologie 2).
ISBN 978-3-8252-3432-4
Broschur

**Mohr Siebeck**
Tübingen
info@mohr.de
www.mohr.de

# Kirche
## Herausgegeben von Christian Albrecht

Mit der Kirche ist eines der ältesten und wichtigsten Themen der Theologie gegeben. Zum zentralen Thema wurde die Kirche jedoch erst in der Neuzeit und insbesondere im 19. Jahrhundert mit Hilfe und im Rückgriff auf ältere Texte, die aus der neuzeitlichen Perspektive interpretiert wurden. Der Band zeigt, wie die Kirche jeweils zum Thema der verschiedenen theologischen Subdisziplinen wird. Die Fachvertreter kommen dabei in ein Gespräch, das Konvergenzen und Divergenzen der Fachperspektiven erkennen lässt. Dabei haben die einzelnen Beiträge das Ziel, die Fragestellungen ihrer Disziplinen so zu entfalten, dass der innertheologischen Vermittlung der jeweiligen, disziplinenspezifischen Problemstellungen angemessen Rechnung getragen wird.

**Mit Beiträgen von:**
*Christoph Levin, Jens Schröter, Peter Gemeinhardt, Martin Laube, Monika Wohlrab-Sahr, Kristian Fechtner*

Ein ausführliches Inhaltsverzeichnis finden Sie auf *www.mohr.de*.

2011. IX, 240 Seiten
(UTB S 3435; Themen der Theologie 1).
ISBN 978-3-8252-3435-5
Broschur

**Mohr Siebeck**
Tübingen
info@mohr.de
www.mohr.de